Anne Bamford

Der Wow-Faktor

Eine weltweite Analyse der Qualität künstlerischer Bildung

Übersetzt von Anke Liebau

Mit einem Vorwort von Bernhard Lorentz,
einem aktuellen Nachwort von Anne Bamford
und einem Essay von Eckart Liebau

Waxmann 2010
Münster / New York / München / Berlin

Bibliografische Informationen der Deutschen Nationalbibliothek
Die Deutsche Nationalbibliothek verzeichnet diese Publikation in der Deutschen Nationalbibliografie; detaillierte bibliografische Daten sind im Internet über http://dnb.d-nb.de abrufbar.

Die deutsche Übersetzung des Titels „The Wow Factor“ von Anne Bamford wurde ermöglicht durch die Stiftung Mercator.

Stiftung
Mercator

ISBN 978-3-8309-2265-0

Waxmann Verlag GmbH, Münster 2010

Englische Originalausgabe:
The Wow Factor. Global research compendium on the impact of the arts in education. Waxmann, Münster u.a. 2006
Deutsche Übersetzung: Anke Liebau
Redaktion: Anke Liebau und Eckart Liebau
Lektorat: Knut von der Heyde

www.waxmann.com
info@waxmann.com

Umschlaggestaltung: Christian Averbeck, Münster
Umschlagbild: „empört“ aus der Serie „Alphabet der Gefühle“
Foto: Benjamin Wimmer, © Yehudi Menuhin Stiftung Deutschland 2009
Satz: Stoddart Satz- und Layoutservice, Münster
Druck: Hubert & Co., Göttingen

Gedruckt auf alterungsbeständigem Papier, säurefrei gemäß ISO 9706

Für Angus, Nina, Lachlan, Daniel
und alle anderen Kinder dieser Welt.

Inhalt

Vorwort

Bernhard Lorentz

Bildung nimmt eine Schlüsselrolle ein für eine zukunftsfähige Gesellschaft, die soziale Gerechtigkeit, den Schutz der natürlichen Umwelt und wirtschaftliche Entwicklung zusammendenkt. Die prinzipielle Chance auf Teilhabe an Bildung ist insbesondere für Kinder und Jugendliche unverzichtbar: sie beginnen, eigene Orientierungen auszubilden, mit denen sie sich selbst und die sie umgebende Welt in ein Wechselverhältnis setzen und gestalten. Eine der zentralen Aufgaben des Bildungssystems besteht daher darin, allen Menschen die gleichen Chancen für diese Entwicklungsmöglichkeiten zu eröffnen.

Die Stiftung Mercator engagiert sich für ein Bildungsangebot, das für alle zugänglich ist und zugleich kognitive, emotionale und ästhetische Prozesse einbezieht. Kulturelle Bildung – verstanden als Allgemeinbildung im Medium der Künste – ist hiervon unverzichtbarer Teil. Die Bedeutung kultureller Bildung für Wissenserwerb, Persönlichkeitsbildung und die Förderung von Kompetenzen wird häufig unterschätzt. Die Stiftung Mercator will den Stellenwert und die Anerkennung kultureller Bildung in Deutschland erhöhen und verfolgt dieses Ziel langfristig in ihrer Stiftungsstrategie. Dabei setzen wir uns ein für eine Bildungs- und Kulturarbeit, die auf die kreative Eigentätigkeit von Kindern und Jugendlichen setzt, zu aktiver Auseinandersetzung mit Kunst und Kultur anregt und Schlüsselkompetenzen fördert. Angesichts der Vielfalt kultureller Bildungsorte legen wir einen unserer Schwerpunkte auf die Entwicklung von Schule. Unser Ziel ist es, Kunst und Kultur stärker im formellen Bildungssystem zu verankern und es damit im Hinblick auf eine neue Lehr- und Lernkultur zu verändern. Eine solche Veränderung kann langfristig nur unter adäquaten Rahmenbedingungen und mit guten Angeboten gelingen. Deshalb beteiligen wir uns aktiv an einem Qualitätsdialog für kulturelle Bildung.

Wesentlich wurde dieser Dialog angestoßen und mitbestimmt durch Anne Bamford mit ihrer von der UNESCO in Auftrag gegebenen Studie *The Wow Factor*. Sie enthält eine Metaanalyse von Daten und Fallstudien aus über 40 Ländern zur Lage kultureller Bildung und legte erstmals im internationalen Vergleich offen, welche Eigenschaften und Rahmenbedingungen die Qualität kultureller Bildungsangebote herstellen, aber auch, welche sie verhindern. Ein wichtiges Ergebnis ist: Schülerinnen und Schüler profitieren von hochwertigen Angeboten. Sie entwickeln künstlerische Fähigkeiten und kreative Kompetenzen, sie haben Vorteile beim Lesen, Schreiben und beim Spracherwerb. Hochwertige Angebote steigern das Schulklima und damit das Ansehen einer Schule bei Schülern, Eltern und dem gesamten gesellschaftlichen Umfeld. Fehlende oder schlechte Angebote hingegen bleiben nicht ohne Konsequenzen: Kreativität und Innovation degenerieren oder bilden sich gar nicht erst aus.

Anne Bamford hat mit ihrer Studie den Diskurs über die Qualität kultureller Bildung weltweit fokussiert. Sie liefert eine Fülle von Daten und Einzelfalldarstellungen ihrer Beobachtungen aus Schulen und künstlerischen Projekten verschiedener Länder. In vielen dieser Länder hat die Studie „The Wow Factor“ auf kommunaler und Bundesebene bereits eine so große Wirkung erzielt, dass bezugnehmend auf Anne Bamfords Forschungsergebnisse mit der Entwicklung von nationalen Strategien für den Ausbau der Angebote zur kulturellen Bildung begonnen wurde.

Gemäß ihrer Strategie verfolgt die Stiftung Mercator ihre Ziele durch eine Kombination aus gesellschaftspolitischer Themenanwaltschaft und praktischer Arbeit. Wir haben uns entschieden, die deutsche Übersetzung von „The Wow Factor“ zu fördern, um deren Inhalte einer breiteren Öffentlichkeit zugänglich zu machen und auch in Deutschland die strukturelle Verankerung kultureller Bildung im gesamten Bildungssystem zu intensivieren. Der Forderung Anne Bamfords schließen wir uns an: Alle Kinder und Jugendlichen haben ein Recht auf ein verlässliches, kontinuierliches und hochwertiges kulturelles Bildungsangebot. Durch die deutsche Übersetzung der Studie *The Wow Factor* stoßen wir gezielt Debatten und Diskussionen mit dem Ziel an, die Qualität kultureller Bildung zu verbessern. Es ist der Deutschen UNESCO-Kommission und dem Waxmann Verlag, vor allem aber der Übersetzerin Anke Liebau zu verdanken, dass der Vorschlag zu einer deutschen Übersetzung umgesetzt und rechtzeitig vor der zweiten Weltkonferenz in Seoul realisiert werden konnte.

Dr. Bernhard Lorentz
Vorsitzender der Geschäftsführung

Der Wow-Faktor

Der Wow-Faktor. Warum künstlerische Bildung nötig ist

Eckart Liebau

Seit einigen Jahren findet weltweit eine immer noch anschwellende Debatte über die künstlerische Bildung statt. Die UNESCO-Weltkonferenz zur künstlerischen Bildung („World Conference on Arts Education")[1], die im Jahr 2006 in Lissabon stattgefunden hat, markiert dabei einen wesentlichen Meilenstein. Eine zentrale Grundlage dieser Weltkonferenz bildete der von Anne Bamford vorgelegte, im UNESCO-Auftrag erstellte Bericht *The Wow Factor. Global research compendium on the impact of the arts in education* (Bamford 2006), der mit diesem Buch nun auch in deutscher Übersetzung vorliegt.

Der Bericht stellt einen entscheidenden Schritt in den Debatten zur künstlerischen und zur kulturellen Bildung dar, weil hier erstmals die fundamentale Bedeutung von künstlerischer Bildung als Bildung in und für die Künste und als Bildung durch die Künste für alle Menschen, besonders aber für Kinder und Jugendliche im Schulalter, in einer weltweiten, systematisch empirisch gestützten Perspektive aufgezeigt werden konnte. Es ist daher kein Zufall, dass der Bericht international breit rezipiert und inzwischen auch in mehrere Sprachen übersetzt worden ist. Er bildet auch einen wesentlichen Hintergrund für die in Lissabon erarbeitete *Road Map for Arts Education* (Deutsche UNESCO Kommission 2008), in der Entwicklungsstrategien für die künstlerische und kulturelle Bildung zusammengefasst dargestellt werden und die seither eine weitere wesentliche Grundlage der einschlägigen internationalen Diskurse darstellt.

In ihrem für diesen Band neu geschriebenen Nachwort stellt Anne Bamford wichtige Überlegungen dar, die an die Debatten seit dem Zeitpunkt des Erscheinens anknüpfen (s.u., S. 187). Dabei zeigt sich, dass der Bericht an Bedeutung und Aktualität keineswegs verloren, sondern ganz im Gegenteil sogar noch deutlich gewonnen hat, auch wenn die empirischen Daten nicht auf dem Stand des Jahres 2010 sind. Denn die Förderung der künstlerischen und der kulturellen Bildung gehört im politischen Diskurs inzwischen weltweit zu den als besonders wichtig anerkannten Aufgaben. Sie rangiert nunmehr auf der politischen Agenda deutlich höher als noch vor einigen Jahren, auch wenn die Differenz zwischen Reden und Handeln in diesem Feld nach wie vor besonders groß ist. Politisch kann man hier dennoch inzwischen von einem „Mega-Thema" sprechen.[2] Die politische Anerkennung der hohen Bedeutung der künstlerischen und kulturellen Bildung bedeutet gleichzeitig

---

1 Arts Education wird hier mit „künstlerische Bildung" übersetzt, obwohl sich in den deutschen Übersetzungen meistens der Begriff „kulturelle Bildung" findet. Da das Konzept der kulturellen Bildung jedoch wesentlich offener und weiter ist als das Konzept „Arts Education", wird hier wie auch in der Übersetzung des Buches (s.u.) in der Regel von künstlerischer Bildung die Rede sein.

2 Zur Debatte im deutschsprachigen Raum vgl. das Literaturverzeichnis dieses Vorworts.

eine erhöhte Legitimation zur Einforderung der praktischen Umsetzung; insoweit bildet sie eine wichtige Voraussetzung für die tatsächlichen Entwicklungen in der Praxis.

Inzwischen wird vor dem Hintergrund der anhaltenden und weiter intensivierten Debatten die zweite Weltkonferenz zur künstlerischen Bildung vorbereitet, die im Jahr 2010 in Seoul stattfinden wird. Auf einer von der Deutschen UNESCO-Kommission in Zusammenarbeit mit dem künftigen UNESCO-Lehrstuhl für kulturelle Bildung (Universität Erlangen-Nürnberg) und der Siemens Stiftung ausgerichteten europäischen Expertentagung[3] zur Vorbereitung der Weltkonferenz gab es nach intensiven Debatten Konsens über die folgenden Forderungen: Es gehe um sechs Hauptziele, nämlich um

- die verpflichtende Integration der künstlerischen Bildung in verschiedenen Sparten in allen Schulen und als übergreifender Unterrichtsinhalt aller Fächer;
- die Unterstützung professioneller Qualifizierung künftiger und gegenwärtiger Lehrer, Kulturprofis, Künstler und ehrenamtlicher Akteure;
- den Abbau von Ungleichheiten in der Bereichen der künstlerischen Bildung;
- die Intensivierung der Forschung für die weitere Entwicklung der künstlerischen Bildung;
- die Stärkung kultureller Vielfalt und interkulturellen Dialogs in den Feldern der künstlerischen Bildung;
- die Förderung von Vernetzung und Kooperation auf globaler, nationaler und lokaler Ebene durch garantierte Finanzierung und Strukturen in allen Bildungsbereichen (formal, nonformal und informell).[4]

Dieser Forderungskatalog kennzeichnet nicht nur den in Berlin bei führenden Experten aus Wissenschaft, Administration und Politik erreichten Stand des fachpolitischen Diskurses, sondern er gibt zugleich Auskunft über wesentliche politische Schlussfolgerungen aus Anne Bamfords Bericht. Es sind sehr anspruchsvolle Aufgaben, die in diesem Katalog stecken; aber die Ziele sind pragmatisch. Man kann also konkrete Maßnahmen anstreben und man kann dann auch prüfen, ob und welche tatsächlichen Fortschritte es auf dem Weg zur künstlerischen Bildung für alle gibt. Die politisch-pragmatische Grundhaltung ist ein grundlegendes Kennzeichen des Textes; das macht ihn für die notwendigen politischen Debatten besonders wertvoll.

Aber die Bedeutung des Berichts erschöpft sich gerade nicht in seiner politischen Dimension. Er hat vielmehr auch unmittelbar pädagogische Bedeutung für die Praxis. Man kann hier erfahren, wie künstlerische Bildung in höchst unterschied-

---

3 Die Tagung hat am 30.11. und 1.12.2009 in Berlin stattgefunden; teilgenommen haben ca. 50 hochrangige Experten aus 11 europäischen Ländern sowie aus Kanada und Südkorea.

4 Aus: „Arts Education – Culture Counts. A contribution from European experts to the Seoul process“, Mimeo, Berlin, 1.12.2009 (Übersetzung: E.L.).

lichen Kontexten begründet und wie sie realisiert wird. Der Reiz des Berichts liegt gerade darin, dass er sowohl die weltweit radikalen Unterschiede als auch die Ähnlichkeiten der künstlerischen Bildung sichtbar macht und zugleich verdeutlicht, dass, bei allen Differenzen im Einzelnen, sich das besondere Bildungspotential der künstlerischen Bildung weltweit zeigt und zeigen lässt: Die Forderungen nach einer Stärkung gerade dieser Bereiche gehen nicht etwa auf freundliche Hirngespinste philanthropischer Idealisten zurück, sondern auf elementare, anthropologisch, historisch, sozial und kulturell tief verankerte Bedürfnisse und Notwendigkeiten lebensbegleitender individueller Bildung. Zugleich antworten sie auf die aktuellen Anforderungen der Entwicklung des menschlichen Zusammenlebens in den Gesellschaften der Gegenwart.

Für beides spielt die künstlerische Bildung eine zentrale Rolle. Als gesellschaftliches Ziel wird zumeist definiert, allen Kindern und Jugendlichen aus qualifikatorischen Gründen einen erweiterten aktiven Zugang zu den Künsten zu eröffnen. In dieser Debatte werden die Künste nicht als Selbstzweck, sondern als Mittel zum Zweck angesehen. Häufig sind in den öffentlichen und politischen Debatten gerade gesellschaftlich funktionale Motive entscheidend: Man erwartet von einer Stärkung der Künste eine Verbesserung der funktionalen Qualifikationsleistungen der Bildungs- und Erziehungseinrichtungen, gerade auch hinsichtlich der Schlüsselkompetenzen, und man erwartet zugleich einen wesentlichen Beitrag zur Sozialintegration. Man hofft also auf die Nebenwirkungen, auf Prävention gegen Drogen, Gewalt etc., auf bessere Gesundheit, bessere Kommunikations- und Kooperationsfähigkeit, bessere Aufmerksamkeit, bessere allgemeine Lernfähigkeit. Diese Hoffnungen sind nicht aus der Luft gegriffen. Die künstlerische Bildung kann ohne Zweifel zu Ich-Kompetenz, Sach-Kompetenz, Sozial-Kompetenz beitragen. Die von Anne Bamford berichteten Ergebnisse und die im Bericht vorgestellten Projekte bestätigen dies nachhaltig.

Theater, Musik, Malerei und bildende Kunst, Tanz, Literatur als zentrale Formen der europäischen Tradition werden in diesem Argumentationsmuster ebenso wie die verschiedensten Formen künstlerischer Aktivität, die sich in den Kulturen der Welt finden, funktionalistisch legitimiert. Betont wird, dass hier neben den spezifischen Fachqualifikationen die Soft Skills, die Schlüsselkompetenzen, erworben werden können, die überall gefordert werden: kommunikative Kompetenz, Kooperationskompetenz, Teamkompetenz, Empathie, Kreativität etc. Man muss dabei nicht nur an die modernen, man kann auch an die schlichten alten Arbeitstugenden wie Verlässlichkeit, Pünktlichkeit etc. denken, die in den Zusammenhängen künstlerischer Bildung ebenfalls mindestens immer dann gefördert werden, wenn es um Gruppenprojekte geht. In dieser Argumentation geht es also um indirekte Folgen der künstlerischen Bildung, um ein Lernen durch die Kunst für andere Zusammenhänge. Politisch ist das ein sehr starkes Argument, weil es so unmittelbar einsichtig scheint.

Aber ganz so einfach ist die Sache nicht. Bisher fehlen jedenfalls Langzeitstudien, die die spezifischen Wirkungen spezifischer Künste für spezifische – etwa berufliche – Qualifikationen wirklich im Einzelnen belegen könnten. Ist nicht doch zu vermuten, dass Tanzprojekte mit 15-Jährigen andere Wirkungen haben als die Förderung des Malens bei 7-Jährigen? Lassen sich Theaterprojekte in der gymnasialen Oberstufe in ihren Wirkungen wirklich vergleichen mit Theaterprojekten in der Grundschule? Und hat kreatives Schreiben von 17-jährigen Mädchen die gleiche Wirkung wie das Geigen im Schulorchester, der Auftritt als Band-Sängerin oder die Mitwirkung im Schulchor? Man darf und muss also erhebliche Zweifel daran haben, ob die methodologischen Probleme überhaupt lösbar sind, die mit Studien unter der Zielsetzung des Nachweises sicherer Nebenwirkungen aller künstlerischen Aktivitäten verbunden wären. Die tatsächlichen Zusammenhänge sind wahrscheinlich einfach zu komplex für solche eindeutigen Kausalitäten und Finalitäten.

In pädagogischen Zusammenhängen haben die Nebenwirkungen ohnehin nie die Hauptrolle gespielt. Hier finden sich häufig pädagogisch-anthropologische und bildungstheoretische Begründungen. Die Stichworte lauten dann z.B. Lernen mit Kopf, Herz und Hand, Bildung mit allen Sinnen, ganzheitliches Erleben etc. Aber selbst diese, im Zuge der seit den 1980er-Jahren entwickelten Renaissance der Reformpädagogik wiederentdeckten Dimensionen, die inzwischen nahezu ubiquitäre Verbreitung in den einschlägigen Diskursen gefunden haben, bleiben allgemein und unspezifisch – damit lässt sich noch nicht einmal differenzieren, ob der Sport, das Handwerk oder die Künste in den Mittelpunkt der pädagogischen Arbeit rücken sollen.

Die Entscheidung für die Künste – und darin dann ggf. noch für einzelne Sparten – bedarf also noch einmal spezifischerer Begründung. Sie kann z.B. mit einem rezeptionsästhetischen phänomenologischen Zugang gegeben werden:
„Die in der menschlichen Leibesorganisation gegebenen Sinnesorgane ... werden ... erst durch die menschliche Arbeit, worunter hier vor allem die Werke der Kunst zu verstehen sind, zu eigentlich menschlichen Sinnen. Erst durch das Hören der Musik wird das Ohr zu einem für die Schönheit der Musik empfindlichen Organ. Erst durch die Betrachtung der Werke der bildenden Kunst wird das Auge zu einem für die Schönheit der Form und der Farbe aufgeschlossenen Organ“ (Bollnow 1988, S. 31). Oder allgemeiner: „Erst durch die Beschäftigung mit den Werken des objektivierten Geistes, in diesem Fall mit den Werken der Kunst als Erzeugnissen menschlicher Gestaltung, werden die Sinne zu Organen einer differenzierten Auffassung“ (ebd.). Der Mensch ist erst dann „im vollen Sinne Mensch, wenn er die ganze Breite der bisher verkümmerten Sinne zur Entfaltung gebracht hat.“ (a.a.O., S. 32) Es ist ein „Kreisprozess“ zwischen gestalteter Wirklichkeit und Entwicklung der entsprechenden Auffassungsorgane im Menschen: „Die gelungene Gestaltung einer bisher ungestalteten oder weniger gestalteten Wirklichkeit entwickelt im

Menschen ein ihr entsprechendes Organ des Auffassens, und so leben wir in einer Welt, wie die Kunst uns sie zu sehen gelehrt hat“ (ebd.).

Die ästhetischen Grunderfahrungen liegen in der Kindheit. Wie alle anderen Menschen leben auch die Kinder nicht in einer Welt, wie sie ist, sondern in einer Welt, wie sie sie wahrnehmen und die sich damit, als ihre, von allen anderen Welten unterscheidet. Kinder unterscheiden dabei von allem Anfang an zwischen angenehm und unangenehm, ontogenetisch liegen ästhetische „Urteile“ weit vor kognitiven oder moralischen Urteilen. Ontogenetisch bilden sie das Fundament der gesamten Entwicklung. Wie und was die Kinder wahrnehmen, lernen sie an und in der sozial-kulturellen Welt, in der sie aufwachsen, in ihren informalen, formalen und non-formalen Bildungskontexten. Wenn man also erreichen will, dass sie in reichen Welten leben, also differenziert wahrnehmen, kommen notwendigerweise die Künste ins Spiel. Sie bieten die komplexeste Form menschlicher Wahrnehmung.

Aber die Rezeptionsperspektive, ausschließlich genommen, ist wiederum zu eng. Denn die Leistung der Künste ist nicht auf die Förderung der Wahrnehmung beschränkt; produktionsästhetisch ermöglichen sie auch die differenzierte Entwicklung von Ausdruck, Darstellung und Gestaltung. Theaterspielen, Musizieren, Malen, Plastizieren, Tanzen etc. sprechen unterschiedliche Möglichkeiten der Wahrnehmung und des Ausdrucks, der Darstellung und Gestaltung an. Gemeinsam ist diesen so unterschiedlichen Künsten, dass sie die Lernenden zu faszinieren vermögen. In guter ästhetischer Praxis verlieren sich die Akteure ganz an die Situation der Gestaltung, sind sie ganz das, was sie tun: tanzen, trommeln, malen, schauspielern, singen, kneten oder was auch immer. Maria Montessori hat die hier zu beobachtenden Phänomene die „Polarisation der Aufmerksamkeit“ genannt. In modernen psychologischen Theorien ist von „Flow“ die Rede. Man kann in solchen Situationen die Wechselwirkung zwischen Ich und Welt buchstäblich sehen, die durch die Gleichzeitigkeit von Welt-Bildung und Ich-Bildung zustande kommt. Es ist das Besondere der ästhetischen Erfahrung, dass sie an eine Welt gebunden ist, die sich nicht vollständig in Routine, Alltag, Selbstverständlichkeit auflösen lässt, sondern immer und genuin auch durch Fremdheit, Andersheit, Unverfügbarkeit gekennzeichnet ist. Zwar weiß der Rollenspieler durchaus, dass er eine Rolle spielt. Aber was ihm geschieht, wenn er sie spielt: Das weiß er nicht und kann er nicht wissen. Aber mit der Erfahrung, die er da macht, muss er sich dann auseinandersetzen. Da die Künste unterschiedliche Dimensionen menschlicher Bildung ansprechen – man braucht hier nur an die fünf Sinne zu denken –, werden sie alle gebraucht, wenn man Bildung ermöglichen will. Daher kommt es besonders darauf an, möglichst allen Menschen schon im Kindesalter möglichst gut gangbare Zugänge zu den verschiedenen Künsten zu eröffnen. Nur dann können sie auch für sich herausfinden, wo sie besondere Interessen und Stärken entwickeln können und vielleicht wollen.

Eine Garantie dafür, dass auf diese Weise allen Beteiligten Bildung geschieht, gibt es allerdings nicht. Nicht alle Menschen können in gleicher Intensität erreicht werden. Das hat aber nicht nur Gründe in den individuellen Dispositionen, es hat vor allem Gründe in der Qualität der pädagogischen Situationen. Vor dem Hintergrund ihrer Recherchen kommt Anne Bamford hier zu einem ebenso klaren wie folgenreichen Schluss: Nur gute ästhetische Bildung ist gute ästhetische Bildung.

Es hängt entscheidend an der Gestaltung der Situation durch die beteiligten Erwachsenen (Künstler, Kunstvermittler, Pädagogen), ob und inwieweit die künstlerischen Selbstbildungsprozesse unterstützt werden oder eben nicht. Das ist eine Frage der pädagogischen und der ästhetischen Qualität. Welche Bildungsprozesse hier möglich sind, hängt selbstverständlich auch von der gesellschaftlichen, politischen und institutionellen Rahmung der Bildungssituationen ab. Das Wichtigste aber ist die Qualifikation und das Interesse der Lehrenden. Daraus folgt die elementare Bedeutung der systematischen Entwicklung der Aus- und Fortbildung für alle die Künste vermittelnden Personen. Es reicht nicht, die Künste systematisch in den Curricula zu verankern, so wichtig das auch ist; die Vermittler müssen selbst entsprechende künstlerische Bildungsprozesse erfahren haben, um vermitteln zu können. Und, ebenso wichtig: Sie müssen auch die Kunst der Vermittlung beherrschen, wenn ihre Bemühungen denn erfolgreich werden sollen.[5]

*

Auch im deutschsprachigen Raum hat es in einschlägigen Fachzirkeln in Wissenschaft und Politik eine intensive Auseinandersetzung mit Anne Bamfords Bericht und seinen Inhalten gegeben. Jedoch haben es selbst leicht erreichbare englischsprachige Publikationen beim deutschsprachigen Publikum immer noch schwer. Sie erreichen eine breitere Öffentlichkeit in der Regel selbst dann nicht, wenn ihre praktische und politische Bedeutung erkennbar sehr hoch ist. Offensichtlich haben nach wie vor nur deutschsprachige Texte eine Chance auf eine breitere öffentliche Wahrnehmung. Die Publikation einer deutschsprachigen Übersetzung bildet daher die entscheidende Voraussetzung für eine intensive Rezeption in der allgemeinen Öffentlichkeit und auch in den einschlägigen beruflichen bzw. professionellen Öffentlichkeiten. Sie liegt mit diesem Band vor.

Erlangen, im Februar 2010

Eckart Liebau

---

5 Dass ihnen dabei wiederum – und zwar in allen Fächern – die Künste wesentlich helfen können, steht noch einmal auf einem anderen Blatt. Alle Unterrichtstätigkeit hat performativen Charakter: Lehrende treten auf, sprechen und hören, riechen und fühlen, zeigen etwas, stellen sich und etwas dar, nehmen wahr, handeln, kommunizieren – ihr Beruf und ihre Tätigkeit hat nicht nur auf dieser Ebene viel mit der Schauspielerei gemeinsam! Es ist an der Zeit, auch daraus die Schlussfolgerungen für die Lehreraus- und -fortbildung zu ziehen. Vgl. Liebau 2009.

Literatur

Arts Education – A contribution from European experts to the Seoul process, Mimeo, Berlin, 1.12.2009.
Bollnow, Otto-Friedrich (1988). Zwischen Philosophie und Pädagogik. Aachen.
Deutsche UNESCO-Kommission (Hg.) (2008). Kulturelle Bildung für alle. Von Lissabon 2006 nach Seoul 2010. Bonn
Liebau, Eckart (2009). Die Kunst der Schule. In: Bilstein, Johannes/Kneip, Winfried (Hg.): Curriculum des Unwägbaren. II. Die Musen als Mägde: Von der Veränderung der Künste in der Schule. Oberhausen, S. 43–58.

Weiterführende Literatur zur künstlerischen und kulturellen Bildung im deutschen Sprachraum (Auswahl):

Baer, Ulrich (Hg.) (2007). Entdecken, gestalten, verstehen. Kreative Bausteine für die kulturelle Bildung in Kita, Hort und Grundschule. Münster.
Bielenberg, Ina (Hg.) (2006). Bildungsziel Kreativität. Kulturelles Lernen zwischen Kunst und Wissenschaft. München.
Bilstein, Johannes; Dornberg, Bettina und Kneip, Winfried (Hg.) (2007). Curriculum des Unwägbaren. I. Ästhetische Bildung im Kontext von Schule und Kultur. Oberhausen.
Bilstein, Johannes und Kneip, Winfried (Hg.) (2009). Curriculum des Unwägbaren. II. Die Musen als Mägde: Von der Veränderung der Künste in der Schule. Oberhausen.
Bittner, Günther (1990). Erscheinungsleib – Werkzeugleib – Sinnenleib. In: Duncker, Ludwig et al. (Hg.): Kindliche Phantasie und ästhetische Erfahrung. Langenau-Ulm, S. 63–78.
Bockhorst, Hildegard (Hg.) (2006). Kinder brauchen Spiel und Kunst. Bildungschancen von Anfang an. Ästhetisches Lernen in Kindertagesstätten, 2. erw. Aufl. München.
Bundesvereinigung Kulturelle Kinder- und Jugendbildung (Hg.) (2009). Kulturelle Bildung stärken. In die Qualität von Bildung investieren. Tätigkeitsbericht 2008 der BKJ. Remscheid.
Dan Droste, Gabi (Hg.) (2009). Theater von Anfang an! Bildung, Kunst und frühe Kindheit. Bielefeld.
Deutscher Bundestag (Hg.) (2008). Kultur in Deutschland: Schlussbericht der Enquete-Kommission des Deutschen Bundestages. Regensburg.
Deutscher Kulturrat (Hg.) (2009). Kulturelle Bildung: Aufgaben im Wandel. Mit Texten von Kristin Bäßler, Max Fuchs, Gabriele Schulz, Olaf Zimmermann. Berlin.
Deutsche UNESCO-Kommission (Hg.) (2007). Kulturelle Vielfalt – Unser gemeinsamer Reichtum. Bonn.
Ermert, Karl (Hg.) (2007). Kulturelle Bildung und Schule, Netzwerke oder Inseln? Herausforderung für Praxis, Theorie und Politik. Wolfenbüttel.
Foik, Jovana (2008). Tanz zwischen Kunst und Vermittlung. München.

Fuchs, Max (2008). Kultur, Teilhabe, Bildung. Reflexionen und Impulse aus 20 Jahren. München.
Fuchs, Max (2008). Kulturelle Bildung. Grundlagen, Praxis, Politik. München.
Gieseke, Wiltrud; Opelt, Karin; Stock, Helga und Börjesson, Inge (2005). Kulturelle Erwachsenenbildung in Deutschland. Exemplarische Analyse Berlin/Brandenburg. Münster u.a.
Hentig, Hartmut v. (1990). Bildung. Ein Essay. Weinheim/Basel.
Hentig, Hartmut v. (2000). Kreativität. Hohe Erwartungen an einen schwachen Begriff. Weinheim/Basel.
Hill, Burkhard; Biburger, Tom und Wenzlik, Alexander (Hg.) (2008). Lernkultur und kulturelle Bildung. Veränderte Lernkulturen als Kooperationsauftrag an Schule, Jugendhilfe, Kunst und Kultur. München.
Kelb, Viola (Hg.) (2007). Kultur macht Schule. Innovative Bildungsallianzen, neue Lernqualitäten. München.
Klepacki, Leopold (2007). Die Ästhetik des Schultheaters. Weinheim/München.
Kunz-Ott, Hannelore; Kudorfer, Susanne und Weber, Traudel (Hg.) (2009). Kulturelle Bildung im Museum. Aneignungsprozesse, Vermittlungsformen, Praxisbeispiele. Bielefeld.
Landesstiftung Baden-Württemberg (Hg.) (2009). Musisch-ästhetische Modellprojekte in Kindergärten und anderen Tageseinrichtungen für Kinder. Dokumentation des Programms der Stiftung Kinderland Baden-Württemberg (Autor: Liebau, Eckart). Stuttgart.
Liebau, Eckart (1992). Die Kultivierung des Alltags. Das pädagogische Interesse an Bildung, Kunst und Kultur. Weinheim/München.
Liebau, Eckart (1999). Erfahrung und Verantwortung. Werteerziehung als Pädagogik der Teilhabe. Weinheim/München.
Liebau, Eckart und Zirfas, Jörg (Hg.) (2007). Schönheit. Traum – Kunst – Bildung. Bielefeld.
Liebau, Eckart und Zirfas, Jörg (Hg.) (2008). Die Sinne und die Künste. Perspektiven ästhetischer Bildung. Bielefeld.
Liebau, Eckart; Zirfas, Jörg und Klepacki, Leopold (2009). Theatrale Bildung. Theaterpädagogische Grundlagen und kulturpädagogische Perspektiven für die Schule. Weinheim/München.
Liebau, Eckart und Zirfas, Jörg (Hg.) (2009). Die Kunst der Schule. Über die Kultivierung der Schule durch die Künste. Bielefeld.
Maedler, Jens (Hg.) (2007). TeilHabeNichtse. Chancengerechtigkeit und kulturelle Bildung. München.
Mandel, Birgit (Hg.) (2008). Kulturmanagement, Audience Development, Kulturelle Bildung. Konzeptionen und Handlungsfelder der Kulturvermittlung. München.
Meißner, Anna Angelika (2008). Kulturelle Bildung durch Musiktheater. Musiktheaterpädagogik und Zuschauernachwuchsförderung am Beispiel der Oper. Leipzig, Saarbrücken.
Mollenhauer, Klaus (1994). Vergessene Zusammenhänge. Über Kultur und Erziehung. Weinheim/München.
Mollenhauer, Klaus (1996). Grundfragen ästhetischer Bildung, Weinheim/München.

Mollenhauer, Klaus und Wulf, Christoph (Hg.) (1996). Aisthesis/Ästhetik. Zwischen Wahrnehmung und Bewußtsein. Weinheim.
Scheytt, Oliver (2008). Kulturstaat Deutschland. Plädoyer für eine aktivierende Kulturpolitik. Bielefeld.
Schiller, Friedrich von (1968). Über die ästhetische Erziehung des Menschen in einer Reihe von Briefen (1795). In: Sämtliche Werke V. München, S. 311–408.
Schneider, Wolfgang (Hg.) (2009). Theater und Schule. Ein Handbuch zur Kulturellen Bildung. Bielefeld.
Welck, Karin von und Schweizer, Margarete (Hg.) (2004). Kinder zum Olymp. Wege zur Kultur für Kinder und Jugendliche. Köln.
Zacharias, Wolfgang (2001). Kulturpädagogik. Kulturelle Jugendbildung. Eine Einführung. Opladen.
Zacharias, Wolfgang (2009). Sinne und Cyber. Kulturell-ästhetische Medienbildung. Wiesbaden.
Zirfas, Jörg; Klepacki, Leopold; Bilstein, Johannes und Liebau, Eckart (2009). Geschichte der Ästhetischen Bildung. Bd. 1. Antike und Mittelalter. Paderborn u.a.

Zusammenfassung

Der *Wow-Faktor – eine weltweite Analyse der Qualität künstlerischer Bildung* berichtet über die Befunde eines UNESCO-Projekts, das in Zusammenarbeit mit dem *Australia Council for the Arts (The Council)* und der *International Federation of Arts Councils and Culture Agencies (IFACCA)* durchgeführt wurde.

Diese Zusammenfassung stellt unsere Methoden und Ergebnisse kurz dar. Das erste Kapitel beschreibt den Hintergrund und den Zusammenhang, in dem der Bericht steht; dazu gehört ein Überblick über die zentralen Themen.

Die folgenden Kapitel bieten eine Analyse weit gefasster Daten, die bezogen auf die Bandbreite von Programmen kunstorientierter Bildung und deren Wirkung auf Kinder und Jugendliche erhoben wurden. Die Ergebnisse der Studie basieren auf einer umfassenden Erhebung aus dem Jahr 2004; die Fragen wurden an die Bildungs- und Kultusministerien der UNESCO-Mitgliedsstaaten verteilt (und über Organisationen mit doppelter Mitgliedschaft wie zum Beispiel den Europarat).

Im Bewusstsein darüber, dass eine quantitative Analyse das Feld nur unvollständig erfassen kann, wurden ausgewählte, repräsentative Fallstudien über kunstorientierte Programme in 35 Ländern herangezogen, um die Sachverhalte am Beispiel vorzustellen.

Das abschließende Kapitel fasst die Beobachtungen zu einem Überblick zusammen und fragt, wie die unterschiedlichen kunstorientierten Programme zu kennzeichnen und zu vergleichen sind; es enthält auch Empfehlungen dazu, wie die Programme – und in welchem Ausmaß – zukünftig verbessert werden können. Die Anhänge am Ende des Buches stellen einige der erhobenen Daten dar, zusammen mit wichtigen Informationen wie Details zu den Fallstudien, die online zugänglich sind.

Dieses Buch wurde in Abstimmung mit einer internationalen Expertengruppe aus den Bereichen der Künste, der Pädagogik und der Sozialwissenschaften verfasst. Die Leitung dieses international besetzten Teams lag bei Professor Anne Bamford, Direktorin des *Engine Room, Wimbledon School of Art,* London. Das internationale Team untersuchte weltweit geltende Standards bei kunstorientierten Programmen und wertete diese aus, um aktuelle Trends und *Best Practice*-Beispiele zu verstehen.

Ziele

Der Forschungsauftrag, der diesen Ergebnissen zugrunde liegt, zielte darauf ab, ein internationales Forschungskompendium zu erstellen, um so den Einfluss kunstorientierter Programme auf Kinder und Jugendliche weltweit zu zeigen.

Um den Einfluss dieser Programme zu bewerten, wurden die quantitativen und qualitativen Ergebnisse der im November 2004 durchgeführten Untersuchung analysiert. Die Leitfragen der Untersuchung waren:

- Wie wurde das Lehren in kunstorientierten Programmen organisiert?
- Wer war für die Curriculumentwicklung und den Einsatz von kunstorientierten Programmen zuständig?
- Welche Unterschiede zwischen den Programmen in verschiedenen Ländern gab es?
- Was bestimmte die inhaltlichen Unterschiede von Land zu Land?
- Was kann in Zukunft von kunstorientierten Programmen erwartet werden? Welche Empfehlungen gibt es?

Methoden

Um diese weitgespannten Forschungsfragen zu bearbeiten, legte die Studie den Schwerpunkt hauptsächlich auf zwei Aspekte:

1. Die Etablierung einer Wissensgrundlage über den organisatorischen Rahmen und andere Bedingungen, die das Lehren in kunstorientierten Programmen regulieren und strukturieren; und
2. die Anwendung von qualitativen und quantitativen Methoden mit dem Ziel, Schlussfolgerungen über die Rolle von kunstorientierten Programmen in unterschiedlichen Ländern zu ermöglichen.

Bei der Durchführung dieser Studie stellten sich methodologische Herausforderungen. Einerseits war es nötig, mit einer relativ engen Definition der Künste zu arbeiten, um überhaupt allgemein vergleichbare Daten über die Bandbreite, die Inhalte und die Wirkung verschiedener Programme sammeln zu können. Andererseits erwiesen sich diese Definitionen oft als zu eng, um die volle Reichweite der Programme zu erfassen.

Künstlerische Bildung – so wie sie im quantitativen Teil des Projekts definiert ist – zielt darauf,

- das kulturelle Erbe an junge Menschen weiterzugeben, und

- diese in die Lage zu versetzen, sich ihre eigene künstlerische Sprache zu schaffen, und zu ihrer eigenen allgemeinen Entwicklung (der emotionalen und der kognitiven) beizutragen.

Diese oben formulierten Definitionen können gleichwohl nicht allein stehen bleiben. Ein Kunstwerk ist ein Gegenstand, der eine Bedeutung verkörpert. Nach Arthur Danto ist „nichts ein Kunstwerk ohne eine Deutung, die es als solches konstituiert“.[6] Was in einer Kultur als Kunst gilt, wird in einer anderen nicht als solche eingeordnet.

Davon ausgehend wurden die quantitativen Ergebnisse mit Hilfe direkter Verweise auf qualitative Fallstudien gedeutet. Den Befragten dieser Studie wurde außerdem Gelegenheit gegeben, Beispiele aus relevanten Fallstudien zu zitieren; sie wurden auch ganz generell dazu aufgefordert, Beispiele aus Programmen zu nennen, die außerhalb jener Definition von Kunst liegen, die in dieser Studie verwendet wird.

Schlussfolgerungen und Beobachtungen

Dieses Buch, das Antworten aus mehr als 40 Ländern und Organisationen enthält, gibt einen globalen Überblick über die Qualität gelungener Partnerschaften zwischen Kunst und Bildung; dazu gehören:

- identifizierbare Einzelheiten über die Wirkung von Partnerschaften zwischen den Künsten und der Bildung, und
- Modelle der Datenerhebung und Forschungsmethodologie, um die Wirkung der Partnerschaften zwischen den Künsten und der Bildung zu untersuchen.

Die Gesamtergebnisse der Studie können folgendermaßen zusammengefasst werden:

- Die Künste kommen in der Bildungspolitik fast aller Länder der Welt vor;
- Es klafft eine große Lücke zwischen dem ‚Lippenbekenntnis‘ zur künstlerischen Bildung und den Bedingungen an Schulen;
- Der Begriff ‚künstlerische Bildung‘ ist kultur- und kontextspezifisch. Die Bedeutung dieses Begriffes unterscheidet sich von Land zu Land, mit besonderen Unterschieden zwischen ökonomisch hochentwickelten Ländern und sich ökonomisch entwickelnden Ländern;
- In allen Ländern – ungeachtet des Standes ihrer ökonomischen Entwicklung – waren gewisse Kernfächer (z.B. Zeichnen und Musik, aber auch Malen und Werken) Teil des Lehrplans;
- Ökonomisch entwickelte Länder tendieren dazu, die neuen Medien (einschließlich Film, Fotografie und Digitalkunst) in den Lehrplan aufzunehmen;

6 Danto, zitiert in Cynthia Freeland (2001). Art Theory. Oxford, S. 38.

- In sich ökonomisch entwickelnden Ländern wird mehr Wert auf kulturspezifische Künste gelegt (Stelzenlaufen in Barbados, *Hair-Styling* im Senegal!);
- Es gibt einen Unterschied zwischen dem, was man „Bildung in den Künsten" (z.B. Unterricht in den bildenden Künsten, Musik, Theater, Werken) nennen könnte, und der „Bildung durch die Künste" (z.B. das Nutzen der Künste als pädagogisches Werkzeug in anderen Disziplinen wie dem Rechnen, Lesen, der Technik);
- Künstlerische Bildung wirkt sich auf das Kind, die Lehr- und Lernumgebung und auf die Öffentlichkeit aus;
- Es gibt einen Bedarf nach mehr Ausbildung bei den hauptsächlichen Anbietern, also bei denen, die innerhalb der Versorgungskette vor Ort sind (also bei Lehrern, Künstlern und anderem pädagogischen Personal);
- Gute künstlerische Bildung bringt deutlichen Gewinn für die Gesundheit von Kindern und für deren soziokulturelles Wohlergehen;
- Der Erfolg von kunstorientierten Programmen ist nur in Programmen von guter Qualität greifbar (obwohl es keine spezifische Definition davon gab, was solche Programme ausmachte, können Qualitätsaspekte aus den erhobenen Daten gefolgert werden);
- Für gute künstlerische Bildung sind tendenziell starke Partnerschaften zwischen den Schulen und künstlerischen oder kommunalen Einrichtungen außerhalb der Schulen charakteristisch. (In anderen Worten: Lehrer, Künstler und die Gemeinden tragen gemeinsam die Verantwortung für das Anbieten der Programme).

Gute Bildung und Bildung für alle: die Rolle der Künste

> „Bevor ich die Fragen beantworte, möchte ich gern zum Ausdruck bringen, dass ich die Auffassung der Koordinatoren von künstlerischer Bildung als einem zweidimensionalen Prozess teile – „Bildung in den Künsten" und „Bildung durch die Künste". Auf diese Weise wird der kulturelle Kontext eines Kindes ins Zentrum jedweder Bildungsmaßnahme gestellt. Darüber hinaus erhöht diese Sichtweise den Wert all der Disziplinen und Prozesse, die von den Gemeinschaften schon immer benutzt werden, um – ihrer eigenen Kultur entsprechend – die Identität von Kindern durch die jenen Disziplinen und Prozessen eigenen emotionalen und kognitiven Prädispositionen zu formen. Von daher auch die Bedeutung der sozialen Dimension künstlerischer Bildung, die arme Kinder davor schützt, durch das Bildungssystem marginalisiert zu werden."
>
> 2004: Alioune Badiane, *Ministry for Culture and Heritage*, Senegal

Eines der Hauptergebnisse der Studie ist der Nachweis, dass es gut untersuchte und dokumentierte Erfolge von kunstorientierter Bildung gibt. Wie das Zitat aus dem Senegal nahelegt, gliedern sich diese in zwei deutlich zu unterscheidende Aspekte, nämlich *Bildung in den Künsten* und *Bildung durch die Künste*.

Die erste lässt sich als nachhaltiges und systematisches Erlernen der Fertigkeiten, Denkweisen und Präsentationen der Kunstformen – Tanz, visuelle Künste, Musik, Theater – beschreiben; diese erzeugt Wirkungen, die sich als verbesserte Haltung der Schule und dem Lernen gegenüber, gesteigerte kulturelle Identität und als Gefühl persönlicher Zufriedenheit und Wohlbefindens ausdrücken lassen. Gleichzeitig erhöht „Bildung durch die Künste", also Bildung, die sich kreativer und künstlerischer Methoden für alle Fächer bedient, ganz allgemein den Leistungsstand, verringert die Abneigung gegen die Schule und befördert den positiven kognitiven Transfer. Diese bekannten positiven Auswirkungen werden nur dort erreicht, wo es Bedingungen für gute Programme gibt. Schlechte Programme behindern ganz offensichtlich aktiv die positiven Effekte, die in guten Programmen sichtbar werden.

Das Ziel dieses Buches ist es, ein bedeutendes Korpus analysierter Forschung zur Verfügung zu stellen, das die Wirkung der Künste innerhalb der allgemeinen Bildung deutlich belegt. Es werden Schlüsselbeispiele für kunstorientierte Bildung weltweit vorgestellt; Bildungsträger sowie Kunst- und Kulturorganisationen sollen in die Lage versetzt werden, dieses Buch zu nutzen, um die Politik und Praxis in ihren eigenen Ländern damit zu vergleichen. Dieses Buch gibt auch einen weltweiten Einblick in gute Praktiken kunstorientierter Bildung, die Lehrern, Künstlern und Lehrerbildnern, die in entsprechenden Kontexten arbeiten, als Vorbild dienen können.

Der Wow-Faktor ist die erste umfassende Analyse forschungsgestützter Fallstudien weltweit. Sie leistet einen wichtigen Beitrag für die akademische Beschäftigung mit dem Feld der künstlerischen Bildung und gibt Kunst- und Bildungspolitikern Basiswissen an die Hand. Die in *Der Wow-Faktor – eine weltweite Analyse der Qualität künstlerischer Bildung* dargestellten Befunde werden den Standard festlegen, nach dem die Qualität von kunstorientierten Programmen bewertet werden wird. Es ist zu hoffen, dass als Ergebnis des Bemühens, die Bedeutung der Künste in der und für die Allgemeinbildung herauszustellen, die Kinder dieser Welt bald die volle, ihnen zustehende allgemeine und künstlerische Bildung erhalten.

Danksagungen

Dieses Buch ist das direkte Ergebnis einer umfangreichen Forschungsstudie, die von der UNESCO in Auftrag gegeben wurde und die in Zusammenarbeit mit dem *Australia Council for the Arts* und der *International Federation of Arts Councils and Culture Agencies (IFACCA)* ausgeführt wurde. Ohne die finanziellen Zuwendungen und die Unterstützung durch diese drei Organisationen wäre dieses Buch nicht möglich gewesen. Im Besonderen möchte ich Teresa Wagner (UNESCO) für ihren Weitblick und ihren Mut, diese Studie zu initiieren, und Christina Human (UNESCO) für ihre Freundschaft, Ermutigung und Hilfe danken.

Ohne die großartige intellektuelle und organisatorische Unterstützung durch Sarah Gardner (IFACCA), Christopher Madden (IFACCA), Gillian Gardiner (Australia Council for the Arts) und Samira Hassan (Australia Council for the Arts) wären Umfang und globale Anlage dieser Studie nicht möglich gewesen.

Unschätzbar für die Sicherstellung eines umfassenden globalen Forschungsdesigns und eines klar umrissenen Ausgangspunkts für das Projekt war der kritische Blick der Referenzgruppe für die künstlerische Bildung (Michael Anderson, *University of Sydney*; Arnold Aprill, *Chicago Arts Partnerships in Education*; Gillian Gardiner, *Australia Council for the Arts;* Sarah Gardner, *International Federation of Arts Councils & Cultural Agencies;* Maureen O'Rourke, *Victorian Schools Innovation Commission;* Rod Parnall, *Victorian Department of Education and Training;* Robin Pascoe, *National Affiliation of Arts Educators;* Barbara Piscitelli, *Queensland University of Technology;* Simon Spain, *ArtPlay – City of Melbourne;* and Teresa Wagner, UNESCO).

Das Design der Umfragen zur Wirkungsmessung, die quantitative Datenanalyse und Interpretation der Politik war Ergebnis der Beratung durch einen Experten, Professor Matt Qvortrup von *The Robert Gordon University, Aberdeen,* dem ich für das große Engagement für den Wert der Künste in Bildung und Politik danken möchte.

Schließlich möchte ich den wesentlichen intellektuellen Beitrag würdigen, den all jene, die auf die Umfrage geantwortet oder Fallstudien beigetragen haben, geleistet haben. Die Offenheit, mit der politisch Verantwortliche, die Vermittler und Praktiker in Kunst und Bildung bereit waren, ihre Forschung und Erfahrungen zu teilen, legt Zeugnis von der Kollegialität jener Leute ab, die weltweit gemeinsam den Wunsch haben, die Künste zu einem geschätzten Teil der Bildung jedes Kindes zu machen.

Vorwort

Der Wow-Faktor – ein globales Forschungskompendium zur Bedeutung künstlerischer Bildung ist das direkte Ergebnis des UNESCO-Projektes, das initiiert wurde, um die Bedeutung der Künste innerhalb der allgemeinen Bildung zu bestimmen. Dieses Forschungsprojekt wurde in enger Zusammenarbeit mit dem *Australia Council for the Arts (The Council)* und der *International Federation of Arts Councils and Culture Agencies (IFACCA)* durchgeführt. Die in Auftrag gegebene Studie, die diesem Buch zugrunde liegt, zielte darauf, internationale Forschungsbeiträge zusammenzutragen und zu untersuchen und – wenn es sie denn gab – die Bedeutung von kunstorientierter Bildung für Kinder und junge Menschen weltweit zu zeigen.

Um die Bedeutung von kunstorientierten Programmen zu bewerten, wurden die erhobenen qualitativen und quantitativen Daten analysiert, um sowohl die globalen Muster als auch die Art und Weise, wie sich künstlerische Bildung in verschiedenen Ländern manifestiert, zu bestimmen. Weil es alle Aspekte der Bildungspolitik zu und der Umsetzung von künstlerischer Bildung untersuchte, begann das Forschungsprojekt zunächst die Formulierung politischer Strategien und der Lehrplanentwicklung zu analysieren. Diese Arbeit wurde um detaillierte Fallstudien erweitert, die einen Einblick in die politische Umsetzung und in die komplexe Struktur der Implementation von künstlerischen Zielen im Bildungsbereich ermöglichten. Lehr- und Lernerfahrungen wurden gesondert untersucht; ebenso wurden Fragen wie Lehrerbildung, Ressourcen und Beschränkungen herausgestellt. Diese Faktoren wurden alle im Rahmen einer Wirkungsanalyse untersucht, die das Spektrum möglicher Ergebnisse, die den Künsten zugerechnet werden können und die in genauen Forschungsstudien nachgewiesen wurden, betrachtete. Diese Wirkungseffekte wurden allgemein analysiert und reichten von den Wirkungen auf Kinder und ihr Lernen über die Wirkungen auf Schule und Gemeinde letztlich bis hin zu Wirkungen auf das intellektuelle, soziale, kulturelle und emotionale Wohlbefinden.

Um diese Forschungsfragen zu bearbeiten, musste sich die gewählte Methodologie an der Notwendigkeit orientieren, eine Wissensgrundlage über den organisatorischen Rahmen und andere Bedingungen zu etablieren, die die Lehre von kunstorientierten Programmen regulieren und strukturieren. Dies wurde erreicht durch die Anwendung von überwiegend qualitativen – aber auch quantitativen – Methoden, die darauf zielten, die Rolle und die Anlage von kunstorientierten Programmen in unterschiedlichen Ländern abzubilden.

Die Durchführung dieser Studie stellte uns vor methodologische Herausforderungen. Einerseits war es nötig, mit einer engen Definition der Künste zu arbeiten, um überhaupt allgemein vergleichbare Daten über das Ausmaß, die Inhalte und die Wirkung verschiedener Programme sammeln zu können. Andererseits erwiesen sich diese Definitionen oft als zu eng, um das volle Ausmaß der Programme zu erfassen. Innerhalb dieser Studie wurde ein relativ breiter Begriff von künstlerischer Bildung aus den Ansätzen der Länder selbst hergeleitet. Im Zentrum aller Definitionen stand die Vorstellung, dass ein kunstorientiertes Modell von Bildung mit Merkmalen ausgestattet ist, die dazu dienen, das kulturelle Erbe an junge Menschen weiterzugeben und diese in die Lage zu versetzen, sich ihre eigene künstlerische Sprache zu schaffen und zu ihrer eigenen allgemeinen Entwicklung (der emotionalen und der kognitiven) beizutragen.

Diese Definitionen können so allein nicht stehenbleiben. Was in einer Kultur als Kunst angesehen wird, wird in einer anderen nicht als solche definiert. Davon ausgehend wurden quantitative Ergebnisse mit Hilfe direkter Verweise auf qualitative Fallstudien gedeutet. Den Befragten dieser Studie wurde außerdem Gelegenheit gegeben, Beispiele aus relevanten Fallstudien zu zitieren; sie wurden auch ganz generell dazu aufgefordert, Beispiele aus Programmen zu nennen, die außerhalb einer eher traditionellen Definition der Künste liegen.

Weil wir einen offenen und umfassenden Ansatz bei der Betrachtung kunstorientierter Programme in der Bildung wählten, war es unvermeidlich, dass Fragen zu einbezogenen Programmtypen gestellt wurden, nämlich ob diese noch zu den „Künsten" gehörten. Die Studie entschied sich für eine offene Haltung und versuchte keine Werturteile über die Verdienste der einen oder anderen Kunstform abzugeben. Soweit zeugt die globale Forschung, die diesem Buch zugrunde liegt, von der vielfältigen Natur der Künste, und doch gibt es innerhalb dieser Multiplizität klare Muster im Blick auf Qualitätsmerkmale und die Wirkung guter Programme. Darauf fokussierte diese Untersuchung.

Die Vorstellung des „Wow-Faktors" in der Bildung war ein Begriff, der uns in den qualitativen Kommentaren, die zu den Erhebungen gehörten, begegnete. Er wurde für die Aufregung und die unerwarteten Ergebnisse verwendet, die sich schwerlich genau beschreiben lassen, aber große Wirkung auf Lehrer, Künstler, Kinder und sogar Gemeinden haben, in denen es gute kunstorientierte Bildung gibt. Dieser Begriff wurde speziell im Hinblick auf die künstlerischen Leistungen von Kindern gewählt. Die Chance, dass ein Kind vielleicht eine neue Entdeckung macht, zum ersten Mal seine Augen öffnet, visuell, musikalisch, durch Bewegung oder Theater, oder vielleicht eine neue, innovative Antwort findet, war der Motor, der viele kunstorientierte Programme angetrieben hat. Der unerwartete „Wow-Faktor" war eine mächtige Kraft, die Lehrer, Künstler und Kinder immer wieder zu künstlerischen Programmen hinzog, trotz der oft schwierigen strukturellen Einschränkungen und der Hindernisse, die mit der Einführung von Kunst mancherorts verbunden sind. Dieses Zitat eines australischen Künstlers/Lehrers beschreibt den „Wow-

Faktor“ – eine Wirkung, die alle anderen Wirkungen, die sich genauer definieren lassen, übertrifft:

> Ich meine, an jeder Schule, an der du es machst, kriegst du einen anderen Stil … jedes Kind kriegt ein anderes Ergebnis und du kannst davon begeistert sein und „Wow!“ sagen. „Weißt du, das habe ich so vorher noch nie gesehen.“ Ich glaube, die Sache mit dem „Wow“ ist wirklich wichtig. Einer der jüngeren Lehrer an einer Schule sagte, dass ich mich genauso wie du anhöre. Ich hatte gesagt: „Wow! Ist das nicht toll …? Schau dir das an. Das ist ja großartig!“ So in etwa, und ich dachte: „Das ist ja gut, jetzt habe ich einen anderen Lehrer dazu gebracht, so zu unterrichten! Das ist gut.“

Kapitel 1: Die Künste sind anthropologisch basiert

Einführung

Die Künste bilden einen genuinen, dem Menschen anthropologisch inhärenten Wesenszug des Handelns in der Welt. Es gibt Beweise, dass die Künste schon lange vor der Schrift existierten. Beispiele der Kunst wurden z.B. auf prähistorische Zeiten datiert, beispielsweise die der australischen Ureinwohner. Überall auf der Welt partizipieren Menschen an den Künsten. Es wird in allen Kulturen gesungen, getanzt, rezitiert, man lauscht Erzählungen, führt etwas auf. Die Künste gehörten schon immer zu den vitalsten Anliegen der Menschheit. Alle Gesellschaften in der Welt engagieren sich aktiv in der Kunst, und in der modernen Gesellschaft florieren die Künste, weil wir uns immer mehr darauf verlassen, dass nur die Künste unsere Botschaft vermitteln können.

Kinder werden mit ästhetischer Wahrnehmung geboren und sie üben sich in den Künsten schon lange, bevor sie sprechen oder schreiben können. Wenn man kleine Kinder beim Spielen beobachtet, kann man sehen, wie sie ganz natürlich in künstlerischen Formen kommunizieren. Mit Hilfe der Künste konstruieren Jugendliche Bedeutung in eine vereinheitlichte Form. Die Künste heben hervor, wie unterschiedliche Phänomene zueinander in Beziehung stehen. Ganzheitliches Denken und das Zusammenführen von Ideen haben für die Welt der Zukunft fundamentale Bedeutung. Wenn man sich das vor Augen führt, sind die Künste in der Bildung ein grundlegendes Mittel, um Schüler mit den sozialen und intellektuellen Qualifikationen auszustatten, die sie für die unvorhersehbare Zukunft brauchen.

Wenn wir auf die Zukunft blicken, so hat die wachsende Bedeutung von Technologie zu einer Renaissance des Interesses an den Künsten geführt. Die gegenwärtige ästhetische Kultur geht weit über das hinaus, was man früher mit den Begriffen „Kunst“ oder „Künste“ bezeichnete. Weil die Auswirkungen der Künste auf Kommunikation, Technologie und Meinungsbildung wachsen, müssen unsere Schulen eine kunstorientierte Bildung in den Mittelpunkt rücken, die zu kritischem Denken, dem Lösen von Problemen und zur Reflexion ermutigt. Die neue Realität ist der entscheidende Bezugspunkt und die Ästhetik der Königsweg des Lernens.

In unserer heutigen Wirtschaft sind Erfindungsreichtum, Design und Innovation lebenswichtig. Innovation setzt voraus, dass die Ideen frei flottieren, was wiederum Menschen voraussetzt, die kreativ und gut ausgebildet sind. Die jungen Leute von heute sind die Erfinder der neuen kulturellen Muster und der sozialen Philosophien von morgen. Sie werden in der Lage sein müssen, die neuen Materialien entwickeln zu können, auch die Bedingungen und die Formen der Gemeinschaft, die in die neue Welt passen. Um das zu leisten, brauchen junge Menschen nachhaltiges und aufeinander aufbauendes Lernen in den Künsten und durch die Künste.

Die Reform der Schulen wird zu einem Umbau der Schulen führen, der sie immer weniger durch die umgebenden Mauern festlegt, sondern sie zunehmend zu Zentren macht, die Kindern ein breites Spektrum unterschiedlicher Lernressourcen eröffnen. Das *Internet* hat die Art, wie wir kommunizieren und uns Zugang zu Wissen beschaffen, fundamental verändert. Schüler können viel einfacher Informationen von Galerien, Museen und der breiteren Bildungsöffentlichkeit erhalten. In Übereinstimmung mit diesem Trend sollten Schulen die Grenzen ihrer Klassenzimmer öffnen, um Kunst- und Kulturinstitutionen einzubeziehen, und sie sollten ihre Stundenpläne und andere hemmende Strukturen flexibilisieren, um den Schülern zu ermöglichen, sich in ihre eigenen Recherchen zu vertiefen.

In der gesamten Bildungserfahrung der Schüler spielen die Künste eine enorme Rolle. Schüler entwickeln sich durch intensive Beschäftigung mit den Künsten markant im Hinblick auf ihre Risikobereitschaft, ihr Zutrauen und ihre Bereitschaft, ihr Lernen selbst in die Hand zu nehmen. Die Künste involvieren Schüler im wahrsten Sinne des Wortes: Sie fördern ein Gemeinschaftsgefühl durch gemeinsames Interesse und erhöhen die Lernmotivation. Durch das Herstellen von Verbindlichkeit bieten die Künste den Schülern etwas für die Qualität von Bildung Einmaliges und Genuines.

Die Beschäftigung mit den Künsten trägt zur positiven Selbstwahrnehmung und Identitätsbildung bei und ist deshalb für den Bildungserfolg und das Streben nach lebenslanger Bildung bedeutsam. Die Künste können dabei helfen, ein Bewusstsein für kulturelle Fragen zu entwickeln und sich selbst und andere zu akzeptieren. Technologische Veränderungen der letzten Zeit haben außerdem ein beträchtliches Interesse an der Bedeutung der Künste beim Herausbilden multimodaler Kompetenzen geweckt.

Trotz all dieser hier behaupteten Vorzüge der Künste haben sich die empirische Schulbeobachtung und -berichterstattung und die Qualitätsforschung bislang hauptsächlich auf einen sehr eng gefassten Leistungsbegriff konzentriert, der durch Vorstellungen von naturwissenschaftlichem, mathematischem und technologischem Denken definiert ist; die kulturelle Dimension der Bildung wurde hingegen weitgehend übersehen. Dieses Defizit hat verschiedene Ursachen: Zum einen gibt es einen Mangel an verlässlichen Beweisen für die positiven Folgen von kunstorientierten Programmen für den Bildungserfolg. Auch gibt es Definitionsprobleme im Hinblick auf die Bandbreite und die Inhalte des Unterrichts in den Künsten, so wie er an Schulen gehandhabt wird.

Künstlerische Bildung ist vielfältig

Der Begriff „Künste“ wird hier so verwendet, dass damit sowohl der Unterricht in den Künsten gemeint ist als auch die Kunst des Lehrens. Richardson (1999; 25) definiert die Künste breit und einfach als das, was von Menschen gemacht ist. Diese Definition umschließt eine Reihe von Annahmen. Richardson behauptet, dass die Künste Fertigkeiten erfordern, um etwas zu schaffen, das schön und/oder in seiner Gestaltung bewegend ist.

Er überlegt, dass die Künste konstruiert werden und innerhalb eines kulturellen Kontextes platziert sind. Definitionen von Kunst bleiben weiterhin Gegenstand umfassender Theorien, und es ist nicht Ziel dieses Buches, diesem umfangreichen Diskurs etwas hinzuzufügen. Es gibt erhebliche Zweifel, ob ein Begriff wie der der Künste – im Plural – überhaupt angemessen ist, um verschiedene Disziplinen zusammenzufassen, die doch in ihren hoch entwickelten Formen so unterschiedlich sind wie die Kunst des Porträts, das Orchester, das Ballett und die griechische Tragödie. Und doch benutzen die herrschenden politischen und pädagogischen Diskurse allgemein den Begriff „die Künste“ und implizieren mit diesem Begriff die Vorstellung einer Einheit, die auf Begriffen von Kultur, Erbe, Bürgerschaftlichkeit und Kreativität beruht.

Die erste Forschungsfrage, die diesem Buch zugrunde lag, richtete sich darauf herauszufinden, was im Kontext bestimmter Länder zum Unterricht in den Künsten gezählt wurde; die Antworten darauf ergaben verschiedene, zugleich historische und zeitgenössische Versuche, die Parameter jener Lernbereiche zu bestimmen, die vorläufig als „die Künste“ bezeichnet werden. Um dem Rechnung zu tragen, verwendet dies Buch einen offenen und inklusiven Begriff der Künste. Folgende Definitionen wurden innerhalb dieser Studie verwendet:

> **Glossar:**
>
> **Künstlerische Bildung:**
> Künstlerische Bildung hat zum Ziel, das kulturelle Erbe an die junge Generation weiterzugeben, sie in die Lage zu versetzen, ihre eigene künstlerische Sprache zu finden, und zu ihrer umfassenden Entwicklung (emotional und kognitiv) beizutragen. Künstlerische Bildung betrifft ein Kind sowohl auf der schulischen als auch auf der persönlichen Ebene.[7]
> Es gibt zwei unterschiedliche Ansätze bei der künstlerischen Bildung.[8]

---

7 Victor Flussel, Lehrer und Leiter des CMFI (Centre de Formation pour Musiciens Intervenants) in Straßburg.

8 Aus dem Text „Sharing the Vision: A National Framework for Arts Education in Canadian Schools“ des „National Symposium on Arts Education“, ein virtuelles kanadisches

Bildung in der Kunst lehrt die praktischen Herangehensweisen und die (theoretischen) Grundsätze der verschiedenen künstlerischen Disziplinen, um so das kritische Bewusstsein und die Sensibilität der Schüler anzuregen und ihnen zu ermöglichen, kulturelle Identität zu entwickeln. Bildung durch Kunst impliziert die Möglichkeit, Kunst als Mittel zu nutzen, um dadurch die Gegenstände anderer Fächer zu lernen oder auch allgemeinere Lernziele zu verfolgen. Daher sollten auch andere Unterrichtsgegenstände, insbesondere soziale oder kulturelle Themen, in die künstlerische Bildung einbezogen werden.

Internationales Kompendium:
Dies ist eine Sammlung präziser und zugleich detaillierter Informationen über Projekte, die in verschiedenen Ländern weltweit durchgeführt wurden, die die Künste als notwendigen Teil von Innovation, Lernen und Lehre einbezogen haben.

Forschung:
Die Erhebung bedient sich einer weiten Definition von Forschung, die jede systematische Untersuchung einbezieht, die die Beziehung zwischen den Künsten und der Bildung zu erforschen versucht. Die Studie umfasst die Sammlung von Daten und Material aus verschiedenen Quellen. Sie umfasst sowohl traditionelle quantitative und qualitative Methoden als auch andere informelle oder innovative Ansätze.

Wirkung:
Wirkung soll im weitesten Sinne berücksichtigt werden. Sie beschreibt den Einfluss oder Erfolg des Projekts, der Forschung, der Politik oder der konkreten Intervention. Auch Eindrücke, die durch ein Projekt erzeugt wurden, oder Haltungen, die dadurch begünstigt wurden, werden einbezogen. Wirkung kann die Wirkung auf Politik, Finanzierung, formale Bildung, informelle Bildung, das Curriculum, Lehrer, Lehrerbildner, die Kinder, die Künstler, die Familie, die Gemeinde sein – aber auch darauf ist die Wirkung nicht einzugrenzen. Sie kann die wirtschaftliche, soziale, kulturelle, spirituelle Wirkung umfassen, die Wirkung auf die Identität und auf vieles andere mehr.

Programme kunstorientierter Bildung:
Jeder Bildungsplan, Lehrplan, jede pädagogische Praxis, jedes Lehr- und Lernmodell, das die Künste wesentlich und substantiell einbezieht und eine direkte Wirkung auf die Ausbildung von Kindern hat.

Symposium, geplant als Kommunikationszentrum und interaktive Umgebung für Unterstützer der künstlerischen Bildung, http://www.artsed.ca/Sharing_the_Vision.pdf.

Pädagogische Kontexte:
Obwohl wir an erster Stelle kunstorientierte Programme an Schulen untersuchen, geht unsere Studie davon aus, dass Bildung jede Form systematischer Belehrung meint, bei der gelehrt und gelernt wird. Wir erkennen an, dass Bildung an vielen Orten vorkommen kann und mehr umfasst als Grundfertigkeiten im Rechnen und Schreiben (die natürlich dazugehören). Wenn man Bildung so definiert, dann entsteht Klugheit durch Fertigkeiten, Vorstellungen, Verständnis und Kenntnisse. Bildung wird die Rolle einer Antriebskraft innerhalb des Prozesses kultureller Entwicklung zuerkannt und es wird angenommen, dass damit ein Verständnis sowohl für die Tradition als auch für die gegenwärtige und zukünftige Gesellschaft und deren Praktiken einhergeht.

Kinder und junge Leute:
Jedes Individuum im Alter zwischen 0 und 18 Jahren.

Marginalisierte oder Risikogruppen von Kindern im Hinblick auf die Entwicklung ihres Bildungspotentials und ihres künstlerischen Potentials:
Dies bezieht sich auf jene Kinder oder Jugendliche, für die das Regelangebot oder die Angebote formaler Ausbildung irrelevant, unpassend oder bedeutungslos sind. Solche Kinder fühlen sich möglicherweise unwichtig, ausgeschlossen und/oder fern von Bildung. Wenn sie sich formaler Bildung unterziehen müssen, mag ihnen das so scheinen, als habe es keinerlei Folgen für sie und sei irrelevant.

Forschungsmethodologie:
Jedes System von Vorgehensweisen und Techniken, die angewendet werden, um herauszufinden, wie Kunst und Bildung erforscht und geprüft werden können.
Die Methodik kann traditionelle und nicht traditionelle Formen der Datenerhebung und Befragung umfassen, aber sollte sich nicht darauf beschränken. Weil es zum Ziel des Projektes gehört, alternative und innovative Methoden der Forschung über die Künste vorzustellen, beziehen wir gerne ein Spektrum verschiedener Ansätze ein.

Anhang 1 enthält eine Kopie des Fragebogens, der an die Befragten ausgehändigt wurde.

Darüber hinaus hat diese Studie versucht, künstlerische Bildung nicht einfach zu definieren und dann entsprechende Umsetzungen in die Praxis zu erforschen, sondern speziell zu prüfen, was qualifizierte künstlerische Bildung ausmacht. Unter

„Qualität“ verstehen wir jene Vorgaben für Unterricht in den Künsten, die von anerkannt hohem Wert sind und sich durch Fertigkeiten, Haltungen und die erreichte Performativität auszeichnen. Nach Pearsall (1998) bedeutet Qualität, dass etwas erfolgreich abgeschlossen wird. In unserer Studie fassen wir unter Qualität auch die gelungene Leistung; aber wir gehen darüber hinaus und verstehen unter Qualität auch prozessuale Elemente wie Lernreisen, Wege, Partnerschaften und Anerkennung. Dewey (1934; 19) beschreibt Qualität als gekennzeichnet durch „erhöhte Vitalität“. Er merkt weiter an, dass Qualität einen „aktiven und wachen Austausch mit der Welt“ bedeutet; „im besten Fall umfasst dies die vollständige Deutung des Ich und der Welt der Objekte und Ereignisse“. In dieser Vorstellung ist Qualität keine feste Disposition, sondern lässt sich eher bestimmen, wie Kissik (1993; 27) es festhält: „Qualität ist vor allem eine Idee, deren Kriterien offen für Einflüsse innerhalb einer gegebenen Gesellschaft sind“.

Ausgangslage des Forschungsprojektes

Das weltweite Monitoring von Bildungsstandards hat sich tendenziell eher auf Leistungen in der Mathematik, dem Textverständnis und dem naturwissenschaftlichen Denken konzentriert. Es gibt viele Einzelberichte von Kindern, Lehrern und Eltern darüber, dass die Künste eine größere Wirkung auf Schule und Lernen haben. Aber bislang fehlt eine nachhaltige Forschung zu ihrem Einfluss. Aber selbst wenn es eine Beschreibung und Bewertung der künstlerischen und kulturellen Aspekte von Bildung gäbe, gäbe es noch keine Liste verbindlicher Standards, bei denen man weltweit darin übereinstimmte, dass sie akzeptable Qualitätsvorgaben für den Unterricht in den Künsten bereitstellten. Die Qualitätsmerkmale für vollkommenen – oder, offen gesagt auch nur angemessenen – Unterricht in den Künsten werden in der Literatur nur höchst kümmerlich dargestellt. Und doch gibt es höchst erfolgreiche Programme kunstorientierter Bildung, die in Fallstudien über die Alltagspraxis von Kunsterziehern und Künstlern in unterschiedlichen pädagogischen Zusammenhängen sichtbar werden.

Vor diesem Hintergrund schien es möglich, die besonderen Qualitäten zu ermitteln, die die Grundsätze und die Praxis erfolgreicher kunstorientierter Bildungsprogramme weltweit leiten, und deren Wirkung zu beschreiben. Die Verbindung quantitativer und qualitativer Methoden, die in diesem Projekt zur weltweiten Erforschung von künstlerischer Bildung angewendet wurde, ist in der Annahme gewählt worden, dass die schwer fassbaren Eigenschaften kunstorientierter Bildung, die in erfolgreichen Programmen in einer Reihe unterschiedlicher Kontexte deutlich werden, durch Fallstudien über gelungene Praxisbeispiele einbezogen werden können. Die detaillierte Untersuchung weltweiter Fallstudien, die pädagogische, ökonomische und soziale Zusammenhänge in aller Breite abbilden, stellt eine

Quelle von Wissen und neuer Erkenntnis dar und wirft ein neues Licht auf die Annahmen, das Wissen und die Praktiken bei der Bildung in den Künsten.

Ganz allgemein ist die künstlerische Bildung ein vernachlässigter Bereich akademischer Forschung. Wie Zimmermann (1994; 60) feststellt, ist die Forschung über die Kunst unterrichtenden Lehrer und deren Praktiken erheblich vernachlässigt worden. Dieser Mangel wirkt sich negativ auf zukünftige Vorgaben für die künstlerische Bildung aus. Zusätzlich macht Zimmermann (1994; 65) deutlich, dass Lehrer und Künstler ermutigt werden müssen, eine eigene Stimme zu finden und ihre eigene Bedeutung und ihr Verständnis der künstlerischen Lehre zu klären. Die Ergebnisse dieser Studie machen den Graben zwischen den Versprechungen der Politik – die die Künste innerhalb der Bildung hoch halten – und der Alltagspraxis an Schulen deutlich, die weit hinter die hochfliegenden Ziele der Politik zurückfällt.

Während es in den Vereinigten Staaten (USA), Kanada, Australien, Finnland, dem Vereinigten Königreich (UK) und anderen Ländern substanziell gehaltvolle Studien zu positiven Auswirkungen der künstlerischen Bildung gibt, ist zuvor keine umfassende Studie zu weltweiter Forschung über den Unterricht in den Künsten durchgeführt worden. Obwohl eine Reihe von Untersuchungen die positiven Auswirkungen festhalten, werden die Künste weiterhin in vielen Ländern unterschätzt.

Aufbau des Buches

Die Gesamtanlage des Buches zielt darauf, den Stand der künstlerischen Bildung zum gegenwärtigen Zeitpunkt umfassend zu betrachten. Das Buch nutzt die Daten der Umfrage, um ein weit reichendes, die gesamte Welt umfassendes Bild kunstorientierter Bildung zu zeichnen. Der Sinn des ursprünglichen Forschungsvorhabens war es, den gegenwärtigen Spielstand im Hinblick auf die künstlerische Bildung weltweit einzufangen und für die Diskussion zu öffnen, so dass auf der örtlichen Ebene Lehrer und Künstler über ihre Praxis und ihre Überzeugungen kommunizieren können, während auf der nationalen oder staatlichen Ebene die Ministerien für Bildung, die Künste und Kultur und pädagogische und kulturelle kollektive Akteure neue Anregungen für Modelle zukünftiger Programme kunstorientierter Bildung bekommen. Es ist eine Grundüberzeugung dieser Studie, dass es durch Gespräche möglich ist, die Differenz zwischen Gegenwart und Zukunft zu beschreiben und zu bedenken, in welchen Hinsichten sich Gegenwart und Zukunft wahrscheinlich unterscheiden werden. Das Forschungsprojekt und dieses daraus hervorgegangene Buch sind auf den Rahmen zukünftigen Handelns und zukünftiger Verbesserungen bezogen.

Frühere Versuche, die Qualität praktischer und wissenschaftlicher Ergebnisse von langfristig im Klassenzimmer angelegten Programmen kunstorientierter Bildung zu verbessern, waren wenig erfolgreich. Das Buch gab die Gelegenheit, die Ergebnisse umfangreicher quantitativer Erhebungen zu sammeln und darzustellen. Die Darstellung von Fallstudien eröffnete zugleich die Möglichkeit, Lehrer und Künstler umfassend einzubeziehen. Bei der Darstellung der Metaanalyse versucht der Bericht die statistischen Daten mit den Stimmen der Befragten zu verknüpfen, so dass das „große Bild" die gleiche Aufmerksamkeit erfährt wie die konkrete pädagogische Gestaltung der Programme kunstorientierter Bildung.

Es war in gleichem Maße bedeutsam zu untersuchen, was sich in der künstlerischen Bildung auf nationalem und globalem Niveau heutzutage abspielt, wie herauszufinden, wie Lehrer, Künstler und die Öffentlichkeit ihre formalen oder informellen „Klassenzimmer" organisieren und wie breit das Angebot ist, das sie machen. Diese auf den jeweiligen Ort bezogenen Fallstudien verliehen der komplexen – und manchmal verwirrenden – Datenmenge der quantitativen Erhebung einen Sinn und ermöglichten es, markante Aspekte der Arbeit vor Ort aufzudecken, die als Qualitätsmerkmale gelingenden Lehrens und Lernens im Bereich der kunstorientierten Bildung angesehen werden können.

Die Vorstellung eines zukünftigen Rahmens für kunstorientierte Bildung setzt die Erkenntnis voraus, dass ein vertieftes Curriculum der Künste möglich ist und dass die Künste gelernt und gelehrt werden können. Wir nehmen in diesem Buch an, dass neue Methoden die kritische Reflexion innerhalb der Kunstvermittler-Community stärken und kultivieren können und dass es bei der Entwicklung einer Pädagogik der Künste hilfreich sein kann, Prioritäten zu setzen und einen forschungsbasierten wissenschaftlichen Bezugsrahmen zur Verfügung zu haben.

Kreative und verstehende Erhebungsmodelle stellen vielfältige Möglichkeiten zur Wissensgewinnung dar. Wenn man dies im Kopf behält, kann man das Buch im Kern als einen Blick auf Menschen, Dinge und Ereignisse verstehen, die weltweit die künstlerische Bildung umgeben. Das Buch ist keine absolute Antwort auf eine Frage, noch versucht es, die ultimative einzige Handlungsanleitung zu finden. Die Multiplizität der Wissensgewinnung hat ihren Ort innerhalb eines soziokulturellen Rahmens. Man kann Wissen nicht aus dem Kontext lösen, der es produziert.

Wir gingen von der Annahme aus, dass ein an der Kunst orientiertes Forschungsparadigma eine für diese Studie passende Erhebungsform sei. Künstler und Lehrer haben eher eine Abneigung gegenüber positivistischen Unternehmungen, die das globale Monitoring von Lernstandards in hohem Maße dominieren. Weil uns das bewusst ist, erprobt diese Veröffentlichung einen Ansatz, der es sich zum Ziel setzt, in vertiefter Weise zuzuhören und hinzuschauen. Entsprechend wurden zwar eher qualitative Methoden ausgewählt, weil sie die für diese Studie beste Anwendbarkeit hatten, aber diese wurden nicht als die einzig richtige Methodologie angesehen. Daher beginnt die Darstellung der Ergebnisse in den einzelnen Abschnitten mit einer Zusammenfassung der Hauptthemen (in Stichworten), dann folgen Zusammenfassungen der Metaanalyse zentraler statistischer Daten. Die Daten werden dann erläutert und mit bestimmten qualitativen Antworten, Beispielen auf nationaler oder lokaler Ebene und Geschichten der Lehrer, Kinder und Künstler veranschaulicht. Wir hoffen, dass diese Verbindung breit erhobener Daten und beschreibend-narrativer Teile es ermöglicht, dass die Sache in den Vordergrund tritt und Muster deutlich werden.

Wie bei einem guten Kunstwerk gibt es keine einfachen, vorhersagbaren Muster. Weil sie sowohl der Forschung als auch der kritischen Bewertung verpflichtet ist, ist diese Studie sowohl deskriptiv als auch analytisch angelegt und bemüht sich darum, die inhärenten Bedeutungen nationaler politischer Programme und der Praxis im Klassenzimmer darzulegen. Doch um diese Bedeutungen, die sich dem Betrachter gelegentlich entziehen, herauszufinden, wurde die Analyse nach bestimmten Themen organisiert. Wie man ein Lied nicht nach denselben Kriterien wie ein Aquarell bewerten würde, sollte sich der Prozess von Forschung und Darstellung an die Merkmale dessen, was untersucht wird, annähern.

Die Studie wurde zwischen der pädagogischen und den künstlerisch-kulturellen Disziplinen positioniert; so dient das folgende zweite Kapitel der Erkenntnis der kontextuellen und historischen Aspekte der Praxis und reflektiert die Bedeutung der Lernumgebung. Es bietet einen Überblick über die sozialen und historischen Milieus, die die kunstbezogene Bildungspolitik und die Praktiken der künstlerischen Bildung umgeben. Es kontextualisiert jede Lesart der gegenwärtigen Praktiken nicht nur durch eine generelle historische Sichtweise, sondern auch, ebenso bedeutsam, im Hinblick auf Fragen künftiger Staatsbürgerschaft, globaler Ökonomien und der Ausweitung der kreativen Sektoren innerhalb der Gesellschaft. In diesem Kontext skizziert Kapitel 2 die großen Herausforderungen, denen sich künstlerische Bildung gegenüber sieht, und die Mängel der gegenwärtigen Praxis.

Wie beim Verstehen eines Kunstwerkes, Dramas, Musik- oder Tanzstückes lässt die Studie die Untersuchung des Individuellen und des Universellen gleichzeitig zu und passt sich dabei den Bedeutungsschichten an, die in eher linearen Forschungsansätzen schwer zu operationalisieren sind. Kapitel 3 skizziert den Forschungsprozess, der den Ergebnissen zugrunde liegt, die in diesem Buch dargestellt werden. Es wird anerkannt, dass eine kunstorientierte Bildung hoch komplexe soziale Fragen spiegelt und dass nicht nur ein einziges Erhebungsmodell entwickelt werden kann, das auf ein schon bekanntes Problem antwortet. Dieses Kapitel fordert die Vorstellung heraus, dass es bei pädagogischer Forschung darum gehe, fest definierte Fragen zu stellen und „eine Antwort" oder auch mehrere „Antworten" auf diese Fragen zu suchen.

Nachdem das Buch im Hinblick auf den Kontext und die zugrundeliegende Forschung situiert worden ist, wird in Kapitel 4 das große Bild gegeben, indem die Forschungsergebnisse präsentiert werden, die das nationale und globale Terrain der künstlerischen Bildung zeigen. Durch die Analyse der politischen Programmatik und der ihr zugrundeliegenden Glaubenssätze gibt dieses Kapitel einen Überblick und exemplifiziert zugleich das Ausmaß und das Wesen künstlerischer Bildung. Es stellt Kernfragen über das Wesen der künstlerischen Bildung, stellt bestehende Definitionen ebenso wie spezifische Inklusionen oder – mindestens ebenso wichtig – Exklusionen in Frage. Kapitel 4 versucht, Verantwortungsketten im Hinblick auf die Implementation der kunstbezogenen Bildungspolitik zu analysieren, und untersucht, was jenseits der politischen Rhetorik mit der Stellung der Künste in dem für das Bildungswesen zentralen System der Aufgabenzuweisung passiert. Das Kapitel kommt als wichtige Schlussfolgerung zu einer Unterscheidung zwischen der Bildung *in den Künsten* und der Bildung *durch die Künste.*

Kapitel 5 geht über die Rhetorik politischer Programmatik hinaus, um die künstlerische Bildung in der Praxis zu untersuchen. Dazu gehört zunächst die Analyse der Lernumgebungen der künstlerischen Bildung und die Untersuchung der „Versorgungskette", die sicherstellen soll, dass die Vorgaben für die künstlerische Bildung eingehalten werden. Ein hauptsächliches Augenmerk richtet dieses Kapitel auf die Lehrerbildung, besonders auf den Bereich der professionellen Fortbildung von Lehrern und Künstlern.

Die Ziele und Indikatoren guter kunstorientierter Bildung werden im Kapitel 6 herausgearbeitet und an Beispielen belegt. Im Anschluss an die Gedanken der Kapitel 4 und 5 wird in Kapitel 6 angenommen, dass die Politik die Künste unterstützt und dass die Umgebung und die Expertise der Lehrer für effektive Programme förderlich ist; und doch bleibt die Frage: „Woran erkennen wir, was gute künstlerische Bildung ist, wenn sie passiert?" Die extensiven Fallstudien, die diesem Buch zugrunde liegen, werden in Kapitel 6 analysiert, um eine klare – und in hohem Maße eindeutige – Aufstellung jener Strukturen und Methoden zu geben, die die Qualitätsvorschriften für die Künste innerhalb der Bildung bestimmen müssen und eine Blaupause für die Entwicklung künftiger kunstorientierter Modelle darstellen.

Kapitel 7 konzentriert sich auf das Kind und den Jugendlichen und den Ertrag, der ihnen aus guten kunstorientierten Programmen erwächst. Der Schwerpunkt dieses Kapitels liegt darauf, die Wirkungen guter künstlerischer Programme – schulisch, sozial, emotional – auf das Leben junger Menschen zu bestimmen. Es vergleicht die behaupteten Ziele mit Daten und Beispielen für die tatsächliche Wirkung an sehr unterschiedlichen Beispielen guter Praxis weltweit.

Bei unserer Forschung ging es nicht nur um Gespräche und Kritik, sondern auch um phantasievolle und pragmatische Visionen für eine Reihe möglicher Zukünfte.

Zu diesem Zweck fasst Kapitel 8 die hauptsächlichen Schlussfolgerungen aus dem Forschungsprojekt zusammen und skizziert eine Vision von neuen Richtungen für die künstlerische Bildung. Wandel ist ein nicht linearer Prozess, der Menschen in die Konstruktion neuen und differenzierten Wissens verwickelt. Das einfache Anwenden rigider Modelle oder die Reproduktion eines einzelnen konzeptuellen Entwurfs schafft keine Veränderung. Ein Verdinglichungs-und-Rezepte-Ansatz für Wissen gewinnt selten die Herzen und Köpfe, die man aber braucht, wenn man Wandel und Innovation erzeugen will. Darüber hinaus ist es unmöglich, eine pädagogische Theorie oder eine Implementationsstrategie zu entwerfen, die bei einer Erhebung alle denkbaren Situationen in einem Bereich erfasst, der so vielseitig und interessant wie die künstlerische Bildung ist. Es ist anerkanntes Wissen, dass pädagogische Praktiken, die erfolgreich sein sollen, immer an die besonderen sozialen, historischen, kulturellen und ökonomischen Kontexte angepasst werden müssen. Auch wenn im Kapitel 8 pragmatische Vorschläge, wie man die Qualität der künstlerischen Bildung als Kern von Allgemeinbildung verbessern kann, gemacht werden, wird angenommen, dass alle Programme, die aus der Analyse und den Visionen, die in diesem Buch benannt werden, hervorgehen, neu entworfen werden müssen, um unterschiedlichen Kontexten zu entsprechen.

Und schließlich: Dieses Buch arbeitet mit dem Leser in „doppelter Fahrtrichtung“ und deshalb bleibt die Interpretation für verschiedenartige Konstruktionen durch unterschiedliche Leser offen. Wir hoffen, dass dieses Buch Gespräche und Handlungen auslöst. Es wurde entworfen, um mit Menschen auf allen Ebenen innerhalb der Strategie- und Implementationskette zu kommunizieren.

Kapitel 2: Nachdenken über künstlerische Bildung: der soziale, politische und historische Kontext

Einführung

Wenn man ein Verständnis für künstlerische Bildung entwickeln will, muss man den Kontext kennen. Wie Emery (1999) behauptet, bestehen die Künste als Konstruktionen der kollektiven Überzeugungen einer Gesellschaft und die Grundsätze, auf denen dieser Kontext formuliert wird, wirken sich direkt auf das Wesen der Kunst aus. Kontext ist keine einfache Gegebenheit. Wie am Beispiel der Fallstudien deutlich wird, stellt Kontext ein komplexes soziales, politisches und ökonomisches Milieu dar, in dem Theorie und Praxis aufgeführt werden (Freedman und Hernandez 1998). Der Kontext dieser Studie hat keine einmalige, statische Qualität, die am Anfang des Buches mit Anspruch auf allgemeine Gültigkeit beschrieben werden kann. Vielmehr ähnelt Kontext dem, was Keifer-Boyd (1996; 37) als Gespinst von „sich bewegenden, widersprüchlichen Wirklichkeiten“ beschreibt, „[die] nebeneinander bestehen, kollidieren, sich gegenüberstehen“.

Zagreb Young IDEA Workshop 2005 (Dialogische Skulpturen zum Thema Zorn). Das Foto hat Dan Baron Cohen freundlicherweise zur Verfügung gestellt.

Kontext kann auf verschiedenen Ebenen gelesen werden. Dieses Buch erforscht Kontext, indem es auf die Geschichten der künstlerischen Bildung blickt und untersucht, wie diese jeweils von den politischen Akteuren inszeniert werden. Dann wird an Fallstudien die gegenwärtige Praxis in den Blick genommen. Der historische Kontext ist Teil der Art und Weise, wie Bedeutungen gemacht werden. Ja, es sollte immer wieder betont werden, dass Kontext als dynamisch zu sehen ist, sogar dann noch, wenn man darüber schreibt. Er ist ständig im Begriff, sich herauszubilden und zu verwandeln, und mit diesen Veränderungen verändern sich auch Interpretation und Bedeutung.

Der gesellschaftliche und historische Einfluss auf die künstlerische Bildung

Eine Reihe historischer Faktoren hat den Kontext für die künstlerische Bildung beeinflusst und hat, wenigstens in Teilen, die Probleme geschaffen, denen sie sich gegenübersieht. Es ist nicht unsere Absicht, in diesem Buch eine genaue und umfassende Geschichte der künstlerischen Bildung vorzulegen, sondern wir wollen allgemeine Trends genauer beleuchten, die das Wesen der künstlerischen Bildung mitbestimmen. Die globale Vernetzung nimmt an Komplexität zu, und Theorie und Praxis tendieren dahin, „international anschlussfähig“ zu werden (Freedman und Hernandez 1998; 183). Bis zu einem gewissen Grad werden die herrschenden Deutungen der Geschichte der künstlerischen Bildung gegeneinander ausgespielt, mal mehr, mal weniger, von denen, die dafür die Politik und die Praktiken der Nationen weltweit bestimmen. Freedman und Hernandez (1998; 187) argumentieren so:

> „Nationale“ Lehrplanrichtlinien für die künstlerische Bildung sehen über verschiedene Länder hinweg bemerkenswert ähnlich aus; internationale Programme (wie *International Baccalaureate*) sind führend an der Lehrplanentwicklung und Bewertung der Schüler beteiligt, Computernetzwerke machen Schülern einen einfachen Zugang zu Menschen und Kunstwerken weltweit möglich.

Als Ergebnis dieser Internationalisierung scheint es überall relativ verbindliche gemeinsame Ziele zu geben, die international breit akzeptiert werden und die sich direkt auf die lokale Praxis auswirken. Im Gegensatz dazu behauptet Errazuriz (1998), dass es nicht immer ratsam oder möglich sei, die künstlerische Bildung vor Ort mit diesen international kommunizierten, ausländischen Begriffen zu rechtfertigen. Errazuriz (1998; 177) beklagt, dass

> allzu häufig Ausbildungssysteme nur Kopien von solchen sind, die für andere Länder entwickelt wurden und es eine wesentliche Aufgabe der

Lehrer sei, ihre eigenen Bildungsprogramme umzudefinieren und umzuformen, und zwar im Hinblick auf die Ziele ihrer eigenen Länder und deren soziale, ökonomische und kulturelle Bedingungen.

Freedman (1998) verweist auf eine Reihe eher lokaler Einflüsse, die die Praxis der künstlerischen Bildung betreffen, wozu staatliche Regulierung, kulturelle Ideale und die Professionalität der Lehrer gehören.

Darstellungen der Geschichte der künstlerischen Bildung können unter verschiedenen Gesichtspunkten betrachtet werden. Hernandez (1998) schlägt wenigstens sechs mögliche Rahmen vor, die sich als Fokus einer historischen Kontextualisierung anbieten: Inhalt, Werte, sozio-ökonomische Beziehungen, Diskurse, Einflüsse, Namen und Bücher. Freedman und Hernandez (1998; 58) sind auch dafür, jede reflektierende historische Studie so weit zu fassen, dass darin „soziale, politische, künstlerische und pädagogische Ereignisse" eingeschlossen sind, „die Wissensbestände und ein strukturelles Netzwerk schaffen, was zusammen eine (neue) Ebene des Verständnisses für Einwirkungen schafft, die über den Inhalt des Feldes hinausgehen."

In ähnlicher Weise verbinden und überschneiden sich Geschichten der Gegenwart und der Vergangenheit und formen Makro- und Mikro-Geschichten, die sich wiederum auf die Handlungen eines individuellen Lehrers der Künste oder auch auf ein besonderes künstlerisches Programm auswirken. Die Geschichten dienen auch dazu, die Bilder möglicher Zukünfte der künstlerischen Bildung zu untermauern. Foucault (1998) stellt fest, dass Individuen innerhalb eines Systems von Konventionen, Regeln, Normen und Diskursen existieren, die diesen Menschen „sprechen", ihn also in bestimmter Weise reden und denken lassen. Wenn man Foucaults Sichtweise aufgreift, geht es bei Geschichten darum, Ideen nachzuzeichnen und herauszufinden, wie diese im Prozess der künstlerischen Bildung offenbar werden. Caroll (1997; 190) betont die Bedeutung der Geschichten bei der Untersuchung der künstlerischen Bildung, wenn sie warnt:

> Wenn die Kunsterzieher-Community gegenüber der eigenen Geschichte und den Überzeugungen, Werten und Praktiken, die darin enthalten sind, ambivalent ist, dann ist das Feld dazu verdammt, Fehler zu wiederholen, Erfolge durch Stagnation in der Lehre zu schwächen und Energie und Ressourcen auf irrelevante Fragen des Curriculums und Unterrichtsbemühungen zu verschwenden.

Die Ergebnisse dieser Weltstudie zeigen, dass eine Community – und eine Pädagogik – einen hohen Preis für „blinde" Praktiken bezahlen.

Mehrere Haupttrends in der künstlerischen Bildung, die überall in der Welt üblich sind, wirken sich auf die Praxis aus. Man könnte sich gewiss erheblich darüber streiten, wie komplexe Vorstellungen aus der Pädagogik und den Künsten hier zu scheinbar eindeutigen Einflüssen vereinfacht wurden, aber die Absicht dieses Buches ist es nicht, eine umfassende Geschichte der künstlerischen Bildung zu bieten – obwohl die Zeit für eine solche Veröffentlichung wohl reif wäre! In diesem Fall liegt die Rechtfertigung für die folgenden Gruppierungen in dem Wunsch, die hauptsächlichen philosophischen, ideologischen und manchmal auch pragmatischen Überlegungen zusammenzufassen, die im Zusammenspiel die Art der künstlerischen Bildung hervorbringen, die wir in den meisten Ländern der Welt sehen. Diese Überlegungen dienen auch dazu, das Milieu zu kennzeichnen, das in der politischen Strategie sichtbar wird, und sie tragen in mancher Hinsicht zu den eklektischen und höchst unterschiedlichen politischen Begründungsansätzen bei, die man auf nationaler, staatlicher oder auch lokaler Ebene erlebt. Diese Einflüsse enthalten Konzepte, die ich wie folgt gruppiert habe:

- **Technokratische Kunst** vertritt die Auffassung, dass die Künste als eine Reihe von Fertigkeiten zu verstehen sind, die den Erfordernissen der Industrie dienen und einem Wunsch nach fähigen, gut ausgebildeten Arbeitskräften;
- **Kinderkunst** sieht die Künste als ein Phänomen der natürlichen Entwicklung von Kindern, das vom physischen und psychologischen Wachstum des Kindes abhängig ist und von dessen Bedürfnis, seine Wünsche und Gefühle frei zu kommunizieren;
- **Kunst als Ausdruck** tritt auf, wenn man sich aus freien Stücken auf Kunsterfahrungen einlässt, die Kreativität, Vorstellungskraft und Authentizität von Ergebnissen betonen und dabei den therapeutischen Nutzen für den Einzelnen im Auge haben;
- **Kunst als Erkenntnis** fokussiert auf die Künste als eine Form intellektueller Erkundung, die man auf dem Hintergrund kritischer Ansätze studieren kann; auch wird hier angenommen, dass die Künste im Prozess des Kunstschaffens einmalige Denkformen verkörpern;
- **Kunst als ästhetische Antwort** erforscht die sensorischen und perzeptiven Definitionen von Kunst, indem sie in methodisch strenger Vorgehensweise die Grundlagen untersucht, die das Ästhetische unterfüttern;
- **Kunst als symbolische Kommunikation** behandelt die Künste als Sprachform, durch die Menschen kommunizieren;
- **Kunst als kultureller Akteur** betont die Rolle der Künste für das soziale Handeln, bei der sozialen Rekonstruktion und bei der Rolle der Kultur in der Gesellschaft; und
- **Postmodernismus** fordert die traditionellen Definitionen von Kunst heraus und stellt die Physikalität und Performativität der Künste in Frage und überhaupt die Definierbarkeit eines Konzepts, das man „die Künste“ nennt.

Das *technokratische Paradigma* der künstlerischen Bildung entwickelte sich im späten neunzehnten Jahrhundert und gewann in der Folgezeit durch den South-Kensington-Ansatz an Popularität, der in den visuellen Künsten am sichtbarsten wird, insbesondere beim technischen Zeichnen und in der Designausbildung. Chalmers (1998) behauptet, dass diese Sichtweise manuelle Geschicklichkeit und Koordination besonders positiv bewertete und vornehmlich durch disziplinierte reproduktive Übungen gelehrt wurde. Während dieser Zeit wurden die Künste mit dem produktiv-herstellenden Bereich identifiziert und Fertigkeiten waren wichtiger als Wissen oder Fähigkeiten zum Entwurf (Benjamin 1996).

Im Gegensatz dazu ist die *Kinderkunst-Bewegung* das Ergebnis einer Verbindung der kinderpsychologischen Theorien und der psychologischen Ansätze der Kunstbetrachtung. Diese Bewegung zog es in Betracht, die künstlerischen und kreativen Aktivitäten von Kindern zu nutzen, um die Intelligenz eines Kindes zu entwickeln und es zu einer demokratischen Persönlichkeit zu formen. Zeichnungen, Spiel und Theater wurden als Bilder des jungen Geistes gesehen, als Spiegel der Seele, die es darüber hinaus ermöglichten, wissenschaftliche Untersuchungen zu den Gedanken, Gefühlen und der Entwicklung eines Kindes durchzuführen. Franz Cizek (1921) argumentierte, dass die Künste (insbesondere die visuellen Künste) ein natürlicher Aspekt menschlicher Entwicklung seien, deren Fehlen die mentale Reife und soziale Fitness einschränke. Er befand, dass die künstlerische Bildung die Fähigkeit von Kindern fördere, ihren Gefühlen und Gedanken Ausdruck zu verleihen. Cizek glaubte, jedes Kind habe eine natürliche Neigung zu kreativem und künstlerischem Ausdruck. Er forderte, diese natürliche Neigung durch kreative und imaginative Aktivitäten zu unterstützen. Er war dafür, Kindern die uneingeschränkte Freiheit zu lassen, ihre Gedanken auszudrücken. In diesem Ansatz nahmen die Lehrer die Rolle des Ermöglichers ein, die eine anregende Umgebung und passendes, abwechslungsreiches Arbeitsmaterial bereitzustellen hatten und die die Bemühungen der Kinder loben, aber keinesfalls die kreativen Prozesse anleiten oder beeinflussen sollten. Marion Richardson (1948) setzte die Arbeit von Cizek fort und empfahl einen Ansatz zur künstlerischen Bildung, der darauf basierte, die Vorstellungskraft der Kinder durch „unkonventionelle Lehrmethoden" zu wecken, durch „das Evozieren innerer Bilder" durch Befragung und Gespräch (Thistlewood 1998; 140). Die Arbeit von Cizek und Richardson wurde durch Kinderpsychologen und Theoretiker der Entwicklungspsychologie wie Viktor Löwenfeld (1964), John Dewey (1934) und Jean Piaget (1954) befördert, die darüber theoretisierten, dass Kinder sich in bestimmten, abgegrenzten und natürlich auftretenden kreativen Phasen entwickelten. Bei der künstlerischen Bildung ging es darum, dass die Kinder bestimmte Entwicklungsstufen erreichten, und man konzentrierte sich auf die unterschiedlichen Entwicklungsstufen des Kindes. Lovgren und Karlsson (1998; 96) wiesen darauf hin, dass die Rolle des Lehrers in diesem Ansatz auf die des Supervisors beschränkt sei, um den kreativen Prozess, der als „organisches Wachsen des Kindes" beschrieben wurde, nicht zu stören. Lehrer wurden dadurch über ihre Rolle in der künstlerischen Bildung unsicher und die Programmatik der künstlerischen Bildung bezog sich eher unverbindlich auf Konzepte wie Kreativität, Gefühl und Ausdruck, ohne dabei die Reichweite und die Anwendbarkeit dieser Ideen im Unterricht zu klären.

In großer Nähe zur Kinderkunst-Bewegung stand die *Künste als Ausdruck*-Bewegung. Sie teilte viele Aspekte der Kinderkunst-Bewegung im Hinblick auf die Freiheit und die Bedeutung, die dem künstlerischen Herstellungsprozess zuerkannt wurde. Aber die Logik von *Kunst als Ausdruck* beruhte stark auf dem Glauben, dass die Künste für das emotionale Wohlbefinden des Kindes lebenswichtig seien. Hier betonte man besonders, dass das Vergnügen des Kindes an allererster Stelle stehe. Die Künste wurden als ein Ort der Freiheit und der Erholung angesehen, der ein ausgeglichenes Curriculum sicherte, das gleichzeitig für die intellektuellen und die emotionalen Bedürfnisse des Kindes sorgte. Die Künste wurden als Aktivitäten in Muße verstanden, die der Seele gut täten und ein Gegengewicht zum strengen Regiment der eher akademischen Fächer bildeten. Auch förderten die Künste durch Freiheit des Ausdrucks und Spontaneität die Sache der Demokratie. Die Vorstellung von den Künsten primär als Form des Ausdrucks schlug sich in Bildungspolitik und Praxis in drei Auffassungen nieder: Kunst als Ausdruck des Individuums durch die Befreiung des Unbewussten; Kunst als die romantische Idee der „freien Künste", die die Vorherrschaft in der Kultur gewinnen, und expressive Künste als therapeutische Einrichtung, die es Kindern ermöglicht, mit einer zunehmend komplexen sozialen Ordnung zurechtzukommen. Während jede dieser Auffassungen an die Vorstellung anknüpft, dass die Künste Ausdruck der Seele sind, war das Ziel, das mit der Befreiung des Ausdrucks durch die Kunst verbunden wurde, ein anderes.

In den 1980er-Jahren verschob sich die künstlerische Bildung allmählich in Richtung einer stärker disziplinierten, intellektuellen und kognitiven Grundlage. Die Lehrer in den Künsten bildeten starke professionelle Verbände – insbesondere in den visuellen Künsten, der Musik und dem Darstellenden Spiel –, die ein großes Interesse daran hatten, ihre jeweilige künstlerische Disziplin voranzubringen.

Als Reaktion auf die wahrgenommene Marginalisierung der Künste als expressive, erholsame Tätigkeiten betonten Kunstlehrer der verschiedenen Sparten – vertreten durch ihre Fachverbände – die intellektuelle Strenge, den kognitiven Gewinn und die akademischen Grundprinzipien verschiedener Aspekte der künstlerischen Bildung. Viel Forschung wurde in Auftrag gegeben, die den Wert der Musik, der visuellen Künste, von Theater und Tanz hervorhob. Zugleich begannen die Vertreter ökonomisch rationalistischen Denkens die Kosteneffektivität und den Wert der Künste in der Bildung in Frage zu stellen, am bekanntesten sind die Beispiele aus Kalifornien in den frühen 1980er-Jahren (Schragt 1999).

Kinder, die 1996 das Massaker an 19 Bauern des „Landless Movement“ überlebten, beteiligen sich an der Umwandlung von verkohlten Paranussbäumen in eine Gemeinde-Skulptur und ein nationales Denkmal für Heilung und Gerechtigkeit (10m x 15m x 25m, Eldorado dos Carajas, Para, Brasilien 1999). Das Bild wurde freundlicherweise von Dan Baron Cohen zur Verfügung gestellt.

Es gab eine Verschiebung von verhaltens- und emotionsbezogenen Prinzipien der künstlerischen Bildung zu stärker *kognitiven Ansätzen*. Jede Disziplin der künstlerischen Bildung argumentierte, dass gerade ihre Kunstform einzigartige Möglichkeiten biete, in denen die mentale und intellektuelle Entwicklung durch symbolischen Ausdruck angeregt werde. Das Kind wurde als „bewusstes, kritisches Individuum“ gesehen (Lovgren und Sten-Gosta 1998) und Kinderkunst und kreative Kunst-Bewegungen machten Platz für Auffassungen von Kunst als Wissen und akademischem Training. In engem Verbund damit wurde die Betonung der Individualisierung der Notwendigkeit untergeordnet, Wissen über die historischen Beispiele großer Kunst zu erwerben (Greer 1992). Der kognitive Zugang zur Kunst sah nun davon ab, Kinder als Vorbilder zu nehmen, sondern vertraute eher darauf, anerkannte große Kunstwerke als gelungene Beispiele einer Disziplin zu studieren. Die Akademisierung der Künste bedeutete, dass Kinder als Sachverständige funktionierten. Der Prozess war nach wie vor wichtig, aber es war nun eher ein planerischer oder problemlösender als ein kreativer Prozess. Von Kindern wurde erwartet, dass sie beobachteten, planten, ausdachten, Fähigkeiten entwickelten, über ihre Kunstwerke oder Auftritte reflektierten und diese evaluierten. Die Rolle der Lehrer war es, diesen Prozess abzustützen, Kindern also einerseits die Fertigkeiten zu vermitteln, die sie für ihr Engagement in der Problemlösung brauchten, und sie andererseits bei der Kunstbetrachtung mit anerkannten Kunstwerken zu konfrontieren, die sie für die kritische Betrachtung ihres eigenen Werks nutzen konnten.

Zu Beginn des 20. Jahrhunderts war die künstlerische Bildung in vielen westlichen Ländern eng an das europäische Bild von Ästhetik angelehnt. Ästhetik wurde mit zivilisiert und kulturell wertvoll assoziiert. Von der französischen und italienischen Vorstellung ausgehend, dass Kunst eine kulturelle Leistung und ein sichtbares Zeichen von Bildung und sozialer Klasse sei, empfand man das Studium der Schönen Künste und der Klassiker als geistige Übung. Kinder sollten die klassischen Stilrichtungen kennenlernen und die Künste wurden zum Inbegriff von Schönheit, Klasse und Kultur. Das Studium der ästhetischen Dimension wurde als geeignetes Mittel angesehen, den Geist zu erheben und Kinder in die Kultur einzuführen (Eagleton 1990). Diesen ästhetischen Maximen folgend, nahm die künstlerische Bildung ihre Praxisvorbilder aus der Welt der Kunst, und akademische Disziplinen wie Kunstkritik, Kunstgeschichte und Kunstsoziologie regten die Modelle für die künstlerische Bildung an. Sehr viel später im zwanzigsten Jahrhundert, aber passend zum ästhetischen Trend, wurden „Künstler in die Schulen"-Programme als eine Methode eingeführt, gemeinsames Interesse an ästhetischen Fragen zu fördern und Kindern professionelle Beispiele zu geben. Auch wurden fächerübergreifende und Fächer verbindende Projekte in die Lehrpläne aufgenommen in der Annahme, dass Bildung durch die Künste gefördert werden könne und dass ästhetische Strukturen auch für andere Bereiche des Curriculums fruchtbar gemacht werden könnten.

Die Einführung des Fernsehens und die Zunahme globaler Kommunikation lenkte die Aufmerksamkeit auf die *kommunikativen* und *symbolischen* Aspekte von Kunst. Symbole können dafür genutzt werden, Informationen, Wissen und Auffassungen wirkungsvoll mitzuteilen. Die Künste kommunizieren durch nicht-diskursive Mittel und verwenden dafür ein visuelles, musikalisches und dramatisches Vokabular, das expressiv, kulturell und symbolisch ist. Herbert Read (1970) erkannte das Potential der visuellen Kommunikation als ein Medium für effektiven internationalen Austausch. Er sah, dass die Künste „eine Symbolsprache" bereitstellten, „die Bedeutung ungehindert von Land zu Land über Jahrhunderte hinweg kommuniziert" (Read 1970; 233). Herbert Read konnte den Einfluss von Computertechnologie und World Wide Web und der Art, wie sie visuelle und ästhetische Kommunikationscodes in den Vordergrund stellten, nicht voraussehen. In jüngster Zeit gibt es ein wachsendes Interesse an sogenannter visueller oder multimodaler „Lesefähigkeit" (*literacy*). Der Gebrauch der Lesefähigkeitsmetapher erkennt die Komplexität des „Lesens" der visuellen und ästhetischen Codes an, die in der gegenwärtigen Kommunikation breit verwendet werden. Die klassischen Autoren, vor allem Aristoteles (1965), betonten das künstlerische Element in alltäglichen Verrichtungen, wenn sie von der „Kunst der Rhetorik", der „Kunst der Politik" etc. sprachen. Dieser Gebrauch des Begriffes „Kunst" wird im Hinblick auf die Ästhetisierung der

Kommunikationsweisen, wie sie in den neuen Medien überwiegen, wieder aufgenommen. Es geht um die „Kunst“ des Lesens, die „Kunst des Sprechens“ und die „Kunst“, aus Bildern, Tönen, Bewegungen und dramatischer Handlung Bedeutung zu erschließen. Als Antwort auf diesen multimodalen Trend in der Kommunikation musste die künstlerische Bildung interdisziplinär mit anderen Feldern des Lehrplans zusammenarbeiten, um Kindern zu helfen, die ästhetischen Symbole lesen und verstehen zu können, die verwendet werden, um die Vielfalt des Lebens mitzuteilen. In diesem Konzept arbeiten die Künste, um Informationen zu vermitteln, und als eine kräftige Sprache, um soziales und kulturelles Bewusstsein zu wecken. In diesem Sinne ähnelt Bildung den „politischen Aktivitäten“ in den Schriften der Philosophin Hannah Arendt: „die Griechen brauchten Metaphern wie das Flötespielen, Tanzen, Heilen, Seefahren, um politische von anderen Aktivitäten zu unterscheiden; sie nahmen ihre Analogien also aus Bereichen, in denen die Virtuosität der Performanz entscheidend war“ (Arendt 1983; 153). Exzellenter Unterricht ist ein Bereich, in dem die Virtuosität der Darbietung nötig ist.

Neben dem symbolischen und kommunikativen Potential der Künste wird das Augenmerk verstärkt auf die Kunst als *kulturellem Agenten* gerichtet. In diesem Modell gilt der Lehrer als Vermittler von Kultur, der den Kindern gesellschaftlich gewonnene Perspektiven von kultureller Qualität und Urteilsvermögen beibringt. Curricula, die auf dieser Sichtweise gründen, nehmen an, dass das Bewusstsein für kulturelles Erbe ein wesentlicher Bestandteil des Verständnisses menschlicher Erfahrung und wichtig für den Aufbau kultureller Identität ist. Mit dem Glauben, dass die künstlerische Bildung die Entwicklung eines kulturellen Bewusstseins unterstütze, wird Kunst zugleich als eine Kraft angesehen, die zur Zivilisierung der Menschheit beiträgt. Das kulturelle Ziel der künstlerischen Bildung spiegelt die Bedeutung der Künste als Vermächtnis der historischen Zivilisierung und des nationalen Erbes wider. In dieser Art der Betrachtung werden die Künste zu einer politischen Macht. Freedman (1998; 187) hält fest: „Die künstlerische Bildung wird von politischen Initiativen, sozialen Prioritäten und kulturellen Krisen beeinflusst.“ Eng verbunden mit diesem Ansatz ist die Auffassung, dass eine Demokratisierung der Kultur durch künstlerische Bildung erreicht werden kann. In einem demokratischen Lehrplan für die Künste erhalten alle Kinder kulturelle Bildung, insbesondere im Hinblick darauf, eine Wertschätzung der Künste zu entwickeln; dabei setzt man auf die Annahme, dass solche Inklusionen helfen, gesellschaftliche Gleichheit zu sichern. Dieser Ansatz sieht die Künste als von sich aus aktiven sozialen Agenten. Dies reflektiert den Einfluss der Sozialwissenschaften und politischer Strategien innerhalb der *arts community* sowie die Auffassung, dass die Künste soziale Ideale darstellen und herausfordern und soziale Konstruktionen des Selbst als Künstler oder Performer innerhalb eines kulturellen Kontextes beispielhaft vorführen können. Diese Vorstellung leitet sich möglicherweise von Deweys (1934) Sicht der Künste als Ausdruck der Beziehung zwischen Material, Prozess und Ideal her. Das Kunstwerk oder die Aufführung besteht als verkörperte Verwirklichung der Interaktion zwischen Menschen und ihrer Umgebung. Dewey erweiterte die Idee des Selbstausdrucks, um Vorstellungen von sozialer Absicht in das Werk des Künstlers einzubeziehen.

Bei den *baby boomers* nach dem Zweiten Weltkrieg wurden die Künste zu einem Ausdruck für Jugend- und Alternativkultur. Die Jugendlichen sahen visuellen, musikalischen und dramatischen Symbolismus als Mittel an, eine Identität zu formen. Die Jugendkultur forderte die Vorbilder der herrschenden Kultur heraus und begann, stattdessen mit Hilfe der Künste eine eigene kulturelle Einheit zu entwickeln. Die expressiven Kräfte der Künste erlaubten es diesen alternativen Gruppen, Programme kulturellen Wandels voranzubringen. Die ästhetischen Werte der Erwachsenen wurden in Frage gestellt und die wachsende Freizeitindustrie, angefeuert von einem schnell wachsenden Markt jugendlicher Konsumenten, führte zu einer Explosion der visuellen und musikalischen Kultur, die überall sichtbar wurde, von den Sportschuhen bis zur Haarfarbe!

Man könnte argumentieren, dass diese ästhetische Explosion in den Künsten zu Ideen des Postmodernismus führte. In der Postmoderne wird die zentrale Bedeutung von Kultur für jede Interpretation von Kunst hervorgehoben und die kritische und kulturelle Analyse für wichtiger gehalten als die formale. Durch die Übernahme von Regeln eines demokratischen sozialen Codes für diesen Diskurs brechen die Grenzen zwischen Kunst, Alltagserfahrungen, den bildenden Künsten und der Popkultur zusammen. Die Analyse fokussiert auf Relationen und Interrelationen, Fragen gesellschaftlicher und persönlicher Transformationen sowie Semiotik und Dekonstruktion. Fertigkeiten und technische Möglichkeiten sind weniger wichtig; was zählt, sind Absichten und Bedeutungen. Diamond und Mullen (1999; 22) halten fest: „Postmodernisten ersetzen die Vorstellung einer einzelnen, strahlenden Persönlichkeit als stabiles, einheitliches, bewusstes Subjekt durch die einer instabilen, flüssigen, ständig im Wandel begriffenen Gemeinschaft multipler Persönlichkeiten mit inneren Kämpfen und Kämpfen um das Bewusstsein".

Deswegen besteht künstlerischer und kreativer Ausdruck als Konstruktion innerer Denkvorgänge. Dem Postmodernismus geht es um erlebte Kunsterfahrung persönlicher, individueller, emotionaler und provozierender Art. Foster (1983) behauptet, dass die postmoderne Kunstpraxis „nicht in Bezug auf ein bestimmtes Medium definiert wird […], sondern im Blick auf die logischen Operationen in einer Anordnung kultureller Begriffe." Postmodernes Denken verwirft Vorstellungen einer universalen oder auch nur privilegierten Deutung und zieht stattdessen Deutungen vor, die auf persönlichen Erfahrungen beruhen und die akzeptieren, dass unterschiedliche Positionen und konkurrierende Erzählungen nebeneinander bestehen.

Es mag auch argumentiert werden, dass postmodernes Denken weniger eine Theorie über die Künste als eine über das gegenwärtige Leben sei. Im Leben geht es um die Computerisierung, Internationalisierung, Bildmedien, Massenmedien, Massenvermarktung und Hyperrealität. Die Welt selbst ist realer als real geworden und die Hyperrealität unterminiert einige der grundlegenden Theorien, die die Kunstpraxis angeregt haben. So wird z.B. kulturelles Bewusstsein oft als Begründung für künstlerische Bildung verwendet, aber was ist Kultur im *World Wide Web*? In ähnlicher Weise wird „Schönheit" oft als ausschlaggebendes Kriterium genommen, um Ästhetik zu definieren. Doch in einer Welt voll verbesserter Bilder, voll Verfälschung und Digitalisierung können „Schönheitsarchitekten" persönliche Wahrnehmungen von Bild und Schönheit beliebig modifizieren.

Herausforderungen in der künstlerischen Bildung

Eine Reihe empirischer Studien, die in den letzten 10 Jahren auf nationaler oder regionaler Ebene durchgeführt wurden, weisen darauf hin, dass die künstlerische Bildung häufig weit unter dem Niveau liegt, das für die Allgemeinbildung vorgesehen ist. Holts Studie (1997; 94–95) im Vereinigten Königreich fand heraus, dass das Niveau der künstlerischen Bildung in mehr als einem Drittel der untersuchten Schulen unterhalb dessen lag, was man „befriedigend" nennen könnte. Die Studie kam zu dem Schluss, dass die Qualität der Ausbildung für künstlerische Bildung Anlass zu beträchtlicher Sorge biete, insbesondere im Blick auf die Lehrerbildung und die Art der Aktivitäten, die die Kinder ausführen. In ähnlicher Weise beschreibt Chia (1995; 6), dass die künstlerische Bildung in Singapur gekennzeichnet sei durch:

> apathische Lehrer … die sich auf die Sachen verlassen, die sie schon immer gemacht haben, auch wenn diese erzieherisch wenig Sinn machen … in vielen Grundschulen gibt es bezogen auf die künstlerische Bildung ein Gefühl von Ziellosigkeit … es gibt einen Bedarf an ordentlicher Ausbildung jener Lehrer, die Kunst unterrichten.

Eisner (1997; 62) schreibt über den niedrigen Standard der künstlerischen Bildung an amerikanischen Grundschulen und fasst in einem Kommentar so zusammen:

> Ich habe einige der hervorstechenden Merkmale der künstlerischen Bildung in der Elementarstufe so betont, weil ich glaube, dass die entsprechenden Programme hier am schwächsten sind, und weil ich glaube, dass sie hier besonders wichtig sind für die Bildungsentwicklung des Kindes.

Australische Studien über künstlerische Bildung (Ashton 1999) zeigen ein ähnliches Bild. Es wird oft so wahrgenommen, dass die Künste in besonderer Weise Ausbrüche undisziplinierten Verhaltens im Klassenverband begünstigen. Deswegen suchen viele Lehrer Aktivitäten aus, die es ihnen erlauben, die Kinder eng zu kontrollieren; auch setzten sie nur eine eingeschränkte Auswahl von Materialien ein, die ‚leicht wieder aufzuräumen' sind. Ashton (1998; 8) hält fest: „Ich beklage, dass in unseren Grundschulen Kunst oft dazu dient, die Fenster zu schmücken, auffällig anfallartig auftritt und dass ihr Status im Lehrplan einer Grauzone ähnelt, in der systematische Festlegungen nur ganz vereinzelt vorkommen."

Wilson (1999; 6) identifiziert die Hauptprobleme der künstlerischen Bildung wie folgt:

- der Glaube, dass künstlerische Tätigkeiten entwicklungsbezogen (z.B. kreative Entwicklung, motorische Entwicklung) seien und nicht dafür da, spezifische Erkenntnisse über Kunst zu vermitteln;
- der Glaube, dass die künstlerische und kreative Entwicklung des Kindes wertvoll sei und sich dann am besten entfalte, wenn der Einfluss von Erwachsenen auf ein Minimum beschränkt bleibe;
- der Glaube, dass die Haltungen, Vorstellungen, Werte und das Wissen von Kindern hinsichtlich der Künste im Klassenraum in relativ kurzer Zeit geändert werden können. Dabei werden die Kinder oft von allgemein bildenden Lehrern unterrichtet, die selbst wenig Ahnung von Kunst haben.

Wilson (1997) argumentiert, dass das, was sich in der künstlerischen und kulturellen Bildung in Schulen abspielt, eher an *bricolage* erinnert als an eine nachhaltige Entwicklung der Künste und eher oberflächliche Betriebsamkeit widerspiegelt (Levi-Strauss 1966). Holt (1997) hält einen deutlichen Mangel an Zielsetzung und Richtung in der künstlerischen Bildung fest. Parmenter (1995; 8) kommentiert, dass die Künste häufig als Spaßfach zwischen den strengeren Fächern gesehen werden. Kunstbasierter Unterricht werde zu oft durch fehlende Kohärenz oder fehlende Sequentialität der Programme bestimmt, und durch Tätigkeiten, die das Erlernen der Künste tendenziell trivialisieren. Taylor (1986; 258) schreibt: „Lehrer stellten Material bereit, nannten eine Überschrift und ließen die Schüler dann ‚machen' ... Dies zeigt den Bedarf nach einem abgestimmten Fortbildungsprogramm und verweist auf das Ausmaß der Probleme in der Lehrerbildung."

Cunliffe (1990; 278) beschreibt, dass Lehrer „häufig mit Schülern viele der künstlerischen Tätigkeiten wiederholen, die sie selbst als Studenten praktiziert haben." Das Ergebnis des Mangels an spezifischem Inhalt und an Sequentialität in der künstlerischen Bildung ist im besten Fall eine Ansammlung von Aktivitäten ohne Plan, im schlimmsten Fall überhaupt keine künstlerische Bildung.

Schlechte Qualität künstlerischer Bildung wird besonders in prekären Schulen deutlich, wo die Auffassung überwiegt, dass Grundfertigkeiten und berufliche Ausbildung wichtiger seien als die Künste. Umfangreiche kunstorientierte Programme überwiegen tendenziell an reichen Schulen mit hohem Leistungsstand. Der Nutzen der Künste für die Bildung wurde auch in einer Zahl internationaler Studien festgehalten; darüber hinaus muss künftige Forschung kritisch untersuchen, welches die aussichtsreichsten Wege sind, um an Schulen im Bereich der Künste Maßnahmen von guter Qualität zu entwickeln. Es gibt ein wachsendes Interesse am Potential von kunstorientierten Programmen in der Erziehung. Dies gilt besonders für Kinder, die durch das Bildungssystem an den Rand gedrängt werden und Gefahr laufen, ihr künstlerisches Potential oder ihre Bildungsmöglichkeiten nicht zu entfalten.

Junge Leute, die zur Risikogruppe (ein scheußlicher Ausdruck!) gezählt werden, sind jene mit einer Vielzahl untereinander verbundener Risikofaktoren, entweder bei sich selbst oder in der Gemeinschaft, in der sie leben. Zu Faktoren, die eine Risikogruppe ausmachen, gehören z.B. Drogenmissbrauch, schlechte Ausbildungs- und Beschäftigungskarrieren, schlechte Gesundheit, Eingriffe der Wohlfahrtsbehörden und ein dysfunktionaler familiärer Hintergrund (Cunneen und White 1995; Jones 1998). In den letzten Jahren ist das Interesse am Potential kunstorientierter Programme gewachsen, um den Lernerfolg von marginalisierten Schülergruppen zu erhöhen. Es fehlt jedoch an streng durchgeführter internationaler Forschung, die entweder den Prozess oder die Ergebnisse solcher Programme untersucht. Das Problem wird noch verschärft durch die Schwierigkeit, eine Forschungsmethodologie zu entwickeln, die es erlaubt, wirklich „belastbare Ergebnisse" für die Wirkung und für die Implementationsstrategien zu sammeln.

Vor dem Hintergrund dieser Fragen wurde entschieden, ein Forschungsvorhaben durchzuführen, das Forschung zusammenstellt, die die Wirkung – wenn es sie denn gibt – von kunstorientierten Programmen auf die Ausbildung von Kindern und Jugendlichen weltweit zeigt. Besonderes Augenmerk wurde dabei auf Schüler gelegt, die möglicherweise marginalisiert werden oder bei der Entfaltung ihres allgemeinen und künstlerischen Potentials zu einer Risikogruppe gehören.

Die Forschung, die diesem Buch zugrunde liegt, wurde im Allgemeinen historischen und gesellschaftlichen Kontext begonnen. Sie greift auf frühere Forschung zurück, die bereits die miserable Förderung der künstlerischen Bildung innerhalb der Allgemeinbildung beklagte. Wir hatten zu Beginn des Projekts deutlich den Eindruck, dass die Künste einen positiven Beitrag zur Bildung im Allgemeinen leisten können, besonders aber für jene Kinder, die die Bildung nicht erreichte, nicht herausforderte, denen sie nichts bedeutete. Es wurde auch angenommen, dass eine weltweite Studie über kunstorientierte Bildung ein Licht auf die Art der Qualitätsmerkmale werfen und zeigen würde, welche Folgen sich daraus für das Lernpotential von Kindern ergeben.

Kapitel 3: Zugrunde liegende Forschung

Die Daten

Diese Studie basiert auf den Ergebnissen einer schriftlichen Erhebung, die an 151 Personen in Schlüsselpositionen versandt wurde, die in 75 Ländern mit den Vorgaben für den Unterricht in den Künsten beschäftigt sind. Die Umfrage wurde vom Forschungsteam[9] in Zusammenarbeit sowohl mit Spezialisten für die Fragebögen als auch mit einer Beratergruppe[10] entworfen. Diese Gruppe bewertete die Erhebung im Hinblick auf die Klarheit der Fragen und die Relevanz für eine Reihe von Ländern und kulturelle Kontexte. Die Umfrage war zunächst in Englisch verfügbar, konnte aber auf Nachfrage auch in Spanisch und Französisch angefordert werden. Sie wurde in elektronischer Form über das Netzwerk der Kunst-, Kultur- und Schul- oder Unterrichtsministerien über die Datenbank der IFACCA und durch die nationalen Vertreter der UNESCO im Bereich Kunst und Bildung verteilt. Zwar wurden die Befragten gebeten, den Fragebogen elektronisch zu beantworten, doch wo es nötig war, wurde er auch in Papierform zugänglich gemacht. In einer geringen Zahl von Fällen wurde die Umfrage auch an Einzelpersonen oder Organisationen verteilt, die nach Ansehen und Status erwarten ließen, dass sie in der Lage waren, die Umfrage zu ergänzen und eine Innensicht zu liefern (vgl. Anhang 2, Liste der kooperierenden Organisationen).

Trotz dieses extensiven Vorgangs weltweiter Verteilung hatte der Prozess einen Makel, der darin bestand, dass die Umfragen nicht immer die Leute „an der Basis" erreichten, also jene, die wahrscheinlich am besten in der Lage waren, ein detailliertes Bild von der Praxis der künstlerischen Bildung zu liefern. Dies ist ein generelles Problem der Schul- und Unterrichtspolitik, wo die Leute, die die Politik bestimmen (an die die Umfrage in erster Linie versandt wurde), möglicherweise nicht den Blick von unten kennen, der gleichwohl nötig ist, um genau darzustellen, wie die Praxis der künstlerischen Bildung „vor Ort" aussieht. Jedoch wurden die Fragebögen in vielen Ländern zur Beantwortung an Lehrer, an Menschen aus dem Kunstbereich und an Leute, die Forschungsprojekte in dem Land durchführten, weitergereicht.

Die Umfrage wurde im Zeitraum von Oktober bis Dezember 2004 verteilt. Antworten wurden bis Ende Januar 2005 angenommen. Insgesamt kamen 37 Antworten aus Ländern und von Kunst-, Kultur- und Ausbildungsorganisationen zurück, die jeweils Gruppen von Ländern repräsentierten (Anhang 1 enthält eine

9 Anne Bamford und Teresa Wagner, Christopher Madden und Matt Qvortrup.

10 Gillian Gardiner, Sarah Gardner, Michael Anderson, Arnold Aprill, Maureen O'Rourke, Rod Parnall, Robin Pascoe, Barbara Piscitelli, Simon Spain und Teresa Wagner.

Kopie des Fragebogens). Obwohl das N als Zahl nicht überwältigend ist, bedeutet doch die Tatsache, dass die Antworten aus einer breit gestreuten Auswahl von Ländern kommen, dass die Ergebnisse wahrscheinlich repräsentativ für die Mitgliedsstaaten[11] der UNESCO sind. Darüber hinaus ist die Zahl der Antworten tatsächlich größer, als das N anfänglich erwarten lässt, denn jedes der 37 antwortenden Länder hat drei Studien eingereicht. Auch waren manche der Studien als Omnibus-Studien (Mehrthemenumfragen) angelegt; so war eine der von Kanada vorgelegten Forschungsstudien eine nationale Erhebung der künstlerischen Bildung. Ähnliches wurde von Australien und dem Europarat vorgelegt. Darüber hinaus wurden von sechs Ländern, die zunächst nicht geantwortet hatten, zusätzliche Fallstudien eingereicht. Obwohl diese nicht in den quantitativen Teil der Erhebung einbezogen werden konnten, wurden sie in der qualitativen Analyse berücksichtigt. (Die Anhänge 2, 3 und 4 zeigen im Detail die Antworten der Länder.)

Zusätzlich zu den quantitativen und qualitativen Teilen der Erhebung wurden die Länder gebeten, bis zu drei Fallstudien und visuelles Material einzureichen. Jedes Land wurde aufgefordert, forschungsgestützte Fallstudien auszusuchen, die die Bedeutung der Künste in der Bildung untersuchten. Bezüglich dieser Fallstudien akzeptierten wir die Daten so, wie sie uns dargestellt wurden, und überprüften deren Wahrheitsgehalt nicht im Einzelfall. Man muss jedoch festhalten, dass es einen eingebauten, auf Reputation setzenden Grad an Qualitätskontrolle gab, da jedes Land gebeten wurde, die besten Forschungsstudien auszusuchen. Die Forschergruppe wollte darüber hinaus unbedingt der Versuchung widerstehen, ein allgemeines Modell „guter" Forschung anzuwenden oder Standards von kunstorientierter Bildung anzulegen, sondern sie wollte eher dazu beitragen, dass entsprechende Ansätze auf nationaler oder regionaler Ebene entwickelt würden.

Als alle Daten erhoben worden waren, bemühten wir uns darüber hinaus, Antworten aus geografischen Regionen zu erhalten, die im Datensatz unterrepräsentiert waren. Diese Versuche waren nur zum Teil erfolgreich, was auf die Schwierigkeit zurückzuführen ist, in diesen Ländern gute Ansprechpartner in der künstlerischen Bildung zu finden.

Die Durchführung der Recherche stellte uns vor methodologische Herausforderungen. Einerseits war es nötig, einen relativ engen Begriff der Künste zu verwenden, um vergleichbare Aussagen über die Reichweite, den Inhalt und die Wirkung der verschiedenen Programme zu gewinnen. Andererseits waren diese

11 Es gab keine Antworten aus dem Mittleren Osten. Als Folge wiederholter Einladungen wurde von einem Antwortenden aus Jordanien ein Beitrag eingereicht. Es ist auf der Grundlage der Informationen, die wir als Teil dieser Untersuchung erhielten, unmöglich zu entscheiden, ob der niedrige Grad von Antworten ein Hinweis auf eine niedrige Bewertung der künstlerischen Bildung in diesen Ländern ist.

Definitionen oft zu eng, um das volle Ausmaß der Programme zu erfassen. Künstlerische Bildung, wie sie in dem quantitativen Teil der Studie definiert ist, zielt darauf:

- das kulturelle Erbe an junge Menschen weiterzugeben;
- sie in die Lage zu versetzen, ihre eigene künstlerische Sprache zu entwickeln, und zu ihrer allgemeinen Entwicklung beizutragen (emotional und kognitiv).

Die quantitativen Befunde wurden durch Gegenproben mit mehr als 60 qualitativen Fallstudien verifiziert. Den Befragten wurde Gelegenheit gegeben, einschlägige Fallstudien anzuführen, und sie wurden alle aufgefordert, Beispiele für Programme zu nennen, die nicht unter jene Definition von Künsten fallen, die in der Studie zur Anwendung kommt.

Zur Auswertung der Wirkung von Programmen kunstorientierter Bildung wurden die qualitativen und quantitativen Informationen analysiert, die in der umfangreichen Erhebung vom Oktober 2004 bis zum Januar 2005 gesammelt worden waren. Die Analyse stand unter folgenden Leitfragen:

- Wie wurde der Unterricht in kunstorientierten Programmen organisiert?
- Wer war für die Lehrplanentwicklung und Durchführung von kunstorientierten Programmen zuständig?
- Welche Unterschiede gibt es zwischen kunstorientierten Programmen in verschiedenen Ländern?
- Was bestimmt die inhaltlichen Unterschiede von Land zu Land?
- Was kann in Zukunft von kunstorientierten Programmen erwartet werden? Welche Empfehlungen gibt es dazu?

Die Analyse

Die Analyse schloss sowohl eine quantitative Interpretation als auch die genaue Überprüfung der statistischen Daten durch einen direkten Vergleich mit qualitativen Kommentaren und auf den Fragebögen niedergeschriebenen Antworten ein. Diese Analyse wurde mit der Information aus den vorgelegten schriftlichen und visuellen Fallstudien verglichen. Die Fallstudien wurden grundsätzlich so dargestellt, wie sie uns erreichten. Obwohl die Informationen, die sie enthielten, weitere Quellen für die Verifizierung der Daten aus der Umfrage lieferten, wurde kein Versuch unternommen, die Zuverlässigkeit der Fallstudien zu überprüfen oder Vergleiche zu ziehen. In den Fällen, in denen die zugesandten Antworten nicht in Englisch verfasst waren, wurden sie vor der Analyse übersetzt. Soweit dies möglich war, wurden wörtliche Zitate aus den qualitativen Daten herangezogen, um die Interpretationen und Analysen unserer Studie zu unterstützen. Wir hielten es für richtig, die Aussagen der Forscher, Lehrer und Künstler, die die Fallstudien erarbeitet hatten, so anzuordnen, dass man ihre Bedeutung aus dem Kontext der jeweiligen Studie ableiten konnte. Aus diesem Grund erscheinen alle qualitativen Kommentare so dicht wie möglich am Ursprungstext.

Reisen in die Imagination. Dieses Bild zeigt die Reise eines Kindes, das die Rolle eines frühen Goldgräberimmigranten eingenommen hat (*Education and Arts Partnership Initiative*, Australien). Foto: Anne Bamford.

Das Zusammenführen von äußerst unterschiedlichen empirischen Hinweisen und von Forschungsergebnissen, die stark vom lokalen Umfeld und den entsprechenden Gepflogenheiten geprägt sind, brachte einige analytische Herausforderungen mit sich. So stellten einige Länder z.B. grundsätzliche strategische Positionen und zentrale Lehrplaninitiativen vor, während andere sich entschlossen, die politische Strategie und Praxis ihres Landes durch eine Reihe von Beispielen typisch lokaler Fallstudien zu verdeutlichen. Ein ähnliches Problem stellte sich dadurch, dass viele Länder anerkannten, dass es eine deutliche Abweichung zwischen der offiziellen nationalen oder regionalen Position und der Wirklichkeit „vor Ort" gab. In diesen Fällen war es oft so, dass die Antworten im quantitativen Teil der Umfrage die „offizielle" Position wiedergaben, während die Auskünfte in den qualitativen Kommentaren ziemlich unterschiedlich und manchmal sogar widersprüchlich dazu waren.

Um einen kohärenten Bezugsrahmen für die Analyse zu haben, wurde für die Darstellung der Forschungsergebnisse ein thematischer Ansatz gewählt. Dieser Ansatz zielte darauf, Schlüsselideen oder politische Positionen mit der Praxis in einen aussagekräftigen Zusammenhang zu stellen und sowohl die quantitativen als auch die qualitativen Ergebnisse bei der Erklärung des Untersuchungsgegenstandes einzubeziehen. Auch Widersprüche und immanente Ungenauigkeiten wurden übernommen, um so die offensichtliche Komplexität vieler der zur Diskussion stehenden Gegenstände zu zeigen.

Probleme bei der quantitativen Deutung

Am Anfang des Projektes stand die Absicht, eine quantitative Erhebung zu Inhalt, Qualität und Wirkung von künstlerischer Bildung durchzuführen. Es wurde jedoch rasch deutlich, dass eine solche Herangehensweise methodologisch problematisch und praktisch schwierig sein würde. Quantitative Ansätze gehen von der Annahme aus, dass komplexe Phänomene auf schlichte Einheiten zu reduzieren sind, die dann zahlenmäßig ausgewertet werden können. Schon bei der Konstruktion der Umfrage wurde deutlich, dass sich schon die einfachsten Fragen einer solchen Reduktion widersetzten.

So enthält schon eine einfache Frage wie „Wie viele Stunden in der Woche verwenden Sie für die künstlerische Bildung?" eine ganze Heerschar äußerst umstrittener Konzepte. Da die Konzepte unterschiedlich gedeutet werden können, liegt es nahe, dass die Antworten verschiedene Auffassungen widerspiegeln werden. Doch verstecken sich diese Unterschiede hinter der scheinbaren Uniformität der Antworten. Dazu folgende Beispiele: Gibt es einen Unterschied zwischen der politisch verfügten Anforderung der Stundenzahl oder den Stunden, die tatsächlich unterrichtet werden? Ist die tatsächliche Stundenzahl mit Qualitätsvorgaben gleichzusetzen? Wenn man die Unterrichtsstunden zählt, bezieht man dann nur jene Stunden ein, die speziell dem Unterricht in den Künsten gewidmet sind, oder berücksichtigt man auch jene Stunden, die künstlerische Methoden anwenden? Zusätzlich zu diesen schon recht schwierigen Fragen machen noch die vielfältigen Definitionen der Künste in unterschiedlichen pädagogischen Zusammenhängen die Frage für eine statistische Auswertung sinnlos.

Während die Statistik gewiss zum Vergleich unterschiedlicher Fälle nützlich ist, besteht doch immer die Gefahr, dass wir die spezifischen Bedingungen der Fälle übersehen, wenn wir sie als Zahlenmaterial zusammenwürfeln. Dieses Problem wird in den Sozialwissenschaften zunehmend wahrgenommen: „Die Gesetze der Statistik sind überall da gültig, wo sehr große Zahlen oder sehr lange Zeitabschnitte ins Spiel kommen; vom statistischen Standpunkt aus gesehen sind Taten oder Ereignisse in ihrer Vereinzelung bloße Abweichung oder Schwankungen. Aber dieser statistische Standpunkt hat seine Berechtigung, weil Taten oder Ereignisse ihrem Wesen nach selten sind und stets ein alltägliches Unterbrechen, das in der Tat berechenbar ist." (Arendt 1958; 42) Vor diesem Hintergrund schien es sinnvoller, einen qualitativen Ansatz zu wählen, der die Vielfalt der Interpretationen zum Ausgangspunkt nahm.

Gleichwohl hat der quantitative Ansatz seinen Ort. Trotz der inhärenten Begrenzungen des quantitativen Paradigmas wird es als absolut verbindlich angesehen, wenigstens über einige Basisdaten zu verfügen, an denen Politik bewertet werden kann. Keiner dieser Ansätze kann als Patentrezept betrachtet werden. Das Forscherteam glaubt, dass ein pragmatischer Ansatz angemessen und gerechtfertigt ist – auch wenn wir die methodologischen Probleme sehen, die sich daraus ergeben.

In Übereinstimmung mit der gegenwärtig geläufigen Praxis in der Soziologie hat dieses Projekt einen modifizierten Triangulationsansatz gewählt, also eine Methodologie, die eine pragmatische Verbindung von qualitativen, narratologischen und quantitativen Ansätzen vorsieht. Wir behaupten, dass der Wert der Künste sich am besten durch Ansätze verdeutlichen lässt, die möglichst dicht an der schöpferischen Qualität künstlerischen Ausdrucks liegen. Wie Lisa Jane Disch (1996; 106) brillant formuliert: „Eine gut gebaute Erzählung teilt mit den elegantesten Theorien die Fähigkeit, eine Sicht der Welt ans Licht zu bringen, die die Weise, wie die Menschen die Welt wahrnehmen, so verändert, dass sie denken, es sei nie anders gewesen."

Im Hinblick auf die Schwierigkeiten beim Messen der Bedeutung kunstorientierter Bildung steht diese weltweite Studie nicht allein da. Viele der Fallstudien, die in diesem Bericht enthalten sind, erkennen die Begrenzungen solcher Ansätze an. Sogar wenn es sich dabei um breite nationale Forschungsprojekte handelt, werden die methodologischen Schwierigkeiten im Allgemeinen registriert. So hatte zum Beispiel ein großangelegtes Forschungsprojekt in Schottland, über das hier berichtet wird, zum Ziel, verlässliche Ergebnisse über die sozialen und wirtschaftlichen Auswirkungen von Künsten, Kultur und Sport in der Bildung zu liefern. Dieses Projekt entwarf Methoden, um den Nutzen der Teilnahme an künstlerischen, kulturellen und sportlichen Aktivitäten zu untersuchen und dabei auch die Unterrepräsentanz bestimmter Gruppen zu berücksichtigen. Dieses Forschungsvorhaben schloss umfangreiche Umfragen ein, um eine evidenzbasierte Grundlage über die Wirkung der Künste zu haben; sie fanden heraus, dass sie sich in sozialem, ökonomischem, gesundheitlichem und erzieherischem Gewinn niederschlugen. Dennoch erkannten die Forscher, dass es Lücken bei der erreichbaren Evidenz gab, insbesondere im Hinblick auf Methoden der Datenerhebung und Längsschnittuntersuchungen. Sie räumten vor allem ein, dass mehr Forschung über die unterrepräsentierten Gruppen nötig ist, und über die Rolle der Kreativität in der Bildung und bei der Problemlösung, ebenso für die kognitive und soziale Entwicklung.

Die Entscheidung für den Triangulationsansatz hat eine Reihe von Implikationen. Davon muss eine besonders berücksichtigt werden, nämlich die Darstellung der statistischen Befunde. Wir schätzen es, dass Fragen mehr als eine Antwort haben können und dass die Antworten sich nicht gegenseitig ausschließen. Beim Präsentieren der quantitativen Daten haben wir die Ergebnisse daher nicht kumuliert, sondern die Zahlen für jeden Abschnitt tabellarisch dargestellt, die sich nicht notwendigerweise auf 100 addieren.

Die Entscheidung für diesen Ansatz erkennt an, dass bei der Komplexität quantitativer Daten, die über Ländergrenzen hinweg erhoben wurden, und obendrein in einem Bereich, der so vielfältig wie der der Künste ist, sich Ansätze besser eignen, die eher transparent und umfassend als reduktionistisch sind.

Auf dem Hintergrund dieser Überlegungen wurden die Umfragen und Fallstudien auf die folgenden Schlüsselanliegen künstlerischer Bildung hin untersucht:
- Definitionen;
- Inklusionen;
- Sponsoren und Partnerschaften;
- Zuständigkeit für die politischen Entwürfe und deren Umsetzung;
- Umfang der Inklusion in der nationalen Bildungspolitik und in den Lehrplänen;
- wahrgenommene Rolle der Künste in der Bildung;
- Implementation und Ausführung;
- Lehrerbildung und -fortbildung;
- Ziele;
- Qualität;
- Wirkung auf künstlerische Bildung;
- Wirkung auf Leistungen in wissenschaftlichen Fächern;
- Verbesserungen in den Einstellungen der Schüler;
- der Wert kreativer Partnerschaften für die Entwicklung der Professionalität von Lehrern;
- Gemeindeentwicklung;
- Kreativität und Imagination;
- Gesundheit und Wohlbefinden von Kindern und Jugendlichen;
- hauptsächliche Herausforderungen;
- Forschungsmethodologien;
- ICT-Kompetenzen und technische Fertigkeiten.

Diese Hauptanliegen wurden aus den Daten abgeleitet und dienten als Rahmen für Analyse, Deutung und Berichterstattung.

Kapitel 4: Bandbreite und Art künstlerischer Bildung

In diesem Kapitel werden die Daten der Erhebung genutzt, um das Gebiet künstlerischer Bildung zu vermessen. Das Kapitel zeichnet ein globales Bild künstlerischer Bildung, beleuchtet aber auch signifikante Abweichungen, die lokalen Programmen künstlerischer Bildung ihre charakteristische Farbe verleihen.[12]

In dieser Studie wird überprüft, was gemeinhin im Rahmen künstlerischer Bildung als Wissen angesehen wird und was hochwertiges künstlerisches und kulturelles Lernen in der Bildung ausmacht. Im Allgemeinen wird anerkannt, dass künstlerische Bildung, wie es Wilson (1997; 2) nennt, „sozial konstruiert" wird und dabei „widersprüchliche Wertorientierungen" widerspiegelt, „von denen es in pluralistischen Gesellschaften, in der Welt der Künste und in der Welt der Bildung nur so wimmelt". Es gibt auch die Auffassung, nach der es den Künsten an einem Brennpunkt fehle. Zahlreiche und immer wieder auch konfliktreiche Ziele – und vermutete Ergebnisse – werden der künstlerischen Bildung auf der Grundlage allzu begrenzter Forschung zugeschrieben, die diese Behauptungen rechtfertigen könnte. Um in der Lage zu sein, die Praktiken künstlerischer Bildung zu verstehen, ist es nötig, sich der Ziele und Absichten zu vergewissern, die die Praktiken lenken.

Die Künste gehören zwar seit vielen Jahren in der einen oder anderen Form zur Bildung, und doch werden in fast allen Ländern das Problem der Qualität und die Widersprüche zwischen der verlautbarten Politik und der Praxis im Klassenzimmer dokumentiert. Der Europarat hält in seinem Bericht *Culture, Creativity and the Young Project* fest:

> Die Untersuchung der Vorgaben für die künstlerische Bildung in diesen Ländern zeigt in vielen Fällen eine Nichtübereinstimmung zwischen nationalen politischen Erklärungen, die die hohe Bedeutung der kulturellen Dimension von Bildung und der Förderung der künstlerischen und ästhetischen Entwicklung junger Menschen betonen, und der bestehenden Praxis, in der der Status und die Unterstützung der künstlerischen Bildung weniger herausragend zu sein scheinen. Außerdem rückt die Betonung der akademischen und technischen Ausbildung die Künste oft an den Rand des Curriculums und befördert auf diese Weise die Polaritäten zwischen den Künsten und den Naturwissenschaften. Diese Tatsachen werden in vielen Ländern noch durch das Bestehen getrennter Ministerien für Bildung und Kultur verstärkt, was oft zur Entwicklung getrennter Zuständigkeiten führt.

12 Jeder Abschnitt berichtet über ein Schlüsselthema. Die Aufzählungszeichen zu Beginn jedes Abschnitts geben die Hauptbefunde und zentralen Implikationen jeden Abschnitts wieder.

Man könnte argumentieren, dass die Künste mehr als jeder andere Bereich der Bildung den wellenförmig auftretenden Bildungsmoden ausgesetzt sind, die dazu führen, dass schädlicherweise statt starker Programme nur verstreute Ansätze von geringem Bildungswert dabei herauskommen. Der Ansatz künstlerischer Bildung, der die Entwicklung des Kindes als Maßstab nimmt (Lowenfeld und Brittain 1964), favorisierte die Methode der Nichteinmischung, bei der der Lehrer die Rolle des Beobachters der künstlerischen Entwicklung des Kindes einnahm, statt aktiv etwas beizubringen. Diese Richtung (Cizek 1921) erlaubte es, das „Nicht-Unterrichten" der Künste als Methode zu legitimieren, die die sakrosankte, naive, expressive Qualität der kreativen und künstlerischen Handlungen von Kindern schützen sollte. In vielen Schulen werden die Künste weiterhin als Serie von Experimenten oder Erfahrungen mit wenig stichhaltiger Anleitung oder Planung wahrgenommen. Die Kinder haben nur selten die Gelegenheit, die Fertigkeiten und das Verständnis zu entwickeln, die man braucht, um in einer oder mehreren Disziplinen, die zu einem Programm kunstorientierter Bildung gehören, wirklich gut zu arbeiten. Solche Adhoc-Unternehmungen verstärken in Kindern das Gefühl, in den Künsten „nicht gut" zu sein, da sie ständig etwas Neues ausprobieren, aber nie ein Gefühl von Kompetenz entwickeln. Genau auf diesen Kontext bezogen, in der Spannbreite von gesellschaftspolitischen Bedingungen, wirtschaftlichen Zwängen und konfligierenden Wertvorstellungen, wurde diese Studie erdacht.

Was schließt künstlerische Bildung ein?

- Die Definitionen künstlerischer Bildung variieren und sind kontextspezifisch;
- Musik, Zeichnen, Malen und Werken sind in fast allen Ländern Teil künstlerischer Bildung;
- Universelle Vorstellungen von künstlerischer Bildung reichen wohl nicht aus, um die volle kulturelle Bedeutung der Künste in bestimmten Kulturen zu beschreiben.

Die Definitionen künstlerischer Bildung variieren und sind kontextspezifisch; während über die Künste oft ganz allgemein und auch universell geredet wird, unterscheiden sich die Auffassungen darüber, was notwendigerweise zur künstlerischen Bildung gehört, abhängig von der wirtschaftlichen Entwicklung eines Landes ganz wesentlich.

Schon zu Beginn ist deutlich, dass der Begriff ‚künstlerische Bildung' in unterschiedlichen Kulturen unterschiedlich gebraucht wird. Obwohl diese Tatsache den Vergleich von Daten erschwert, erkennt man damit doch das Ausmaß menschlichen Engagements an, das für Lernvorgänge in kreativen künstlerischen Prozessen erforderlich ist. Auch weiß man so um die besondere Dynamik künstlerischer Praktiken. Die Daten zeigen, dass es in manchen Punkten eine generelle Übereinkunft darüber gibt, was in die künstlerische Bildung eingeschlossen werden sollte. In mehr als 90% der untersuchten Länder gehörten Musik und Zeichnen dazu. Malen und Werken wurden auch weitgehend als Teil des künstlerischen Lehrplans angesehen (80% bzw. 88%). Tanz, Theater und Bildhauerei wurden in 70% der Länder akzeptiert (siehe Tabelle 1).

Bereiche der künstlerischen Praxis, die man als neue oder neu aufkommende Medien beschreiben könnte, darunter Film, Fotografie, Medienkunde, Digitalkunst und Design, wurden in mehr als 50% der Länder genannt, aber diese Formen traten deutlich konzentriert in den wirtschaftlich hoch entwickelten Ländern auf. In einer Reihe von Ländern waren die Künste sehr kulturspezifisch und in Geschichte und Erbe des Landes eingebettet. So ist in Afghanistan die Stahlfeder, ein traditionelles Schreibinstrument, ein wichtiger Teil des Kunstcurriculums. In Fidschi ist das Weben ein Herzstück des Lehrplans, mit mehreren abgeleiteten Tätigkeiten, einschließlich *pandanus (Flechtwerk),* Körben, Matten und Souvenirs für Touristen.

Tabelle 1: Gegenstände der künstlerischen Bildung (in Prozent)[13]

Zeichnen	96
Musik	96
Werken	88
Malen	80
Skulptur	76
Tanz	76
Theater	72
Digitale Kunst	64
Design	64
Performance	60
Film und Medien	52
Andere[14]	0
Nicht verfügbar	0

Da Mehrfachantworten möglich waren, addieren sich die Prozentwerte nicht auf 100 Prozent.

13 Die Zahlen in allen Tabellen werden in absteigender Ordnung gezeigt, nicht in der Anordnung des Fragebogens.

14 Während „Andere" in den Antworten der Erhebung nicht wiedergegeben wurde, wurde eine große Zahl von „Anderen" in den Kommentaren und im qualitativen Teil der Erhebung aufgelistet. Wenn man diese zu den statistischen Daten hinzugerechnet hätte, könnte man vernünftigerweise behaupten, dass die „Anderen" die größte Gruppe gewesen wären.

Es scheint sich – wenn auch unabsichtlich – eine Hierarchie der Künste herausgebildet zu haben, mit den visuellen Künsten (besonders Malen und Zeichnen) und Musik ganz vorne, während Theater und alle anderen Kunstformen, einschließlich Multimedia und Tanz, der Musik und den bildenden Künsten nachgeordnet sind. In vielen Systemen werden die Künste fast ausschließlich mit den bildenden Künsten und Musik gleichgesetzt, so dass andere Bereiche im Lehrplan überhaupt keine Berücksichtigung finden. Wie oben erwähnt, erhöht dies die Schwierigkeit, die Vorgaben für Programme kunstorientierter Bildung über Länder hinweg zu verfolgen. In einigen Fällen unterscheiden sich die Programme sogar von Bundesland zu Bundesland oder von Region zu Region in einem nationalen System.

Der Vorschlag, dass angemessene und verbindliche Vorgaben für die künstlerische Bildung ein breites Angebot künstlerischer Erfahrungen umfassen und wenigstens Kunst (die bildenden Künste, Werken, Design), Theater, Musik, Tanz und eine Reihe kulturspezifischer Kunstformen einschließen sollten, ist ein besonderes Anliegen dieser Studie. Es wird auch empfohlen, dass wenigstens an einer Stelle im Lehrplan Kindern ernsthafte Gelegenheit dazu geboten wird, Literatur (einschließlich Lyrik) wertschätzen zu lernen und sich darin zu erproben. Das gilt auch für die neuen Medien (einschließlich Fotografie und Film, digital und anders). Zusätzlich ist es wichtig, die Inhalte der künstlerischen Bildung unter Verweis auf lokale Bräuche sowie gegenwärtiges und vergangenes Erbe zu definieren. In dieser Hinsicht sollten Praktiken wie Meditation, Feste, chorisches Sprechen und viele andere mehr als zentrale Elemente eines Programms kunstorientierter Bildung aufgenommen werden.

Education and Arts Partnership Initiative (EAPI), die Kinder an die Künste als Zentrum guter Bildung heran führt. Foto: Anne Bamford.

Es gibt auch einige nationale Systeme, in denen die Künste ungeachtet der Lehrplangrenzen auf viele andere Disziplinen verteilt sind, und wo die Künste auch eine Gruppierung sein können, die sehr unterschiedliche Lernerfahrungen verbindet. Diese haben wenig mit dem zu tun, was im Allgemeinen mit den Künsten in Verbindung gebracht wird. So fallen zum Beispiel in Fidschi Gesundheitsbildung, Spiele und Sport in den Aufgabenbereich der Künste.

In anderen Ländern werden die Definitionen von künstlerischer Bildung und die entsprechenden Lehrplaninhalte gebildet, indem man traditionelle und moderne Formen von Kunst unterscheidet. So gibt es zum Beispiel in Bhutan ein paralleles Curriculum, nach dem sowohl moderne als auch traditionelle Künste unterrichtet werden. Der Lehrplan der traditionellen Künste weist als Besonderheit religiöse Kunst aus, in der Kinder die altehrwürdigen Traditionen lernen, die aus dem Buddhismus und der *tantrischen* Mythologie stammen. Das Curriculum der traditionellen Künste umfasst 13 besondere Kunstarten, zu denen *Shing zo*, *Do zo*, *par zo*, *Lha zo*, *Lug zo*, *Jim zo*, *Shap zo*, *gar zo*, *Troe zo*, *Tsha zo*, *de zo*, *Tshem zo* und *Thad zo* gehören. Diese Kunstformen, die man im Allgemeinen der bildenden Kunst und dem Werken zurechnen würde, schließen diverse Materialien wie Silber und Gold, Bambus, Stein, Holz und Rohr und viele andere ein. Zusätzlich kann ein traditionelles Curriculum der Künste noch verschiedene Fertigkeiten umfassen wie *Modellieren mit Butter* und das Erlernen von Zeremonien wie zum Beispiel das *rituelle Kuchenbacken* und das Herstellen von *Mandalas*. Im Gegensatz dazu konzentriert sich das Curriculum der Gegenwartskunst oder der modernen Kunst auf sehr zeitgenössische Sichtweisen der Kreativwirtschaft und umfasst eine große Bandbreite kreativen Lernens, wozu Marketing, Werbung, Veröffentlichung, interaktive Kommunikation, Beherrschung neuer Medien und Design gehören. Das Ministerium legt sehr detaillierte Lehrbücher vor, die dieses breite Feld abdecken. Ein wichtiger Bestandteil des Lehrplans ist die Internationalisierung der Kunst aus Bhutan durch die Teilnahme an einer Reihe internationaler Ausstellungen und Wettbewerbe.

Man kann jedoch kritisch anmerken, dass trotz des sehr ausgearbeiteten Lehrplans in Bhutan Theater, Tanz oder Musik keine Berücksichtigung finden. Im Gegensatz dazu hat in Kambodscha eine ähnliche Schwerpunktsetzung auf traditionelle und moderne Kunstpraxis zu einem Lehrplan geführt, der besonders auf Musik, Performance, Dichtung und Tanzen konzentriert ist. Alle Kinder erlernen traditionelle Khmer-Instrumente und/oder Lieder sowie zusätzlich ein modernes – westliches – Instrument und Lied. In diesem Zusammenhang werden die Kinder durch den Lehrplan dazu ermuntert, sich in freier Erkundung und kreativer Komposition zu erproben und Darstellungen quer durch die traditionellen und gegenwärtigen Formen zu versuchen.

Innerhalb der sich wirtschaftlich entwickelnden Länder sind die Definitionen von Kunst weit und zeigen kulturelles Bewusstsein und Verankerung im traditionellen Lebensstil an. In Barbados zum Beispiel sind *landship, Stelzenlaufen* und *tuk bands* Teil des Programms für künstlerische Bildung, während im Senegal Blumenschmuck, Zahlenkunst, Batik, Keramik, Geschichtenerzählen, Mode, Frisieren, die Auswahl und Gestaltung von Accessoires und Saumverstärkung dazugehören. Der namibische Ausdruck *Ngoma* sieht die Künste als gemeinsames Ganzes. Der Begriff kann jede einzelne Kunstform (z.B. Tanz, Musik, visuelle Künste, Theater) bezeichnen, aber auch die Kommunikation zwischen den Künsten und dem Geist. Ngoma kann auch ‚Trommel' bedeuten, aber darunter wird der Rhythmus oder Beat einer Trommel verstanden, der das Leben mit Energie auflädt. Der Begriff impliziert eine Transformation, in der das Individuum durch die Künste transformiert wird. Es umfasst den Prozess, in dem ein Individuum Teil der Gemeinschaft wird, durch die Verbindung von Vergangenheit und Zukunft, Himmel und Erde, Vorfahren und Kindern, Verstand und Geist. Der Begriff Ngoma bedeutet auch, dass das Handeln in den Künsten einen Zweck oder eine Funktion hat, die größer ist als die Kunstform selbst. Es bereitet das Individuum und die Gemeinschaft auf eine Aufgabe vor, sei diese nun profan oder tiefgründig, belehrend oder spirituell erleuchtend. Ngoma sieht die Künste auch als integralen Bestandteil der Gesellschaft an.

Mehrere Länder erwähnten besonders, dass das Studium des kulturellen Erbes Teil des Lehrplans der Künste sei. Das war besonders in europäischen Ländern der Fall und wurde vor allem in den relativ jungen Nationalstaaten deutlich, die erst in den letzten 100–150 Jahren gegründet wurden. Dieser Befund deckt sich mit den Erkenntnissen von über den Nationalismus forschenden Wissenschaftlern, die nachgewiesen haben, dass der Prozess der Nationenbildung in neuen Ländern (Gellner 1981) oft mit dem bewussten Bemühen einhergeht, eine Hochkultur zu etablieren. Dies wurde auch in Asien deutlich, wo Länder wie Malaysia oder Korea starke Regelungen für die Künste als einen Schlüsselaspekt der Nationenbildung ansehen. In Malaysia versucht man in dem Projekt *Vision 2020* mit Hilfe der Künste eine zukünftige islamische Nation aufzubauen und dabei „Individuen zu entwickeln, die intellektuell, spirituell, emotional und körperlich im Gleichgewicht und voller Harmonie sind". Um dieses Ergebnis sicherzustellen, wird das Ziel der Nationenbildung durch eine verpflichtende, zentral gesteuerte Kunstpolitik und Prozesse nationaler Lehrplanberichterstattung unterstützt.

Die Anwesenheit (oder Abwesenheit) von Literatur und Sprachstudien im Rahmen des Kunstcurriculums schien mannigfache Gründe zu haben. In manchen Antworten wurde angemerkt, dass kreatives Schreiben und Literatur politisch durchaus als Teil der Künste angesehen werde, dies aber nicht notwendigerweise unter den Auspizien der künstlerischen Bildung geschehe.

Nur ein Land erwähnte speziell die Rolle der Galerien und der Kunstkritik als Teil des Lehrplans, aber es darf angenommen werden, dass dieser Aspekt bei weiterreichenden Beschreibungen von Malerei, Zeichnen, Musik usw. mitgedacht war. In ähnlicher Weise wurde ‚Ästhetik' als besonderes Fach nur in der Slowakei erwähnt, aber man kann annehmen, dass sie auch in anderen Lehrplänen für die Künste vorgesehen ist.

Wer ist für die Unterstützung der künstlerischen Bildung zuständig?

- Die Zentralregierung spielt die Hauptrolle bei der Unterstützung der künstlerischen Bildung, aber die Industrie, Wohlfahrtsorganisationen, Stiftungen und Einzelpersonen sind ebenfalls äußerst wichtig;
- Galerien/Museen, Rundfunk- und Fernsehsender und die Gewerkschaften sind auch Partner, die die künstlerische Bildung finanzieren und unterstützen;
- Die ausschlaggebende Rolle, die Einzelpersonen und Organisationen außerhalb der Bildung spielen, wird bei der Planung und Implementation der Bildungspolitik nur unangemessen berücksichtigt.

Die Finanzierung künstlerischer Bildung geschieht über eine Reihe von Quellen; Partnerschaften höchst unterschiedlichen Typs unterstützen künstlerische Bildung. Die Ergebnisse der Erhebung weisen auf die essentielle Bedeutung der Tatsache hin, dass es in der künstlerischen Bildung eine Vielzahl unterstützender Kräfte gibt. Diese Kräfte müssen bei der politischen Implementation berücksichtigt werden; wahrscheinlich hat die Tatsache, dass es unterlassen wurde, die entscheidende Rolle dieser Unterstützer bei Planungsprozessen wahrzunehmen, dazu geführt, dass das Niveau bei der Umsetzung kunstbezogener bildungspolitischer Ziele im Allgemeinen niedrig ist.

Die quantitativen und qualitativen Daten legen nahe, dass die künstlerische Bildung vom Engagement (finanziell oder auch anders) einer Reihe von Institutionen/ Gruppen/Organisationen profitiert. Im Gegensatz zu der Annahme, dass die Bestimmungen für die künstlerische Bildung ein Kernanliegen des Bildungssystems seien, scheint es so, dass in der Praxis eine große Zahl von nicht mit Bildung befassten Regierungsstellen und Nichtregierungsorganisationen direkte Beiträge zur künstlerischen Bildung leistet. Wenn auch die Regierungen in 83% der Länder die entscheidende Rolle bei der Unterstützung der künstlerische Bildung spielen, übernehmen doch auch andere wichtige Rollen: die Industrie (63%), Wohlfahrtsorganisationen und Stiftungen (67%), Einzelpersonen (63%). Internationale Organisationen (54%), Galerien/Museen (42%) und Radio- und Fernsehstationen (46%) tragen ebenfalls signifikant zur Unterstützung künstlerischer Bildung bei. Gewerkschaften engagieren sich in 20% der Länder. Wenn man die gegebene Breite der beteiligten Organisationen nimmt, machen die Daten klar, dass man, um

Programme künstlerischer Bildung an Schulen ermöglichen zu können, die Unterstützung einer Reihe von Institutionen braucht. Es ist daher offensichtlich, dass die Umsetzung von kunstbezogener Bildungspolitik zwar von der Regierung ausgeht, dann aber auf die Hilfe von Nichtregierungsorganisationen (NGOs) und anderen Einrichtungen angewiesen ist.

Das macht den Umsetzungsprozess zwar komplexer, erhöht aber den Wert entstandener Partnerschaften und verbessert die Qualität der Vorgaben für die künstlerische Bildung (vgl. Tabelle 2).

Tabelle 2: Spender und unterstützende Organisationen

Zentralregierung	83
Stiftungen	67
Industrie	63
Einzelpersonen	63
Internationale Organisationen	54
Rundfunkanstalten	46
Galerien/Museen	42
Kirchen und religiöse Organisationen	38
Gewerkschaften	21
Keine Antwort/ungültig/nicht lesbar	11
Bitte um Beispiele/Textbeigabe	0

Da Mehrfachantworten möglich waren, addieren sich die Prozentwerte nicht auf 100 Prozent.

Im Allgemeinen scheint die Situation so zu sein, dass die Regierung das Basismaterial bereitstellt und die grundlegende Unterstützung für künstlerische Bildung gibt, dass aber, um hochwertige Programme zu entwickeln, zusätzliche Unterstützung durch Galerien/Museen, Stiftungen, die Industrie, NGOs und Einzelpersonen nötig ist. Dies scheint unabhängig vom wirtschaftlichen Entwicklungsgrad eines Landes zuzutreffen. Es gibt anscheinend – und das ist wichtig – eine große Diskrepanz im Blick auf die wesentliche Rolle, die verschiedene Organisationen und Individuen außerhalb der Regierung – und insbesondere außerhalb des Bildungssektors – im Blick auf die Sicherung der Bedingungen dafür spielen, dass Schüler Erfahrungen mit den Künsten sammeln können. Man könnte behaupten, dass diese entscheidende Rolle im Allgemeinen übersehen wird. Dies wird deutlich, wenn man sich die Leute anschaut, die für die Politik und Planung künstlerischer Bildung zuständig sind (vgl. nächster Abschnitt). Dort finden die Sichtweisen der verschiedenen Spender- und Unterstützergruppen kaum Beachtung. Man könnte argumentieren, dass viele der Partner ‚von außen‘ damit zufrieden sind, die künstlerische Bildung finanziell zu unterstützen und ansonsten vergleichsweise stille Partner zu sein. Eine andere Erklärung wäre es, dass Regierungsbehörden, insbesondere die Bildungsbehörden, die äußerst bedeutsame Wirkung solcher außen stehender Partner gar nicht mitbekommen und nicht erkennen, welche Impulse von dort für die Konzeption und Durchführung künstlerischer Bildung an den Schulen kommen; als Folge konsultieren sie diese Partner in Fragen der kunstbezogenen Bildungspolitik dann auch nicht.

Es gab einige nationale Systeme mit einer starken und direkten Verbindung zwischen Regierungspolitik, Lehrplänen und Implementation; hervorzuheben sind hier Afghanistan und Singapur. In Afghanistan ist künstlerische Bildung (vor allem bildende Kunst und Werken) verpflichtend bis zum neunten Lernjahr; es gibt einen besonderen Lehrplan für die unterschiedlichen Kunst- und Werkbereiche und „das Fach wird den Regeln und Vorschriften entsprechend und nach dem Lehrplan unterrichtet". Dessen ungeachtet bleiben die Probleme des Materialmangels und der Mangel an Unterrichtsstätten; die Folgen von Krieg und Not wirken sich negativ darauf aus, wie die politischen Vorgaben im Klassenzimmer umgesetzt werden können.

In kleineren Ländern wie in der Republik Malediven liegt der Schwerpunkt der künstlerischen Bildung auf der Entwicklung von Ressourcen, um die Einführung sicherstellen zu können. So soll der Aufbau einer Bücherei zu den Künsten und die Entwicklung einer Online-Datenbank zu entsprechenden Fragen die Nutzung vorhandener lokaler Ressourcen erhöhen und eine bessere Wissensbasis ebenso fördern wie die Entwicklung künstlerischer Fähigkeiten. In anderen Beispielen haben kleine Länder Bündnisse mit anderen Ländern geschlossen, um die Bedingungen für künstlerische Arbeit aufzubauen und zu erweitern. So haben sich zum Beispiel die Cook-Inseln im Südpazifik mit Australien und Neuseeland zusammengetan, um ihre traditionellen künstlerischen Praktiken zu bereichern. In diesen kleinen Systemen hängt gute Politik und deren Umsetzung an der Basis oft direkt von der Leidenschaft und Begeisterung weniger Einzelpersonen ab.

In Singapur wird eine nationale Bewegung für mehr Kreativität in der Bildung durch die Entwicklung und Erschließung von Ressourcen, Veränderungen in der Bewertung, eine professionelle Lehrerfortbildung und Anreize für die Lehrer unterstützt. Dies bedeutet eine relativ schnelle Umsetzung zentraler politischer Vorgaben.

Es wird in vielen Ländern so wahrgenommen, als gehe das Geld von Stiftungen und Einzelpersonen vor allem an Aufführungen und Kulturereignisse und als sei es für die künstlerische Bildung schwer, damit zu konkurrieren. So wird Geld aus nicht für die Bildung vorgesehenen Regierungstöpfen und Geld, das nicht von Regierungsstellen kommt, in vielen Fällen dazu genommen, um einmalig – und als isolierter Vorgang – eine Vorführung in oder außerhalb einer Schule oder eine

Ausstellung zu ermöglichen. So soll in Dänemark zum Beispiel Geld, das zur Kulturförderung im Bildungsbereich vorgesehen war, hauptsächlich dazu genutzt worden sein, Aufführungen und Künstler in Schulen oder Bildungsprogramme innerhalb kultureller Einrichtungen zu unterstützen. Diese Programme können unter Umständen direkt zu Programmen kunstorientierter Bildung führen oder Kindern hochwertige künstlerische Erfahrungen ermöglichen – oder auch nicht. Dieses Geld wird als solches selten als Teil einer umfassenden strategischen Planung zur künstlerischen Bildung verstanden und kann auch als Alibi dienen; es kann auch ineffektiv oder, wenigstens bezogen auf den Rahmen hochwertiger Bildung, einfach schlecht investiert sein. Es wird auch anerkannt, dass Partnerschaften mit einer Reihe von NGOs mehr leisten als nur finanzielle Unterstützung. Das wird in diesem Kommentar aus Kanada deutlich:

> Ich denke, dass die künstlerische Bildung aus ganz unterschiedlichen Gründen von einer Reihe von Quellen profitieren kann. Manchmal ist es nur die finanzielle Hilfe, ein andermal werden Mittel oder ehrenamtliche Mitarbeiter zur Verfügung gestellt oder Beratung oder Praktikumsprogramme angeboten. Profitiert hat die künstlerische Bildung auch durch die erhöhte Nachfrage nach kreativen Mitarbeitern und von einem steigenden Bedarf an kreativen Kommunen, die Firmen anziehen (und dabei die lokalen Steuereinnahmen verbessern), die ihrerseits kreative Mitarbeiter suchen.

In diesem Kommentar wird implizit das wechselseitige Interesse an der Unterstützung für die künstlerische Bildung deutlich. Das hallt auch in Beispielen wider, in denen künstlerische Bildung zu beiderseitigem Nutzen aus der Industrie heraus unterstützt wurde. Das Künste-in-die-Schule-Programm in China war eine Initiative, die innerhalb der Rahmenbedingungen des gegebenen Lehrplans Künstler und Kunstorganisationen Hand in Hand mit den Lehrern der teilnehmenden Schulen arbeiten ließ. Es wurde vom *Hong Kong Arts Development Council (HKADC)* in Zusammenarbeit mit dem *Curriculum Development Institute of the Education and Manpower Bureau (EMB)* und dem *Creative Arts Department of the Hong Kong Institute of Education (HKIEd)* organisiert. Damit das Projekt durchgeführt werden konnte, erhielt das Dreijahresprogramm (2000–2003) Zuwendungen, die sich auf insgesamt vier Millionen Hong Kong Dollars beliefen, die von der *Hong Kong Bank Foundation* gestiftet wurden. Eine solche Partnerschaft war entscheidend dafür, dass das Programm zustande kam:

> Mit Geldern aus der Hong Kong Bank Foundation wurde das dreijährige Künste-in-die-Schule-Programm (Arts-in-Education, AiE) (2000–2004) gemeinsam vom Arts Development Council (ADC), dem Education und Manpower Bureau (EMB) und dem Hong Kong Institute of Education organisiert. Indem die Bemühungen von Schulen und Künstlern zusam-

mengespannt werden, zielt das AiE-Projekt darauf, das bestehende System künstlerischer Bildung weiter zu entwickeln und zu verbessern. Der Plan sieht vor, innerhalb des Lehrplans praktikable und innovative Möglichkeiten der Integration der Künste in andere Fächer zu erproben und so die Qualität von Lehren und Lernen zu verbessern.

Qualitative Kommentare erwecken den Eindruck, dass es eine manchmal problematische Aufspaltung zwischen der Spendenfinanzierung für Kunst und Kultur und der für Bildung gibt. Es gab auch Konflikte zwischen den Behörden vor Ort und der Zentralregierung. Der allgemeinen Auffassung nach war die Finanzierung vor Ort und eine Kombination von Spenden für Kunst und für Bildung die solideste Grundlage für gute künstlerische Bildung. In dem folgenden Beispiel des *State Pedagogical Institute* in der Slowakei erhöht die Verbindung von Spendengeldern und anderer Unterstützung durch verschiedene Partner, darunter Galerien und Museen, nicht nur die Praktikabilität der Kunstprogramme, sondern sorgt auch dafür, dass sie den Erfordernissen des 21. Jahrhunderts besser entsprechen. Es wird Folgendes vorgeschlagen:

> Das neue Konzept des Faches – Kunstunterricht – ist so angelegt, dass es eine Aufwertung des Faches ermöglicht, im Rahmen der Primarstufe vom Ergänzungsfach (also eines Faches, das nur partiell ästhetische Bildung zum Ziel hat) zu einem Fach, das einen umfassenden Auftrag (Bildung und Qualifikation) und substantiellen Anteil an der Entwicklung und Persönlichkeitsbildung eines Schülers hat.
>
> Das neue Konzept des Kunstunterrichts richtet die Aufmerksamkeit auf die neuen Disziplinen und Medien der Kunst des 20. Jahrhunderts und emanzipiert sich damit von den traditionellen graphischen und plastischen Kunstdisziplinen und Medien. Es schafft Raum für den Erwerb von Wissen auf dem Gebiet der visuellen Kultur – Architektur und Film. Es ermöglicht außerdem, die Schulweisheiten und künstlerischen Verfahren der regionalen Tradition aufzugreifen und zugleich, abhängig von den konkreten Bedingungen einer Schule, aktive Zusammenarbeit mit Museen und Galerien in Betracht zu ziehen.

Wenn man die Herausforderungen des komplexen Implementationsvorganges von Programmen kunstorientierter Bildung verknüpft und zusätzlich die Rolle externer und kultureller Partner berücksichtigt, dann kann das Bildungssystem öffentliche und private Bereiche haben, die für unterschiedlich intensive Formen des Zusammengehens mit der Politik zuständig sind. In Australien zum Beispiel arbeiten öffentliche, private und religionsgebundene Schulen auf staatlicher Ebene gemeinsam an einer Strategie und werden in diesem Prozess durch Kontrollen unterschiedlicher Intensität begleitet. In den USA können örtliche Schulaufsichtsbehörden und Staaten den Grad festlegen, zu dem die Umsetzung der politischen Vorgaben verpflichtend ist. In Bangladesch sind der öffentliche und der private Sektor gemeinsam dafür zuständig, dass künstlerische Bildung stattfindet. In diesem Land wird der Graben zwischen den öffentlichen und privaten Systemen noch vertieft durch die Tatsache, dass die visuellen Künste und das Werken weitgehend durch das öffentliche System vertreten werden, während die darstellenden Künste eher als Zusatz durch das private System angeboten werden. Ähnlich ist es in China, wo Kalligraphie eher durch das staatliche System übernommen wird, während die darstellenden Künste ein freiwilliges zusätzliches Angebot sind, das weitgehend von privaten Anbietern kommt.

Die Rolle der UNESCO, der Entwicklungsbanken und die von Kunst-Stiftungen ist sehr wichtig für die Unterstützung von künstlerischer Bildung, besonders in ökonomisch weniger reichen Ländern. So halfen auswärtige Spenden den künstlerischen Programmen in der Republik Seychellen; die UNESCO sponserte die Lehrerfortbildung des *PEACE* Programms in Barbados; Kolumbien erhielt für künstlerische Bildung technische und finanzielle Unterstützung durch die *Inter-American Development Bank* und durch das *British Council for arts education in Colombia.*

Zuständigkeiten für die Politik im Bereich künstlerischer Bildung

- Diejenigen, die für die Umsetzung der künstlerischen Bildung verantwortlich sind, haben nur begrenzten Einfluss auf die Politik in diesem Bereich;
- Dezentrale Bildung und verschiedene Autoritäten auf dem Gebiet der Künste beeinflussen die politische Implementation;
- Die Zentralregierung und die Schulen sind zuständig für die Politik im Bereich künstlerischer Bildung.

An erster Stelle sind die Regierung und die Schulen gemeinsam zuständig für die Bildungspolitik, wie sie sich in den Lehrplänen niederschlägt.
Obwohl man wusste, dass die Schulen vor Ort für die Durchführung der künstlerischen Bildung zuständig waren, wurden Lehrer, Künstler und Kinder kaum je in Bezug auf die Entwicklung der Politik im Bereich künstlerischer Bildung gefragt. Es war offensichtlich, dass diejenigen, die für Durchführung der künstlerischen Bildung zuständig sind, bei der Festlegung der Politik nichts zu sagen hatten und dass Versuche, die Bildungspolitik im Bereich der Künste zu beeinflussen, an dezentralisierte Behörden gerichtet werden müssen.

Beim Ausfüllen des *Multiple Choice*-Teils der Umfrage konnten die Befragten verschiedene Stufen der Zuständigkeit im Blick auf die künstlerische Bildung erkennen. Gleichmäßig wird in der Mehrheit der Fälle (70%) angegeben, dass die Zentralregierung für die Formulierung der Bildungspolitik im Bereich der Künste zuständig ist. Weil die anderen Punkte identisch waren, konnte man eigentlich erwarten, dass in Ländern mit einem höheren Maß dezentraler Verwaltung und Übertragung von Verantwortlichkeiten auf regionale Instanzen (föderale Staaten wie die USA, Kanada und Australien) die Lehrpläne für die Künste eher nicht an zentraler Stelle formuliert würden. Im Gegensatz dazu war zu erwarten, dass Einheitsstaaten (wie die Niederlande und die skandinavischen Länder) zentral verfasste Lehrpläne hätten. Diese deutliche Unterscheidung geht aus den Daten nicht hervor. Was aber aus ihnen hervorgeht ist, dass die Schulen selbst einen ebenso großen Einfluss (77%) auf die Formulierung der Bildungspolitik im Bereich der Künste haben. Dieses Ergebnis ist bedeutend, denn frühere Versuche, die Politik im Bereich künstlerischer Bildung zu beeinflussen, waren immer an die politischen Akteure auf zentraler Ebene gerichtet und setzten nicht auf der dezentralen Ebene an, also auf der Ebene der Schulen. Es ist bemerkenswert, dass der Einfluss der Schulen höher eingeschätzt wird als der der lokalen Bildungsbehörden (50%). Es scheint so, dass an der Schule getroffene Entscheidungen wichtiger sind als die von Landes- oder Provinzregierungen (54%), wo es diese gibt.

Obwohl die Schulen Einfluss auf die Formulierung der Politik im Bereich der künstlerischen Bildung haben, ist es bemerkenswert, dass der einzelne Lehrer hier nur begrenzten Einfluss hat (46%). Das bedeutet, dass die Leute an der Basis, die die Politik umsetzen, für deren Formulierung nicht direkt zuständig sind. Das gleiche gilt für die Abnehmer, also die Kinder (8%) und die Eltern (19%), die bei Entscheidungen ebenfalls nicht konsultiert werden. In manchen Ländern herrscht der Eindruck, dass Eltern und Kinder die Künste auf einer Bewertungsskala nur niedrig einstufen. In Tonga wird zum Beispiel behauptet, dass 98% der Eltern und Kinder künstlerischer Bildung geringe Bedeutung zuschrieben. Im Gegensatz dazu sind es in Ländern wie Tuvalu, dem Vereinigten Königreich und Australien Eltern und Kinder, die Kunstunterricht an ihren Schulen fordern.

Trotz der Absicht, die Kommunen direkter in die künstlerische Bildung einzubeziehen, legen die Ergebnisse nahe, dass dies noch nicht in konkrete höhere Grade der Zuständigkeit umgesetzt wurde (nur 27% sehen, dass die Kommunen zuständig sind). So hat auch die stärkere Einbeziehung von praktizierenden Künstlern in die künstlerische Bildung an Schulen nicht dazu geführt, dass diese mehr Verantwortung übernehmen (12% für Künstler) (siehe Tabelle 3).

Tabelle 3: Politische Akteure (in Prozent)

Zentralregierung	77
In der Schule getroffene Entscheidungen	77
Landes- oder Provinzregierung	54
Lokale Schulbehörden	50
Lehrer	46
Kommune	27
Eltern	19
Künstler	12
Kinder	8
Keine Antwort/ungültig/nicht lesbar	6
Andere	0

Da Mehrfachantworten möglich waren, addieren sich die Prozentwerte nicht auf 100 Prozent.

Aus der quantitativen Erhebung geht klar hervor, dass sowohl die Zentralregierung als auch die Schulen für die künstlerische Bildung zuständig sind. Dieses Ergebnis muss um die qualitativen Kommentare ergänzt werden, die deutlich darauf verweisen, dass eine Heerschar anderer Körperschaften für die Formulierung von Politik im Bereich der künstlerischen Bildung zuständig ist und mitmischt. Dazu gehören Kunsterziehungsorganisationen (Berufsgruppen, Interessengruppen und ähnliche), NGOs, Kunstorganisationen (einschließlich Theater und Museen), akademische Forscher, Vertreter aus dem tertiären Bildungsbereich und aus dem privaten Sektor. Diese Vielfalt verschiedener Gruppen, Organisationen und Personen verstärkt noch die Komplexität, wenn es darum geht, künstlerische Bildung zu konzipieren und umzusetzen.

Der Platz der künstlerischen Bildung im Curriculum

- In den meisten Ländern ist künstlerische Bildung Teil der Bildungspolitik;
- Es gibt einen beträchtlichen Unterschied zwischen dem, was in einem Land verfügt wird, und der tatsächlichen Durchführung und Qualität der Programme künstlerischer Bildung, die Kinder an Schulen erhalten.

In 84% der Länder ist künstlerische Bildung verpflichtend. 94% der Antworten bestätigen, dass künstlerische Bildung als eigenständiges Fach gelehrt wurde (auch wenn die Frage, was das mit sich bringt, besser zu verstehen ist, wenn man den vorhergehenden Abschnitt ‚Was ist künstlerische Bildung?‘ liest). 78% der Länder, in denen künstlerische Bildung ein Pflichtfach ist, beurteilen und bewerten den

Lernerfolg in den Künsten, während dies in 18% der Länder nicht der Fall ist (siehe Tabellen 4 und 5).

Tabelle 4: Anteil der Länder, in denen künstlerische Bildung angeordnet wird/ verpflichtender Bestandteil des Curriculums ist

Künstlerische Bildung verpflichtend	84
Künstlerische Bildung nicht verpflichtend	16
Keine Antwort/ungültig/nicht lesbar	7
Weiß nicht	0
Gesamt	100

Kumulierte Prozente.

Tabelle 5: Anteil der Länder, in denen künstlerische Bildung geprüft wird

Künstlerische Bildung wird geprüft/bewertet	78
Künstlerische Bildung wird nicht geprüft/bewertet	17
Keine Antwort/ungültig/nicht lesbar	15
Weiß nicht	4
Gesamt	100

Kumulierte Prozente.

Umgekehrt gab es in einigen Ländern keine Bildungspolitik im Bereich der künstlerischen Bildung. Der kleine Pazifikstaat Tuvalu hat keinen verbindlichen Lehrplan oder kein Programm für den Unterricht in den Künsten. Aber zu der dort herrschenden Vorstellung von Erziehung gehört das Bedürfnis des Kindes, „einen offenen Geist“ zu haben und „Fertigkeiten für eine gute Zukunft aufzubauen“. Obwohl dieses statistisch nicht als Einbeziehung von Bildungspolitik im Bereich der künstlerischen Bildung erfasst werden würde, ist die künstlerische Bildung einer der Lernbereiche, der im Curriculum von Tuvalu vorkommt. Mit starker Unterstützung von Seiten der Kinder ist es dem tuvaluischem Volk ein Anliegen, dass „die künstlerische Bildung überall in Tuvalu blüht“.

Im Durchschnitt wurden 176 Stunden im Jahr an Grundschulen und 165 Stunden an weiterführenden Schulen auf die künstlerische Bildung verwendet. Man sollte sich aber klar machen, dass die Standardabweichung (SD) von dieser Zahl erheblich war. Nicht technisch ausgedrückt heißt dies, dass die Zahlen sich beträchtlich vom statistischen Mittel unterscheiden. Es scheint deswegen wenig Sinn zu machen, sich auf den statistischen Durchschnitt zu konzentrieren. Ein genauer Blick auf die Daten verdeutlicht, dass die großen Unterschiede weitgehend durch signifikante Ausreißer – besonders bemerkenswert ist Finnland – zustande kommen. In diesem Land macht der Unterricht in den Künsten 80% der Unterrichtszeit aus. Dies ist nicht so, weil dort die Künste unter Ausschluss aller anderen Fächer gelehrt werden, sondern weil alle Fächer in einer Weise unterrichtet werden, die wir in dieser Studie *Bildung durch die Künste* nennen. Der Grund dafür ist wahrscheinlich kulturspezifisch (siehe auch später den Abschnitt über die Unterscheidung zwischen integrierten und getrennten Curricula).

Im Gegensatz dazu widmen manche Länder der künstlerischen Bildung nur begrenzte oder keine spezielle Zeit. Im Datenmaterial zeigten mehrere Länder eine hohe Variationsbreite der für die künstlerische Bildung verwendeten Zeit an. In den Vereinigten Staaten von Amerika (USA) zum Beispiel gibt es „wilde Unterschiede von Schule zu Schule und Kommune zu Kommune, wo es an manchen Schulen überhaupt keine künstlerische Bildung gibt und dort, wo es sie gibt, sie sich typischerweise in 40-Minuten-Stunden abspielt". Das *National Center for Education Statistics of the U.S. Department of Education* (The National Center for Education Statistics of the U.S. Department of Education, 2000) fand im Schuljahr 1999–2000 heraus, dass die künstlerische Bildung in den öffentlichen Grundschulen pro Jahr 46 Stunden erhielt, während es in weiterführenden Schulen 44 Stunden waren.

Eine Zahl von Antworten wies auf den Unterschied zwischen der ‚offiziellen' Verpflichtung, wie sie in politischen Statements gefordert wird, und der tatsächlichen Praxis hin. Dies schien in einer Reihe von Ländern zuzutreffen, unabhängig von deren ökonomischem Status. In Australien z.B. ist künstlerische Bildung in allen Systemen verpflichtend vorgesehen und es wurde in den Lehrplänen der Sekundarschulen im Allgemeinen dafür Zeit eingeräumt, aber an den Grundschulen hing die Gestaltung der dafür vorgesehenen Zeit ganz und gar von den Schulen und den Lehrern an den Schulen ab.

Mehrere Länder machten auch die Frage der Qualität als wichtige Vorbedingung für das Maß an künstlerischer Bildung, das Kinder erhalten, zum Thema. Obwohl direkt nach der Zeit gefragt wurde, die für die künstlerische Bildung aufgewendet wird, machten manche Antworten darauf aufmerksam, dass die Zeit allein nicht immer ein guter Indikator für den Umfang der künstlerischen Bildung sei. Diese Diskrepanz wird in den Antworten aus Kolumbien eindrucksvoll unterstrichen, wo es heißt:

> Obwohl das Erziehungsgesetz in Kolumbien die Bedeutung künstlerischer Bildung anerkennt und sie als Pflichtbereich innerhalb des Curriculums ausweist, überlässt das Gesetz es doch der Autonomie jeder einzelnen Schule, darüber zu entscheiden, wie viel Zeit und Aufmerksamkeit künstlerischer Bildung gewidmet wird. Das *Institutional Education Project* (PEI), das von jeder Schule entworfen und durchgeführt wird, legt die Zeit und die Bedeutung der künstlerischen Bildung fest.

Jedoch zeigt die Erfahrung, dass nur sehr wenige Schulen wirklich Gewicht auf die künstlerische Bildung legen.

In Japan bestimmt das *Fundamental Law of Education* (1947), dass jedes Kind den gleichen Zugang zu Bildung erhält. Dieses Gesetz wurde weiterentwickelt und schließt jetzt das *Fundamental Law for the Promotion of Arts and Culture* (2001) ein, in dem gefordert wird, dass Bildungseinrichtungen, darunter auch Schulen, die Bildung im Bereich der Kultur und der Künste verbessern sollen. Das bedeutet, dass es in den Primar- und Sekundarschulen verpflichtende Studienkurse und festgelegte Stundenzahlen für die künstlerische Bildung gibt. Dieser verpflichtende Lehrplan umfasst Kunst, Werken, Musik, Lebens- und Umweltstudien und eine Anzahl von Wahlkursen. Er enthält auch eine Direktive zum integrierten Studium. Ein Kind im ersten Jahr der Primarstufe z.B. würde ungefähr 300 Stunden im Jahr (das sind etwa 6 Stunden in der Woche) erhalten. Im letzten verpflichtenden Jahr der künstlerischen Bildung (Sekundarstufe, 9. Jahr) würde ein Kind annähernd 140 Stunden im Jahr als Kern und bis zu 165 Stunden zusätzlich als Wahlkurse haben.

Die Zahlen zu der für die künstlerische Bildung aufgewendeten Zeit sind sorgfältig zu prüfen, weil es nicht nur den Unterschied gibt zwischen dem, was angeordnet ist, und dem, was tatsächlich passiert, sondern auch den zwischen dem Unterricht in den Künsten, der in den Schulen bzw. am Schultag gehalten wird (also als wichtiger Teil des Lehrplans) und dem, der in freiwilligen Gruppen außerhalb der Schulstunden stattfindet und der oft eher als erholsam denn als qualifizierend wahrgenommen wird. Im Gegensatz zu dieser Auffassung schien es allerdings, als seien in vielen Fällen die ‚außerunterrichtlichen Angebote' gut organisiert und effektiv. So sind die *‚actividades artisticas'* in Spanien, die außerhalb der offiziellen Schulstunden am Nachmittag stattfinden, offensichtlich eine wichtige Quelle der künstlerischen Bildung.

Es gibt auch noch die Unterscheidung zwischen den verpflichtenden Kerneinheiten (vor allem in der Primarstufe und in den ersten Jahren der Sekundarstufe) und dem Angebot der Wahlfächer (meistens in den letzten Jahren der Sekundarstufe). Bildung *in den Künsten* geschieht eher auf der Ebene der Sekundarstufe, Bildung *durch die Künste* auf der der Primarstufe. Diese Frage wird in einem späteren Abschnitt genauer beschrieben.

Die Politik zur künstlerischen Bildung

- Eine effektive künstlerische Bildung kann eine breitere Kunst- und Kulturpolitik erreichen;
- Die Medien können Interessengruppen für die Kunst unterstützen;

- Eine nachhaltige Evaluation und Überprüfung der künstlerischen Bildung erhöht die Fähigkeit, auf die Regierungspolitik Einfluss zu nehmen.

Die Ergebnisse der Umfrage weisen darauf hin, dass es in 84% der Länder irgendeine Form von Politik zum Bereich künstlerischer Bildung gibt, aber die Daten der qualitativen Erhebung legen den Eindruck nahe, dass es einen himmelweiten Unterschied zwischen der Existenz einer solchen Politik auf der nationalen Ebene und den pragmatischen Anpassungen auf der Ebene der Klassenzimmer gibt.
Die Daten weisen darauf hin, dass erfolgreiche Kunstprogramme in 55% der Länder zu Strategien geführt haben, die den Einfluss auf die Bildungspolitik erhöht haben. Jedoch hat sich in 46% der Länder trotz erfolgreicher Beispiele für Kunstprogramme dort wenig oder nichts an der künstlerischen Bildung oder an der entsprechenden Politik geändert.

Auf diesem Gebiet gibt es einige Schlüsselerkenntnisse. Erstens kann eine effektive künstlerische Bildung über das Klassenzimmer hinweg eine breitere Kunst- und Kulturpolitik anregen. Der Einfluss des Bereichs künstlerischer Bildung auf das weitere Feld der Kunst- und Kulturpolitik scheint sich als Folge eines engeren Kontakts zwischen den Kunst- und Bildungseinrichtungen herauszubilden. In Kanada gibt es zum Beispiel in den letzten Jahren einen Trend zur Zusammenarbeit zwischen den Ministerien für Bildung und für Kunst, Pädagogen und Künstlern.

Umgekehrt kann eine effektive Kulturpolitik in der Tat zu besserer künstlerischer Bildung an Schulen führen. Dies ist der Fall in Deutschland, wo die positiven Effekte von Kultur- und Kunstprojekten für Kinder und Jugendliche in der Kunstpolitik der Stadt München deutliche Spuren hinterlassen. Ähnlich im folgenden Fall aus Kanada, wo das Eintreten von Schülern dazu führte, dass die künstlerische Bildung in einem Schulbezirk beibehalten wurde; ein kanadischer Zeuge berichtet:
„Ich würde schon sagen, dass sich Schüler des Faches Kunst auf lokaler Ebene in einen bürgerschaftlichen Dialog über Kunstpolitik einbringen können. Ich hatte mal eine elfte Klasse, die eine Eingabe beim Stadtrat machte, um den gegenwärtigen Stand der finanziellen Unterstützung für den Kunstunterricht zu sichern.“

Es wurde auch anerkannt, dass die Kunst- und Kulturbehörden in den letzten Jahren größeres Interesse an der Politik zur künstlerischen Bildung und an der Praxis künstlerischer Bildung gezeigt haben. In den Niederlanden bemerkte man, dass „positive Veränderungen in der Kunstpolitik zu Projekten im Bereich künstlerischer Bildung beitrugen“ und dass „die Verantwortlichen für die Kunstpolitik ein gesteigertes Interesse an künstlerischer Bildung zeigten.“

Während mehrere Länder berichten, dass Kunst- und Bildungsbehörden enger kooperieren, gab es in anderen Ländern wie zum Beispiel in Österreich eine strikte

Trennung zwischen den Kunst- und Bildungsbehörden, und es wurde berichtet, dass sich dies als hinderlich bei der Umsetzung von Politik im Bereich künstlerischer Bildung erwies.

Der Umfrage zufolge haben Organisationen wie *Americans for the Arts* und *The Arts Education Partnership* in den USA auf nationaler Ebene Lobbyarbeit für die Einbeziehung der künstlerischen Bildung in die allgemeine Politik geleistet. Obwohl dies in einigen Schulbezirken erfolgreich war, fehlt es in anderen Staaten wie zum Beispiel in Kalifornien schon an den Voraussetzungen für die künstlerische Bildung. Dies kann eher zentralistischen Systemen von Bildungsverwaltung gegenübergestellt werden, wo eine zentral gesteuerte Politik erheblichen Einfluss auf die Bedingungen der künstlerischen Bildung gewann. So hat zum Beispiel das 1993 gegründete *National Arts Council's Arts Education Programme (NAC-AEP)* großen Einfluss auf die Kunstpolitik genommen; dort überlegte man folgendes: „Über Jahre hinweg gibt es an Schulen eine steigende Nachfrage nach Programmen künstlerischer Bildung und eine Reihe von Projekten wird von einer wachsenden Zahl von Künstlern und Kunstgruppen angeboten." Obwohl Singapur ein Beispiel für ein hoch zentralisiertes Bildungssystem ist, wurde doch auch festgestellt, dass die Unterstützung durch den Schulleiter beim Aufbau guter Kunstprogramme von vitalem Interesse ist. Trotz der nationalen Politik bemerkte zum Beispiel eine Schule in Singapur, dass es bis vor drei Jahren nur *Ad hoc*-Kunstprogramme gab und dass bei den meisten Kunstevents nur die *CCA*-Gruppen (vor allem Tanzgruppe, Band, Chor) auftraten. Als jedoch „der neue Schulleiter die Führung übernahm, änderte sich die Politik dahingehend, dass kunstorientierte Programme auch in die normale Unterrichtszeit einbezogen wurden." Dieses und andere ähnliche Ergebnisse weisen auf die Notwendigkeit von sowohl *Top down*- als auch *Bottom up*-Strategien für die Durchsetzung von politischen Ansätzen in den Künsten hin.

Demgegenüber haben manche Länder auf der nationalen Ebene bemerkenswerte Schritte unternommen, um die volle Durchsetzung der kunstorientierten Bildungspolitik zu garantieren. In Thailand zum Beispiel sind eine Reihe durchgeführter politischer Maßnahmen im Bereich der Kunst wie das *National Scheme of Education, Religion, Art and Culture (2002–2016)* Teil eines breiteren strategischen Plans, der detaillierte Angaben zur Durchsetzung und Anleitung enthält, die darauf zielen, in großem Stil eine nationale und lokale Reform auf der Ebene der Klassen sicherzustellen. Doch obwohl ein derartig deutlich ausformulierter Plan besteht, ist keine Instanz vorgesehen, die für die Evaluation des Programms in Thailand zuständig wäre, und so bleibt die Annahme wahrscheinlich begrenzt.

Ein weiterer Aspekt, der betont wurde, war die Rolle der Medien beim Verbreiten „guter Nachrichten" über erfolgreiche Programme im Bereich künstlerischer Bildung. Diese dienen dazu, öffentliche Aufmerksamkeit auf den Wert der Künste zu lenken und helfen dabei, Politiker und lokale Bildungsbehörden davon zu überzeugen, der künstlerischen Bildung mehr Beachtung zu schenken. In Kanada und Australien hat zum Beispiel die positive Berichterstattung über erfolgreiche Programme zur künstlerischen Bildung dazu beigetragen, dass mehr Unterricht in den künstlerischen Fächern ins Curriculum aufgenommen wurde. Dies wurde auch aus Finnland berichtet, wo die mediale Öffentlichkeit eine Ausweitung der künstlerischen Bildung unterstützte; zugleich aber warnten die finnischen Befragten, dass es nicht nötig sein sollte, die Aufmerksamkeit der Medien gewinnen zu müssen, bevor die künstlerische Bildung auf die politische Tagesordnung rückt. In Kanada gab es auch die Sorge, dass die mediale Öffentlichkeit zwar gelungene Projekte künstlerischer Bildung herausstellt, die Berichterstattung aber auch Defizite in anderen Gemeinden aufdeckt und dass es letztlich die lokale Agenda sei, die größere Auswirkungen auf die Kunstpolitik habe als die mediale Berichterstattung. Das Problem wird wie folgt beschrieben:

> Ich sehe in der letzten Zeit wachsende Bewegung auf diesem Gebiet [der Berichterstattung über die künstlerische Bildung], mehr Zusammenarbeit zwischen den Ministerien für Bildung und für Kultur, Pädagogen und Künstlern. Das mag ausgelöst worden sein durch einige gelungene Projekte, die einen positiven Nachrichtenwert hatten, aber ich habe den Eindruck, dass die wenigen Projekte, die gute Nachrichten bringen, die Defizite in anderen Gemeinden nur deutlicher ins Scheinwerferlicht rücken und dass es auf die Agenda der Gemeinden ankommt, die viel mehr Einfluss auf die Kunstpolitik haben.

Die Rolle nachhaltiger Evaluation und Überprüfung scheint viel wichtiger zu sein als der Einfluss der Medien und der Interessenverbände, die politische Veränderungen unterstützen. In England ist die Selbstevaluierung aller Projekte künstlerischer Bildung, die finanziell unterstützt werden, verpflichtend. Das System der Überprüfung ist detailliert und streng, wie aus der folgenden Beschreibung hervorgeht:

> Wir haben „Lernpartnerschaften“ (Woolf 1999) entwickelt, eine Anleitung und Hilfestellung für die Evaluation von Projekten im Bereich künstlerischer Bildung [Programm-Evaluation]. Das *Arts Council* wählt viele dieser Projektevaluationen aus, um sie für die Überprüfung der Verwendung von Regierungsgeldern heranzuziehen. Bei größeren nationalen Programmen handeln wir im Regierungsauftrag, evaluieren und helfen, Einfluss auf die Politik zu nehmen. Zwei unserer Projekte – *Creative Partnerships* und *Arts and Education Interface* – evaluieren Projekte künstlerischer Bildung in vielen Regionen; dahinter steht die Absicht, sowohl die Entwicklung in der Kunstpolitik als auch die in der Bildungspolitik mit Erkenntnissen zu versorgen.

Es gibt einen Bedarf an sehr detaillierten und strengen Evaluationen und Begleitstudien zu Programmen künstlerischer Bildung, so dass die Ergebnisse dieser

Studien politischen Akteuren zur Verfügung stehen. Es ist auch offensichtlich, dass Projekte künstlerischer Bildung oft an fehlender Langlebigkeit leiden. Erfolgreiche Programme können unter Umständen nur von kurzer Dauer und nicht nachhaltig finanziell abgesichert sein. Das heißt, dass der Einfluss solcher Projekte auf die Politik beschränkt ist. Umgekehrt ist es so, dass es dort, wo erfolgreiche künstlerische Bildung für längere Zeit Teil der Bildung war, klare Beweise dafür gibt, dass dies als Kultur angeeignet und schneller als Teil der Bildungspolitik akzeptiert wird. Der Prozess, eine Kultur der Unterstützung für die Künste innerhalb der Bildung aufzubauen, wird in dem folgenden Beispiel aus dem Senegal veranschaulicht:

> Im Senegal gibt es seit langer Zeit künstlerische Bildung und das hat wesentlich zur Bildung der Künstler und der Öffentlichkeit beigetragen. Folglich beeinflusst dieses gut geschützte Erbe jede politische Strategie, die darauf zielt – direkt oder indirekt –, die Künste zu fördern. Außerdem sind jene Lehrer und Künstler, die diese Ausbildung (hochqualifizierte künstlerische Ausbildung) erhalten haben, Spitzenkräfte in der kulturellen und akademischen Verwaltung. Dies befähigt sie dazu, an der Seite der höchsten Regierungsbehörden an dem Entscheidungsprozess teilzunehmen.

Dieser Abschnitt hat sich den Herausforderungen bei der Durchsetzung kunstbezogener politischer Strategien gewidmet und die Auswirkungen der künstlerischen Bildung auf die Kulturpolitik und die allgemeine Bildungspolitik in den Blick genommen. Es muss aber dennoch registriert werden, dass viele der befragten Länder noch keine formale Politik im Bereich künstlerischer Bildung haben. Eng verbunden mit diesem Mangel ist die oft heikle Beziehung zwischen den Vorgaben innerhalb der Schule (als Teil der formalen Bildungspolitik) und den Möglichkeiten außerhalb der Schule (eher gesehen als freiwilliger Teil einer Politik für den informalen Sektor). Während viele non-formale, außerhalb der Schule stattfindende Programme offensichtlich von hoher Qualität und erfolgreich sind, gibt es die Sorge, dass die Künste in den non-formalen Sektor abgedrängt und marginalisiert werden. So bestehen in China zum Beispiel hervorragende Kunstprogramme im außerschulischen, non-formalen Bereich, während das formale Curriculum sehr stark „ökonomisch ausgerichtet“ ist und „die künstlerische Bildung immer noch häufig marginalisiert wird“. Diese Aufteilung in formale und informale Bereiche wird noch verschärft durch die Aufteilung der Behörden in jene, die für die Schulen zuständig sind, und jene, die für die kommunalen Einrichtungen zuständig sind. Diese Komplexität rückt das folgende Beispiel aus Finnland in den Blickpunkt:

> Das Bildungsministerium gliedert sich in eine Abteilung für Bildung (Bildungsminister) und eine für Kultur (Kultusminister). Die Abteilung für Kultur engagiert sich sehr stark dafür, die künstlerische Bildung

außerhalb der Schulen zu fördern, aber die Staatsregierung strich die Kunststunden an den Schulen zusammen, als wir einen neuen Kernlehrplan bekamen. Wir haben ein gutes System künstlerischer Bildung außerhalb der Schulen, aber nur 12% der Kinder zwischen 7 und 18 können daran teilnehmen. Das *National Board of Education* hat allen Kunstformen in den Schulen Kerncurricula mit zwei Interessensprofilen gegeben, ein allgemeines und ein ausführliches. Das Problem ist nun, dass künstlerische Bildung vom Interesse der Familien abhängt, wenn die Pflichtschule nicht mehr die Möglichkeit hat, allen eine gute Basisausbildung in den Künsten zu vermitteln.

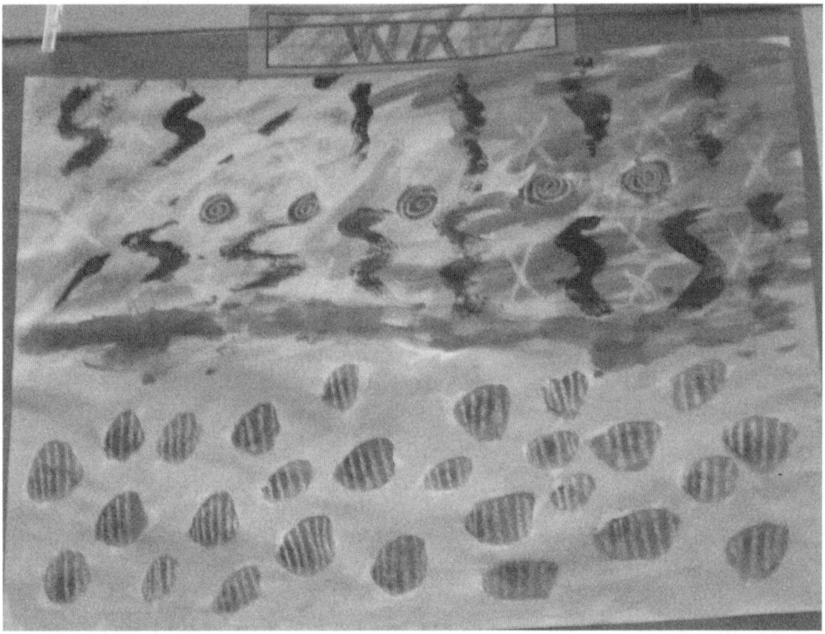

Visuelle musikalische Notationen. Das Lernen fächerübergreifend expressiv verbinden. (*Education and Arts Partnership Initiative,* Australien). Foto: Anne Bamford.

Darüber hinaus erfahren viele Bildungssysteme als Folge der sich rasch verändernden Gesellschaften radikale Reformen auf allen Ebenen. Obwohl die dringende Notwendigkeit, die Gültigkeit der gegenwärtigen Ausbildungsbedingungen daraufhin zu überprüfen, ob sie Kinder auf das 21. Jahrhundert vorbereiten, den Künsten oft Wege zu einer zentraleren Stellung innerhalb der Bildung öffnet, hat der Reformprozess in einigen Fällen zu einer Abwertung der Künste geführt, insbesondere zu einer Abwertung der „Bildung in den Künsten" (als dem der

„Bildung durch die Künste“ gegenübergestellten Weg). In Neuseeland hat eine nie dagewesene Epoche der Bildungsreformen dazu geführt, dass Künste und Kultur als Kernbestandteil gegenwärtiger und zukünftiger Bildungsanforderungen deutlich aufgewertet wurden. Die breitere Anerkennung des Bedarfs an dualen Lehrplänen, die den Erfordernissen der Maori und anderer Lerner Rechnung tragen, und radikale Veränderungen der Beurteilungspraktiken haben direkt zu einer Strategie geführt, Tanz, Theater, visuelle Künste und Musik in den Bildungskanon aufzunehmen. Umgekehrt haben in Nepal die Lehrplanreformen zu einer zu starken Theoretisierung der künstlerischen Bildung geführt und diese in den Rahmen von Gesundheitserziehung und Sport gestellt.

Die Rolle der Politik zur künstlerischen Bildung in der allgemeinen Bildungspolitik

- Die Bedeutung der Künste wird innerhalb der Bildungspolitik unterschätzt;
- Es klafft eine große Lücke zwischen den politischen Verlautbarungen zur künstlerischen Bildung und der bestehenden Praxis;
- Mehr Forschung über die Auswirkungen von Programmen kunstorientierter Bildung auf die allgemeine Bildung ist erforderlich.

Während die künstlerische Bildung in der einen oder anderen Form in der Bildungspolitik der meisten Länder vorkommt, werden die Künste in der Regel nicht als wichtiger Teil der allgemeinen Bildungspolitik angesehen. Es klafft offensichtlich eine große Lücke zwischen den politischen Verlautbarungen zur künstlerischen Bildung und den armseligen Bedingungen in den Klassenzimmern.

Die Daten zeigen, dass die allgemeine Bildungspolitik die Künste weitgehend ignoriert oder für unbedeutend hält. In 59% der Fälle hielt die allgemeine Bildungspolitik den Beitrag der künstlerischen Bildung für unerheblich. Diese Zahl ist interessant, zumal frühere Umfragezahlen den Eindruck nahelegten, dass die künstlerische Bildung in 84% der Fälle verpflichtender Teil der Bildungspolitik sei. Die Abweichung der Daten lässt sich zum Teil durch die Art der Fragestellung erklären. Die anfänglichen Daten antworteten auf die Frage, ob die künstlerische Bildung Teil der Bildungspolitik des Landes sei, während die spätere Frage wissen wollte, ob die künstlerische Bildung Einfluss auf die allgemeine Bildungspolitik habe. Beim Vergleich der quantitativen Daten mit den qualitativen Kommentaren wird deutlich, dass die künstlerische Bildung in den meisten Ländern zwar „auf dem Papier“ besteht, aber oft nicht wertgeschätzt und anerkannt wird auf der Ebene der Lehrpläne und in der alltäglichen Praxis im Klassenzimmer. Dies Problem wurde in Antworten aus vielen Ländern ausgemacht.

In den USA ist das zum Beispiel evident: In dem *No Child Left Behind Act* (2002), der eine Revision des *Elementary and Secondary Education Act of 1965* ist, wird zwar die künstlerische Bildung als Kernfach aufgelistet und als Teil der Bildungspolitik aufgefasst, aber den Antworten der Umfrage zufolge erhalten die Kinder an Schulen in vielen amerikanischen Staaten, wie z.B. in Kalifornien, wenig oder keine formale künstlerische Bildung als Teil des Lehrplans. Das *National Center for Education Statistics (NCES)* führt regelmäßige Umfragen durch, um die Bedingungen des Unterrichtens und Lernens in den Künsten in den USA vom Kindergarten bis zum Ende der Schulzeit zu bestimmen. Der letzte Bericht *Arts Education in Public Elementary and Secondary Schools: 1999–2000* fand heraus, dass die Vorgaben unsystematisch und sporadisch sind.

Ein ähnlicher Fall: Trotz einer intensiv betriebenen, zentral gesteuerten Politik zur Unterstützung der Künste und der Kreativität an den Schulen hat das Erziehungsministerium in Singapur „den Schulen und ihren Direktoren mehr Autonomie gegeben und ihnen gestattet, ihre Ressourcen kreativ zu nutzen, um die für ihre Schule vorgesehenen Ziele und Ergebnisse zu erreichen". Obwohl das auf der Ebene der Schulen zu vielen exzellenten Beispielen von Programmen künstlerischer Bildung geführt hat, bedeutet es dennoch, dass Kinder in manchen Schulen nur wenig künstlerische Bildung erfahren.

In einer Reihe der befragten Länder ignoriert die Bildungspolitik entweder die künstlerische Bildung oder marginalisiert sie durch Praktiken, die für die Einrichtung guter künstlerischer Bildung nicht förderlich sind. Dass die Auswirkungen der Politik ein einschränkender Faktor waren, wird am Beispiel der Republik der Seychellen deutlich:

> In der Praxis basiert die Bildungspolitik immer noch auf einem geradezu archaisch aufteilenden Modell … Möglichkeiten für Neugier, Querdenken, projektgebundenes Lernen sind sehr eingeschränkt, und zwar durch (1) eindimensionale Lehrmethoden, (2) überfüllte Klassenzimmer, (3) einen armseligen oder dem Zufall überlassenen Materialvorrat und (4) schlechten oder keinen Zugang zu Computern/IT-Ausstattung für die Schüler.

Dieses Beispiel unterstreicht die Schwierigkeiten, die es bereitet, eine nachhaltige künstlerische Bildung auf die Agenda allgemeiner Bildungspolitik zu setzen, besonders in einem Klima begrenzter Ressourcen. Sogar in wirtschaftlich fortgeschrittenen Ländern ist es schwierig, die Künste auf die Bildungsagenda zu setzen. Sogar in Ländern mit exzellenten Programmen künstlerischer Bildung wie in Finnland bedeuten ökonomische Imperative, dass die Künste oft innerhalb der allgemeinen Bildungspolitik marginalisiert werden. Die Auswirkungen wirtschaftlicher Engpässe scheinen innerhalb des Kunstsektors besonders deutlich zu spüren zu sein, wie ein Zitat aus Finnland belegt: „Heutzutage haben die Schulen weniger Geld und Stunden/Ressourcen für die Künste als vor einigen Jahren.“

Dies ist besonders in den Niederlanden der Fall, wo Kunst auf der Bildungsagenda steht, während „in anderen europäischen Ländern vorsichtige Schritte unternommen wurden, aber wir können über den Einfluss noch nichts sagen. In manchen europäischen Ländern findet sie [künstlerische Bildung] immer noch nicht statt.“ Diese Aussage unterstreicht eine allgemeine, wenn auch stillschweigende Priorisierung, die die Künste gegenüber Fächern wie Mathematik, Naturwissenschaften und Lesen und Schreiben im Nachteil sieht. In Zeiten wirtschaftlicher Zwänge sind finanzielle Einschnitte bei Kunstprogrammen üblicher als in anderen Fächern.

Carlos Mario Lema, Kolumbien, *Plan Nacional Música para la convivencia.* Das Foto haben Monica Romero und Clarisa Ruiz freundlicherweise zur Verfügung gestellt.

In der allgemeinen Bildungspolitik scheint die positive Wertschätzung der Künste ein typischer Fall sogenannter „Pfadabhängigkeit“ zu sein, wonach frühere Erfahrungen auf lokaler Ebene (meistens an Schulen) eine Wertschätzung für Programme kunstorientierter Bildung entstehen lassen. Diese Erfahrungen werden jedoch kaum angemessen an die ‚herrschenden Mächte‘ in der Bildungsbürokratie, wo die Kunstpolitik tendenziell fehlt oder Alibifunktion hat, weitergegeben und wertgeschätzt. Dieser Aspekt wird in der Antwort aus Österreich betont, die Folgendes zu bedenken gibt: „Vielleicht hat es Einfluss auf die Bildungspolitik an einzelnen Schulen, aber nicht strukturell.“

Die Antworten aus Spanien erweiterten die Debatte über den Einfluss auf die allgemeine Bildungspolitik, indem sie darauf hinwiesen, dass der künstlerischen und kulturellen Bildung von der Familie und der Gemeinschaft nicht mehr so viel Wert beigemessen werde und dass sich dies in der Geringschätzung der künstlerischen Bildung in den Schulen widerspiegele. Aus Spanien kam folgender Beitrag:

> Der Respekt für das Externe, das Neue, das Ausländische, das Kulturelle ist verloren. Und das liegt nicht nur an den Schulen und Akademien. Kultur sollte im Schoß der Familie beginnen, und die gegenwärtige Situation bringt Kultur zum Verschwinden.

Während der Schwerpunkt dieses Abschnitts auf der schulbezogenen Bildungspolitik lag, ist es doch auch wichtig, dass verschiedene der befragten Länder betonten, dass die Hochschulpolitik entscheidend zum Erfolg – oder auch nicht – der Politik im Bereich künstlerischer Bildung beigetragen hat. In Barbados zum Beispiel wurde die Einrichtung von kreativen Kunstkursen an den Universitäten als wichtiger positiver Schritt zu einer weiter gefassten Kunst- und Bildungspolitik verstanden und als Schritt zu einer Entwicklung von nachhaltigen Ansätzen in den Künsten. Beispiele aus Kolumbien weisen auch auf die Bedeutung hin, die die Unterstützung durch Kulturinstitutionen hat, wenn es darum geht, die Anerkennung des Wertes von künstlerischer Bildung innerhalb der allgemeinen Bildungspolitik zu entwickeln. Im folgenden Beispiel haben die gebündelten Anstrengungen einer Reihe von Instanzen zu einem signifikanten Zuwachs des Status der Künste innerhalb der allgemeinen Bildungspolitik geführt:

> Eine Bewegung von Künstlern, Lehrern, Regierungspolitikern und Bildungsexperten hat in letzter Zeit Strategien entwickelt, um die Bedeutung und den Wert der Künste und der künstlerischen Bildung für das Lernen hervorzuheben. Beispiele dieser Bewegung, die man nennen kann, sind *Proyecto RED de la Universidad Nacional, Proyecto de Investigación del IDEP de la Secretaría del Distrito Capital.* Auch das Kultusministerium hat neulich ein Seminar über Politik im Bereich künstlerischer Bildung veranstaltet, und eine feste Forschergruppe wurde

eingerichtet, die die Arbeit, die im Seminar aufgenommen wurde, fortsetzen soll. Das Hauptziel dieser Gruppe ist es, politische Strategien für die Öffentlichkeitsarbeit in diesem Bildungsbereich zu entwerfen und dabei die Verbindungsstelle zwischen non-formaler und formaler künstlerischer Bildung als Ausgangspunkt zu nehmen.

Schließlich forderten viele Befragte eine stärkere Wirkungsforschung, um die allgemeine Bildungsforschung zu informieren. Dieser Wunsch kam in besonderer Weise aus dem Vereinigten Königreich und Australien, wo man den Eindruck hatte, dass eine substantielle Evaluation und *Monitoring*-Projekte deutliche Veränderungen in den Politik- und Praxisfeldern bewirken würden. Dies wurde in der folgenden Fallstudie aus Australien veranschaulicht, wo ein innovativer Ansatz der künstlerischen Bildung mit indigenen Kindern wegen seiner Erfolge beträchtliche Aufmerksamkeit in den Medien und in der Öffentlichkeit erregt hatte:

> Obwohl die folgenden Projekte/Programme bemerkenswerte Beachtung im Schulbezirk *Northern Territory* und auf nationaler Ebene gefunden haben, glaube ich, dass ihr Einfluss in diesem Stadium kaum positive Veränderungen in der Bildungspolitik bewirken wird. Die Bildungsabteilung und andere rechtlich zuständige Bereiche suchen aktiv nach Beweisen für die Auswirkungen alternativer Ansätze auf die Bildung der Indigenen und der Jungen. Dies bietet eine Gelegenheit dafür, dass auf Kunst basierte Ansätze aufgegriffen, geprüft und evaluiert werden. Bis heute ist die *Education and the Arts Partnership Initiative,* die von dem *Australia Council for the Arts* finanziert wird, das einzige Projekt, das die Auswirkungen künstlerischer Bildung auf die Lese- und Rechenergebnisse von Schülern, den Einsatz kunstbasierter Auswertungsmaterialien und Prozesse sowie ein auf Kunst aufbauendes Modell von Lehrerfortbildung systematisch evaluiert hat.

Unterscheidung zwischen der Bildung in den Künsten und der Bildung durch die Künste

- Es gibt eine klare Unterscheidung zwischen der Bildung in den Künsten und der Bildung durch die Künste.
- Diese sollten als sich ergänzend, aber unabhängig voneinander gesehen werden, wenn man Politik und Praxis künstlerischer Bildung betrachtet.

Bei der Interpretation der Stundenzahl, die der künstlerischen Bildung gewidmet wird, muss man zwischen Unterricht, der ausschließlich für die künstlerische Bildung bestimmt ist (Bildung in den Künsten), und Unterricht, der integriert ist (Bildung durch die Künste), unterscheiden. Die Daten zeigen, dass die Bildung in den Künsten eher in der Sekundarstufe stattfindet, während die Bildung durch die Künste eher in der Primarstufe zu finden ist. Es kann nicht Anliegen dieses Berichtes sein zu entscheiden, welches von beiden besser ist, sondern wir weisen nur darauf hin, dass das Vorhandensein integrierten Unterrichts die Erhebungsergebnisse verschiebt, besonders dann, wenn im Lehrplan viel Zeit als ‚künstlerischer Unterricht' ausgewiesen wird, in dem tatsächlich andere Fächer mit Hilfe von Kunst unterrichtet werden. So stellte zum Beispiel Finnland, das die bei weitem meisten Kunstunterrichtsstunden – im Extremfall bis zu 300 Stunden in der Grundschule – zu haben schien, klar, dass sich diese Zahl durch die Summe aus speziellen und integrierten Stunden mit künstlerischer Bildung erklären ließ:

> Normalerweise haben Schulen den Pflichtunterricht im Fach Kunst vor der achten Klasse; danach können Schüler Wahlkurse nicht nur in den visuellen Künsten und Musik, sondern manchmal auch in Theater und Tanz belegen. Gewöhnlich sind diese beiden Fächer Teil des muttersprachlichen Unterrichts oder des Sportunterrichts (Klasse 1–6). Künstlerische Bildung sollte in alle Fächer integriert werden.

Ein zentraler Befund der Studie ist, dass es gut untersuchte und dokumentierte Ergebnisse von kunstorientierter Bildung gibt. Wie das Zitat aus dem Senegal zeigt, fallen diese unter zwei deutlich getrennte Aspekte:

> Bevor ich die Fragen beantworte, möchte ich gern zum Ausdruck bringen, dass ich die Auffassung der Koordinatoren von künstlerischer Bildung als einem zweidimensionalen Prozess teile – ‚Bildung in den Künsten' und ‚Bildung durch die Künste'. Auf diese Weise wird der kulturelle Kontext eines Kindes ins Zentrum jedweder Bildungsmaßnahme gestellt. Darüber hinaus erhöht dieses Konzept den Wert all der Disziplinen und Prozesse, die von den Gemeinschaften immer schon benutzt werden, um – ihrer eigenen Kultur entsprechend – die Identität von Kindern durch ihre eigenen emotionalen und kognitiven Prädispositionen zu formen. Von daher auch die Bedeutung der sozialen Dimension künstlerischer Bildung, die arme Kinder davor schützt, durch das Bildungssystem marginalisiert zu werden. (Alioune Badiane, Ministerium für Kultur und Erbe, Senegal 2004)

Bildung in den Künsten kann als nachhaltiges und systematisches Erlernen der Fertigkeiten, Denkweisen und Darstellungsweisen jedes der künstlerischen Felder – Tanz, visuelle Künste, Musik, Theater – beschrieben werden; es wirkt sich in einer verbesserten Haltung der Schule und dem Lernen gegenüber aus, erhöht die kulturelle Identität und das Gefühl persönlicher Zufriedenheit und Wohlbefindens. Gleichzeitig verbessert eine Bildung, die sich in allen Fächern kreativer und künstlerischer pädagogischer Mittel bedient – Bildung durch die Künste –, die Schulleistungen, verringert Schulunlust und fördert positive kognitive Transferleistungen. Diese positiven Effekte entstehen aber nur dort, wo die Merkmale qualifizierter Programme gegeben sind. Schlechte Programme behindern demgegenüber aktiv die Effekte, die bei guten Programmen sichtbar werden.

Dies ist ein wichtiges Ergebnis, zumal frühere Studien diese Bereiche vermischt haben oder die deutlich getrennten Bereiche als einen behandelt haben. Es ist wichtig festzuhalten, dass Kinder beide Ansätze brauchen, um ihr Potential maximal entfalten zu können. Es ist gleichermaßen von Bedeutung, dass eine hohe Bildungsqualität auf allen Ebenen – Kind, Lernumgebung, Gemeinde – dort erreicht wird, wo exzellente Programme in den Künsten und bei den künstlerischen Ansätzen bestehen, wie in Beispielen aus Fallstudien aus Kanada, Australien, dem Vereinigten Königreich, Finnland, der Slowakei und anderen Ländern deutlich wird. *Bildung in den Künsten* und *Bildung durch die Künste* sind zwar deutlich voneinander zu unterscheiden, aber sie sind interdependent und man sollte nicht denken, dass man nur das eine oder andere übernehmen kann und trotzdem die Gesamtheit positiver Auswirkungen auf die Bildung eines Kindes erhält.

Kapitel 5: Künstlerische Bildung in der Praxis

Einführung

Dieses Kapitel untersucht die Praxisbedingungen von künstlerischer Bildung. Die Qualitäten guter künstlerischer Praktiken werden sichtbar und können wahrscheinlich am besten – wenigstens zum Teil – an den Bildungsspraktiken erkannt werden. Die Forschungsergebnisse wiesen darauf hin, dass die Lobbyarbeit dafür, die Künste als Teil allgemeiner Bildung zu sehen, zwar weitgehend erfolgreich war, dass dies aber nicht in breiterem Ausmaß zur Einführung guter Programme künstlerischer Bildung an den Schulen geführt hat.

Diese weltweite Studie deckte – schon durch ihre Anlage – auf, dass Bildungssysteme tief in den kulturellen und nationalen Kontexten verwurzelt sind. Dies ist im Hinblick auf die künstlerische Bildung in besonders hohem Maße der Fall. Mehr als jedes andere Fach spiegeln die Künste (selbst eine weitgefasster Begriff) einzigartige kulturelle Situationen wider und dies trifft folgerichtig auch auf die Vermittlung dieses Gegenstandes zu.

Dieses Kapitel untersucht im Einzelnen die Implementation und Ausführung von künstlerischer Bildung in den Schulen und umreißt die Anforderungen an gute künstlerische Programme. Weil Lehrer eine solch zentrale Rolle bei den Maßnahmen zur Durchführung von künstlerischer Bildung spielen, wird ein besonderes Augenmerk auf Lehrerbildung und auf Lehrerfortbildung gerichtet.

Die Umgebung für künstlerische Bildung

- Künstlerische Bildung verfügt gegenüber anderen Bereichen der allgemeinen Bildung tendenziell über wenige Mittel;
- Motivierte, kreative Lehrer können schlecht ausgestattete Programme ausgleichen, um gute Ergebnisse erzielen.

Obwohl die Probleme der künstlerischen Bildung weit über die Einschränkungen im Klassenzimmer hinausgehen, verstärkt die Umgebung, in der Lehrer Programme künstlerischer Bildung umsetzen müssen, die Schwierigkeiten bei der Einführung. Lehrer sehen sich dem Dilemma gegenüber, Entscheidungen im Hinblick auf den Lehrplan mit den Realitäten vor Ort wie Zeitmangel, Platzmangel und Mangel an Ressourcen in Einklang zu bringen. Ellis merkt dazu an (1954; 88): „So wie ein Bildhauer mit den Vorgaben des Werkstoffes, sei es nun Kalkstein, Elfenbein vom Walross oder Teak, arbeiten muss, hat der Kunstlehrer seine [sic] Vorgaben … diese Bedingungen provozieren, behindern, erlauben oder erleichtern seine [sic]

Arbeit.“ Dies wird gewiss an den Fallstudien deutlich, wo ein Mangel an Ressourcen – sicherlich kein wünschenswerter Zustand – die Fähigkeit, gute Kunstprogramme durchzuführen, eben nicht einschränkte. Kunstprogramme konnten auch dann effektiv arbeiten, wenn Kinder im Dreck saßen, in heruntergekommenen alten Kinos, wo Papier ein Luxus war. Dennoch sollte der Erfindungsreichtum von Künstlern und Lehrern nicht als Entschuldigung dafür herangezogen werden, die Künste innerhalb der Allgemeinbildung unterzufinanzieren.

In beinahe allen Fallstudien der Erhebung wurden der Mangel an finanzieller Ausstattung, unzureichende Ressourcen, Mangel an Zeit und rigide Vorgaben als Faktoren benannt, die den Erfolg der kunstorientierten Bildungsprogramme einschränkten. Dies wurde besonders in wirtschaftlichen Entwicklungsländern deutlich, wo die Nachfrage nach finanzieller Unterstützung im Bildungsbereich beträchtlich war, und die künstlerischen Fächer häufig den Widrigkeiten unzureichender Finanzierung besonders ausgesetzt waren. In Bangladesch beispielsweise musste der Unterricht in den Künsten aufgrund finanzieller Engpässe auf dem Hintergrund unzureichenden Materials, Lehrermangels und akuten Ausfalls der finanziellen Mittel stattfinden. In Kirgisien beeinträchtigten die hohen Auslandsschulden, die niedrigen Lehrergehälter sowie deren niedriger Status und die erheblichen Einschränkungen bei Ressourcen und Technologien schon die Allgemeinbildung erheblich, aber bei der intensiveren Einführung von Vorgaben für die künstlerische Bildung erwiesen sie sich als äußerst hinderlich.

Chia (1995; 6) schreibt den folgenden Kommentar zu den Unterrichtsbedingungen in Singapur: „Die Ausbildung von Grundschullehrern zu Kunstlehrern kann, auch wenn dieser Ansatz vernünftig ist, nicht ausreichend sein, solange die jungen Lehrer auf eine Situation wie die dargestellte treffen.“ Die dargestellte Situation ist eine mit geringer pädagogischer Wertschätzung für die Künste; das bedeutet, dass ältere Kollegen wenig von den Künsten halten, es an Lehrerbildung in den Künsten fehlt, die Künste eher als Zeitvertreib denn als akademische Aufgabe betrachtet werden, es eine schlechte Vermittlung künstlerischer Fertigkeiten und des Verständnisses für die Künste gibt. Eisner (1999; 18) merkt dazu an:

> Wenn diejenigen, die die Künste unterrichten, das so gut machen, wie man es in der Situation, in der sie sich befinden, von ihnen nur erwarten kann, und wenn die Ergebnisse ihrer Arbeit dennoch hinter unseren kollektiven Erwartungen zurückbleiben, wie können wir dann mehr erwarten ohne substantielle Veränderungen bei den Mitteln, die jenen, die die Künste unterrichten, zur Verfügung stehen?

Zuständigkeiten für die Umsetzung von Programmen künstlerischer Bildung

- Im Allgemeinen unterrichten Lehrer die künstlerischen Fächer;
- „Lehrer“ der künstlerischen Fächer sind sowohl allgemein bildende Lehrer als auch besondere Fachlehrer, Künstler und Mitglieder der Gemeinde;
- Lehrer erhalten in der Regel wenig oder gar keine spezifische Ausbildung in den künstlerischen Fächern;
- Künstler und die Gemeinde nehmen eine zunehmend wichtige Rolle bei der Vermittlung künstlerischer Bildung ein.

46% des künstlerischen Unterrichts wird von Lehrern gehalten, von denen 85% allgemein bildende Lehrer sind, also Lehrer, die eine Reihe von Fächern unterrichten (vergleiche Tabelle 7). Dies trifft besonders in der Grundschule zu, wo die Zahl spezialisierter Lehrer relativ gering ist. Aber was heißt in diesem Zusammenhang „allgemein bildend“? Die entscheidende Frage ist, wie viel Ausbildung die Lehrer erfahren haben. Die Zahlen verdeutlichen, dass 54% der allgemein bildenden Lehrer weniger als drei Monate oder überhaupt keine Ausbildung in der Vermittlung von Künsten haben, während die Zahl für eine mehr als dreimonatige Ausbildung bei 45% liegt. Frühere Untersuchungen zur Ausbildung allgemein bildender Lehrer in den Künsten legen den Verdacht nahe, dass diese Zahl aufgebläht ist, weil in einigen Ländern die allgemeine Lehrerbildung als spezielle Ausbildung für Lehrer in den künstlerischen Fächern verbucht wird. Nichtsdestotrotz gibt die Tatsache, dass mehr als die Hälfte der allgemein bildenden Lehrer beinahe keine Ausbildung in den künstlerischen Fächern erhält, obwohl sie in der Praxis weitgehend dafür zuständig ist, Anlass zu ernster Sorge.

Im Sekundarbereich ist der Anteil an Fachlehrern, also an Lehrern, die überwiegend künstlerische Fächer unterrichten, höher (81%). Die Lehrerbildung dieser Fachlehrer scheint besser zu sein, denn 80% erhalten eine mehr als einjährige Ausbildung (vgl. Tabelle 7). Jedoch kann man besorgt festhalten, dass sogar innerhalb dieser Gruppe von Spezialisten 15% der Lehrer eine Ausbildung von weniger als drei Monaten oder überhaupt keine Ausbildung erhalten (vgl. Tabelle 8).

Tabelle 7: Zuständigkeit für künstlerischen Unterricht

Allgemein bildende Lehrer	85
Fachlehrer	81
Künstler	56
Eltern	19
Gemeinde	19
Andere (Leute aus dem Gesundheitswesen, Kinder etc.)	33

Kumulierte Prozente.

Tabelle 8 zeigt, dass die Mehrzahl der Stunden in den künstlerischen Fächern in den Grundschulen von allgemein bildenden Lehrern gehalten wird, die nur eine begrenzte künstlerische Ausbildung erhalten haben und deren Vertrauen in ihre eigenen künstlerischen Fähigkeiten ebenfalls begrenzt ist. In seinem Kommentar über die Qualität der künstlerischen Lehrer an den Grundschulen in Australien merkt Duncum (1999; 15) an:

> Wenige der allgemein bildenden Lehrer verstehen viel von Kunst, und so ist folglich viel von dem, was sie tun, trivial. Zu Ostern zum Beispiel werden Erwachsenenzeichnungen von Osterhasen fotokopiert, die Kinder malen diese dann aus und verwenden Watte, um niedliche kleine, kuschelige Schwänzchen zu machen. Viele der allgemein bildenden Lehrer finden, dass, wenn sie nicht zeichnen können, sie auch nicht Kunst unterrichten können. Weil sie den Eindruck haben, dass sie keine Fertigkeiten vermitteln können, beschränken sie sich darauf, verschiedene Materialien auszuprobieren oder ein Material in unterschiedlicher Weise zu erproben.

Dieser Kommentar findet einen Widerhall bei Eisner (1999; 17), der behauptet, dass „wir von Lehrern erwarten, etwas zu unterrichten, wovon sie nichts verstehen und das sie oft auch nicht mögen." Im Gegensatz dazu zeigen die Daten einen Trend auf, der im Allgemeinen bei der Durchführung des Unterrichts in den künstlerischen Fächern kaum berücksichtigt wurde, dass nämlich Künstler dabei in zunehmendem Maße eine Rolle spielen (56%). Diese Zahl ist auch deshalb interessant, weil die Daten aus dem letzten Kapitel über die politische Zuständigkeit gezeigt haben, dass die Künstler zwar bei der Formulierung der Richtlinien kaum beteiligt werden, aber bei deren Umsetzung in der Praxis sehr wohl eine signifikante Rolle spielen.

Tabelle 8: Ausbildungszeiten von Fachlehrern und von allgemein bildenden Lehrern

Allgemein bildende Lehrer	85	
Keine Ausbildung		18
Ausbildung von weniger als drei Monaten		36
3–12 Monate Ausbildung		9
Ausbildung von mehr als einem Jahr		36
Keine Antwort/ungültig/nicht lesbar (nur Ausbildung)		4
Keine Antwort/ungültig/nicht lesbar (ganze Frage)	15	
Gesamt	100	
Fachlehrer	81	
Keine Ausbildung		10
Ausbildung von weniger als drei Monaten		5
3–12 Monate Ausbildung		5
Ausbildung von mehr als einem Jahr		80
Keine Antwort/ungültig/nicht lesbar (nur Ausbildung)		9
Keine Antwort/ungültig/nicht lesbar (ganze Frage)	19	
Gesamt	100	

Kumulierte Prozente. Unter allgemein bildenden Lehrern verstehen wir Lehrer, die künstlerische Bildung und andere Fächer unterrichten. Fachlehrer sind Lehrer, die nur künstlerische Fächer unterrichten.

Dies würde auf die Notwendigkeit verweisen, den Beitrag von Künstlern beim Entwurf von Plänen für die künstlerische Bildung direkter einzubeziehen. Die Daten legen nahe, dass Künstler dazu ziemlich gut ausgebildet sind (54% von ihnen haben eine künstlerische Ausbildung von mehr als einem Jahr). Aber auch hier gilt: Die Daten sind mit Vorsicht zu interpretieren, denn es ist unklar, ob die Ausbildung, die von den einzelnen Ländern angegeben wird, eine allgemeine Ausbildung zum Künstler (die zum Beispiel zu einem akademischen Titel in den bildenden Künsten führt) oder eine spezielle Ausbildung, die zum Unterricht in künstlerischen Fächern qualifiziert, umfasst. Auch wenn man diese Warnung bedenkt, bleibt festzuhalten, dass von den Künstlern, die aktiv in den künstlerischen Fächern an den Schulen unterrichten, 31% weniger als drei Monate lang oder überhaupt keine pädagogische Ausbildung dafür erhielten. Wenn man den Einsatz von Künstlern im Unterricht in den künstlerischen Fächern befördern will, muss man das Augenmerk auf die Ausbildung jener Künstler lenken, deren Praxis überwiegend in pädagogischen Zusammenhängen stattfindet. Solche beruflichen Entwicklungen müssten äußerst behutsam mit dem Ziel eingeleitet werden, Künstlern ein vertieftes Verständnis des pädagogischen Zusammenhangs zu eröffnen, nicht aber, sie in Pseudo-„Lehrer“ zu verwandeln. Aus allen Fallstudien geht klar hervor, dass Künstler etwas Einzigartiges und Wertvolles in die künstlerische Bildung einbringen, das verloren ginge, wenn sie dem „normalen" Lehrkörper zu ähnlich wären.

Der Mangel an Qualität und an qualifizierten Lehrern wirkt sich unmittelbar negativ auf die Qualität des Unterrichts in den künstlerischen Fächern aus, den die Kinder im Klassenzimmer erhalten. Die eloquente Schlussfolgerung aus Nepal lautet: „Ein guter Unterricht in Kunst und Werken hängt von den Lehrern ab." Die zentrale Rolle, die passionierte und engagierte Lehrer spielen, wenn es darum geht, qualifizierten Unterricht in den Künsten zu sichern, ist in allen nationalen Systemen offenkundig und ist der herausragende bestimmende Einzelfaktor, der die Qualität der Arbeit vor Ort beeinflusst.

In dem irischen Programm *„Artformations"* erhöhte die Partnerschaft zwischen Künstler und Pädagogen die professionellen Kapazitäten auf beiden Seiten. Das Programm erkannte an, dass sowohl die Künstler als auch die Lehrer über besonderes Expertenwissen verfügen. Im Besonderen hielt man es für sinnvoll, dass der Lehrer seine Kenntnisse über die Entwicklungsstufen des Lernens, Schulstrukturen und die Arbeit im Klassenzimmer mit dem Künstler teilen solle.

Darüber hinaus haben viele Länder eine umfassende Lehrplan- und Schulreform eingeleitet, um die Künste innerhalb der Bildung an zentralerer Stelle zu positionieren, aber diese Initiativen blieben ohne angemessene vorberufliche Ausbildung und berufliche Weiterbildung weitgehend erfolglos. So werden zum Beispiel in der Mongolei detaillierte Standards für die Künste entwickelt und angewandt, aber „ein Mangel an Lehrerbildung für die Einführung der neuen Standards" bedeutet, dass in vielen Fällen sich wenig an der künstlerischen Bildung ändert, die ein Kind erfährt. Andererseits konnten in Ländern wie Kolumbien, wo ein Wechsel in der Politik von Maßnahmen der Lehrerfortbildung begleitet wurde, wie schon erwähnt, Fortschritte in relativ kurzer Zeit erreicht werden.

Die Gemeinde spielt bei der Umsetzung von Programmen zur künstlerischen Bildung auch eine wichtige Rolle (19%). 75% der kommunalen Anbieter von künstlerischen Bildung haben dafür keine besondere Ausbildung. Die qualitativen Kommentare zeigen, dass das Niveau der Ausbildung in den Künsten im Allgemeinen unzureichend ist. So legt zum Beispiel ein Kommentar aus Australien Folgendes nahe: „Meiner Beobachtung nach haben die meisten der Leute, die im *Northern Territory* für die musikalische Ausbildung zuständig sind, wenig oder keine formale Ausbildung für ein Instrument oder als Musiklehrer". Ähnlich deutet die kanadische Antwort an, dass, solange es keine Daten über das Niveau und die Qualität von Lehrerausbildung gibt, die verbreitete Annahme besteht, dass diese Ausbildung „unzureichend" sei. Auf den Seychellen ist die Frage der Ausbildung ein besonderes Problem, da viele Aushilfslehrer weder eine Ausbildung in Pädagogik noch in den Künsten erhalten. Finnland hat offensichtlich die extensivste

Lehrerbildung in den künstlerischen Fächern (länger als 5 Jahre), aber aus den Daten ist nicht zu erkennen, ob damit die künstlerische Ausbildung oder eine besondere künstlerisch-pädagogische Ausbildung gemeint ist.

Die Bedeutung von Fragen der Lehrerbildung für die Maßnahmen im Hinblick auf kunstorientierte Programme rechtfertigt eine detailliertere Analyse dieser Umstände. Während es im Rahmen der durchgeführten Studie nicht beabsichtigt war, eine genaue Untersuchung der Lehrerbildung durchzuführen, wirft der folgende Abschnitt ganz allgemein einen Blick auf die Probleme, die die Fallstudien im Hinblick auf die Art und Weise verdeutlicht haben, in denen der Mangel an qualifiziertem Personal die breitere Umsetzung einer zentral gesteuerten Bildungspolitik behindert. Man muss an diesem Punkt zur Vorsicht mahnen: Während die allgemeine Bildungspolitik über internationale Grenzen hinweg die Künste und kulturelle Aspekte anerkennt, ist das Maß, in dem künstlerische Bildung auf der Ebene von Mentalität und Haltung wertgeschätzt wird, weniger klar. Es gilt innerhalb der Literatur über Implementationsprozesse als gesichert, dass Entwürfe, Weißbücher und Leitbilder zu verabredeten politischen Maßnahmen deren Umsetzung nicht ausreichend garantieren. Öffentliche Politik – ob nun in Fragen der künstlerischen Bildung oder ganz allgemein – hängt von effektiven Implementationsstrukturen ab, nicht nur von der Ausbildung der Lehrer. Eine Antwort aus Nigeria gibt Folgendes zu bedenken:

> Es ist nicht einfach, genau zu sagen, wo die Umsetzung eines Curriculums anfängt und wo sie endet. Fängt sie an, wenn die Lehrer ihre Grundausbildung abschließen oder wenn sie für neue Programme fortgebildet werden? Passiert sie schon, wenn die künstlerische Bildung als feste Stufe im Lehrplan eingeplant wird und nicht mehr als experimentelle? Die Umsetzung eines Lehrplans ist ein komplexer Prozess, der es mit Leuten verschiedener Auffassung, verschiedener Vorstellungen und verschiedener Hintergründe zu tun hat. Eltern, Schüler, Lehrer und die Produzenten von Lehrmitteln, Fachverbände und die Regierung haben alle Anteil an der Umsetzung von Politik. Die Umsetzung von Politik wird auch durch die Gesellschaft und ihre Kultur beeinflusst. Man muss deshalb auf solche Dinge wie Bevorzugung, öffentliche Mythen, Zurückweisung, lokales Ansehen, Vorurteile und Verhaltensinstabilität achten, wenn man einen Lehrplan einführt. Die Regierung stellt einen Lehrplan auf, aber inwiefern jede einzelne Schule ihn umsetzt, hängt jeweils vom Schulleiter ab, der Kunst vielleicht nicht für wichtig hält. Die Politik behauptet, dass Lehrer mit dem *National Certificate in Education* an Grundschulen unterrichten, aber in der Praxis stimmt das nicht.

Vergleichende pädagogische Forschung hat festgestellt, dass das effektivste Mittel, um die Durchsetzung zentraler politischer Vorgaben sicherzustellen, darin besteht, die gegenwirkenden Kräfte aus den Kollegien „an der Front" anzuerkennen und Strukturen zu entwickeln, die es den Lehrern erlauben, selbst Qualitätsprogramme zu implementieren (Elmore 1981). Es ist kein Erfolgsrezept, der ständig wachsenden Liste von Aufgaben einfach eine weitere hinzuzufügen.

Lehrerbildung

- Eine Revision der Lehrerbildung in den künstlerischen Fächern ist dringend erforderlich;
- Konzentrierte Verbesserungen in der Lehrerbildung führten direkt zu verbesserter künstlerischer Bildung im Klassenzimmer;
- Berufliche Fortbildung ist im Allgemeinen effektiver als die vorberufliche Ausbildung, wenn es darum geht, die Einstellungen der Lehrer dem Fach gegenüber und das Niveau ihrer Fertigkeiten beim Ermöglichen von künstlerischer Bildung zu verändern;
- Eine wachsende Zahl von Künstlern sieht ihre Praxis in erheblichem Maß in pädagogischen Zusammenhängen, und diese Künstler brauchen eine besondere pädagogische Ausbildung.

Eine Revision der Lehrerbildung hat hohe Priorität, insbesondere im Hinblick auf die Ausbildung allgemein bildender Lehrer und die Mindestanforderungen für die Lehrer in den Künsten. Es wäre auch lohnend, die Qualifikationen von verschiedenen Spezialisten in den verschiedenen Kunstformen genauer anzusehen. Verbunden damit müssen Kurse entwickelt werden, um den wachsenden Ausbildungsbedarf zu decken, den es an Künstlern gibt, die schwerpunktmäßig innerhalb des Bildungssektors arbeiten; dies ist ein neuer Ort professioneller Praxis.

Eines der Schlüsselprobleme, mit dem man fertig werden muss, wenn man die Qualität der kunstorientierten Bildung allgemein verbessern will, ist eine verbesserte Lehrerbildung. Die Ergebnisse der Erhebung zeigen, dass die vorberufliche Lehrerausbildung zwar wichtig ist, dass aber das, was man am Beginn einer Lehrerlaufbahn im Studium lernt, nicht im Klassenzimmer umgesetzt wird. Studenten halten die Lehrerbildung oft für unwichtig, weil sie zu abstrakt und zu theoretisch ist (Brady, Segal et al. 1998). Jedwedes künstlerisches Lernen, das überhaupt in Studienprogrammen vorkommt, wird tendenziell aus dem Kontext gerissen und ist eher durch den individuellen Wettkampf um die besten Noten geprägt, als dass es als Herausforderung zu gemeinsamen Lernstrategien gesehen wird (Brady, Segal et al. 1998).

Condous (1999) beschreibt die Notwendigkeit, Lehrer gut auszubilden, wenn die Künste gut unterrichtet werden sollen. Doch gibt es eine Reihe von Faktoren, die die Qualität der künstlerischen Lehrerbildung einschränken. Duncum (1999; 15) beschreibt die vorberufliche Ausbildung der allgemein bildenden Grundschullehrer als „schwarzes Loch“ der künstlerischen Bildung. Man hat den Eindruck, dass in der Lehrerbildung der Ausbildung im Schreiben, Lesen und Rechnen wesentlich mehr Bedeutung zugemessen wird als der in den Künsten. Diese Auffassung fasst Taylor (1986; 256) zusammen, der schreibt:

> Weil die Gesellschaft die Bedeutung der Lese-, Schreib- und Rechenfähigkeit hoch einschätzt, erwartet sie von den zukünftigen Grundschullehrern, dass sie auf diesen Gebieten über Mindestqualifikationen verfügen; diese Kompetenzen sind auch ein wichtiger Teil des Lehrinhalts in der Ausbildung. Leider wird die wichtige Rolle, die das, was man visuelle Kompetenz nennen könnte, in unserem Leben spielt, wenig berücksichtigt.

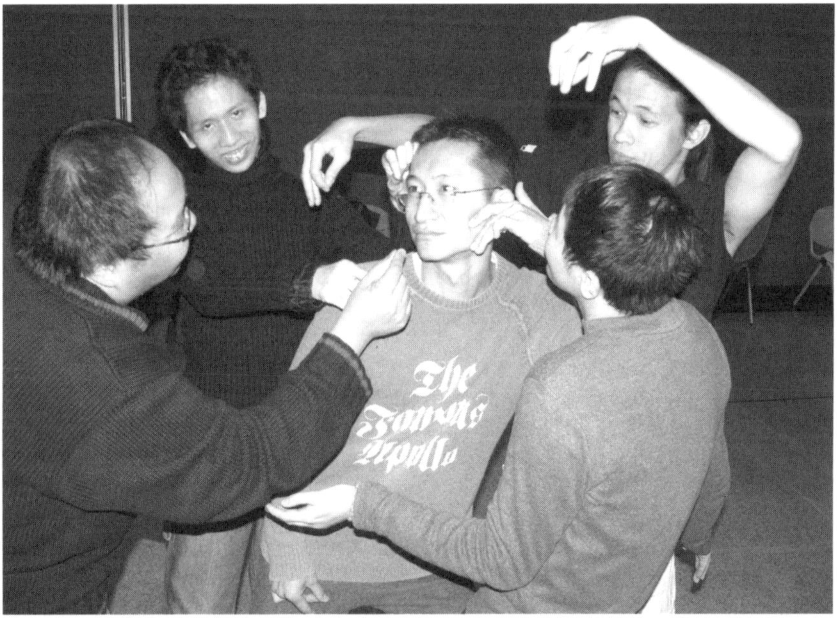

Menschliche Skulptur. Die Ausbildung von Kunstpädagogen für den Förderunterricht: Fünf getrennte Geschichten werden in einer inklusiven Tanzskulptur integriert, als Vorbereitung für pädagogische Strategien, die den Unterschied feiern und die Demokratie fördern (*Institute of Transformance,* Hongkong, 2005). Das Foto wurde freundlicherweise von Dan Baron Cohen zur Verfügung gestellt.

Das Problem, dass der künstlerischen Bildung viel zu wenig Zeit gewidmet wird, besonders in der Ausbildung allgemein bildender Grundschullehrer, wird noch verstärkt durch die fehlenden Eingangsvoraussetzungen, mit denen Studenten das Studium des Lehramts an Grundschulen aufnehmen. Holt (1997; 95) hält fest, dass jene Studenten in den ersten Semestern wenig Erfahrung mit den Künsten haben, auch wenn sie im Alltag von Kunstwerken umgeben sind. Holts (1997) Erhebung unter Studenten, die dieses Studium begannen, deckt auf, dass die Mehrzahl der Studenten den Künsten in der realen Welt wenig Wert beimisst, sie für uninteressant und eine sinnlose Beschäftigung hält. Geahigan (1999) kommentiert auch dahingehend, dass es den meisten Studenten, die er in den Seminaren der Grundschullehrerbildung trifft, an jedwedem Ansatzpunkt fehlt, der es ihnen überhaupt ermöglicht, sich aktiv auf Kunstwerke einzulassen und diese gehaltvoll zu reflektieren.

Zu ähnlichen Ergebnissen kommt Nakamuras (1999; 10) Erhebung unter 64 angehenden japanischen allgemein bildenden Grundschullehrern. Er fand heraus, dass Grundschullehrer im Allgemeinen

- Probleme dabei hatten, ihre Gedanken und Gefühle über Kunst zu verbalisieren, ohne dabei in ein allzu flaches Geschwätz zu verfallen;
- mangelndes Vertrauen in ihre eigenen Vorstellungen im Blick auf Kunst hatten;
- eine Tendenz zeigten, bei den ersten Eindrücken von Kunst stehen zu bleiben und sich oft unbehaglich dabei zu fühlen, Kunstwerke analytisch zu betrachten und rational zu verstehen;
- die Auffassung vertraten, dass man Kunst eher mit dem Gefühl genießen sollte als durch eine genauere Analyse;
- Schwierigkeiten hatten, mit anderen Studenten über Kunst zu sprechen, und
- mangelndes Vertrauen in die eigenen Fähigkeiten hatten.

Von Lehramtsstudenten für die Grundschule wird erwartet, Kompetenzen in allen Fächern und Lehrplanfeldern zu erwerben und darüber hinaus eine Ausbildung in einer Reihe nicht lehrplanspezifischer Felder zu erwerben, wie Förderunterricht oder Kinderschutz. Wie Wright (1989; 9) anmerkt, ist das Lehramtsstudium „eine schwierige, wenn nicht unmöglich zu lösende Aufgabe geworden, bei der von jungen Grundschullehrern erwartet wird, Kompetenzen in allen Feldern des Lehrplans zu erwerben“. Die Ausbilder stehen vor dem fundamentalen Dilemma zu entscheiden, welcher Stoff angesichts der bestehenden zeitlichen Begrenzung zu behandeln ist und was auszulassen sei. (Boughton 1999) Zu entscheiden, welches Wissen besonders wichtig ist, wie es den Studenten vermittelt werden sollte, und zu vermuten, was sie als Ergebnis einer pädagogischen Erfahrung davon haben können, sind Schlüsselfragen in der künstlerisch-pädagogischen Ausbildung. Bresler (1995; 18) beschreibt dasselbe Dilemma im amerikanischen Kontext und reflektiert dabei „eine Verwilderung der Werte, die sich in ihren Ansichten darüber unterscheiden, was lohnendes Wissen im Bereich der Kunst ist, wie man Lernangebote organisiert und welches die passenden Pädagogen sind". Wenn man das berücksichtigt, legen die Ergebnisse der Erhebung nahe, dass der Fokus der Aufmerksamkeit sich auf Partnerschaften für qualifizierte Fortbildungsangebote richten sollte, statt sich mit Reformideen auf den ohnehin schon mit Erwartungen überfrachteten ersten Ausbildungsabschnitt zu konzentrieren. Es gibt die Notwendigkeit, Lehrer in den Künsten wirklich zu bilden, nicht nur zu qualifizieren. Keifer-Boyd (1997) empfiehlt, sich von der Vorstellung beruflicher Ausbildung als „Bank" zu lösen, bei der kleine Mengen an Wissen in den Lehrern gewissermaßen „deponiert" werden. Sie schlägt stattdessen die Metapher der „Hebamme" vor: Durch Zusammenarbeit gelingt es Lehrern und Künstlern, das Hervorbringen von Wissen und Kompetenzen durch Erforschen und kritisches Nachfragen sanft zu fördern und zu erleichtern.

Verschiedene Länder haben Strategien angeregt, die speziell darauf zielten, die Qualität der Ausbildung von Pädagogen in den künstlerischen Fächern zu verbessern. Die Ergebnisse zeigen, dass es nicht nur eine deutliche Verbesserung der Voraussetzungen für die künstlerische Bildung auf Schulebene gibt, sondern dass auf einer viel breiteren Ebene eine Pädagogik, die sich an der Kunst orientiert, zu verbesserten kreativen und innovativen Ansätzen in der pädagogischen Lehre in allen Disziplinen führt. In Kanada wählen Lehrer freiwillig Kurse zum Erwerb von „Zusatzqualifikationen", damit sie in ihrer Karriere vorankommen. Lehrer wählen regelmäßig Kurse mit künstlerischen Angeboten aus (auch wenn sie kein künstlerisches Fach unterrichten), da sie erwarten, dass in den Künsten lohnende Fortbildungsprogramme angeboten werden, die von Interesse für allgemeine pädagogische Belange sind.

Das kolumbianische Beispiel ist deswegen von besonderem Interesse, da es die Verbindung zwischen der Lehrerbildung und der direkten Verbesserung der Bedingungen für künstlerische Bildung vor Ort dokumentiert. Das *Law of Culture* (in Kolumbien) hält fest, dass „das Kultusministerium die Voraussetzungen schaffen muss, die für die professionelle Ausbildung von Künstlern und anderen Kulturschaffenden, darunter auch Lehrern der künstlerischen Fächer, nötig sind." Unter diesen Vorzeichen entwickelte das Kultusministerium den *‚Plan Nacional de Música para la Convivencia'*, ein Programm, dessen Hauptanliegen es ist, Musiklehrer in verschiedenen Praktiken (Chor, traditionelle Musik, Blaskapellen und Orchestern) auszubilden. Diese Lehrer werden in den Universitäten angegliederten Kursen und Workshops ausgebildet. Die Einführung des Programms hat im ersten Jahr zur Gründung von mehr als 700 Musikschulen überall im Land geführt. Das *Music Conservatory of the National University of Colombia* entwickelte auch Programme für Musiklehrer in den marginalisierten Gebieten Kolumbiens, besonders in der Stadt Bogotá. Die Wirkung dieser Reform der Lehrerbildung zeigte sich deutlich an dem größeren Angebot an qualifizierten Musiklehrern und der Einrichtung einer großen Zahl von Musikprogrammen.

In ähnlicher Weise ließ der Senegal zwischen 1920 und den 1970ern die künstlerische Bildung in die allgemeine und technische Ausbildung integrieren; das hieß, sie wurde von Literatur-, Naturwissenschafts-, Geschichts- und Erdkunde-, Mathematik-, ja sogar Physik- und Chemielehrern unterrichtet. Seit den 1970ern erhielten die Lehrer, die die künstlerischen Fächer unterrichteten, eine besondere fachliche Ausbildung. Das hieß zu Beginn, dass der Unterricht in den Künsten von Künstlern gehalten wurde, dann von Kunstlehrern, sei es in den visuellen Künsten oder auch in der Musik. Die Ergebnisse dieser Fortbildung lassen sich deutlich an der erhöhten Qualität der schulischen Programme ablesen.

Im Gegensatz dazu stellte man in Spanien fest, dass es nur begrenzte oder keine Vorgaben für die Lehrerbildung der allgemein bildenden Lehrer oder Fachlehrer gibt. Die Lehrergehälter sind gering und der Druck hinzuzuverdienen führt dazu, dass sich wenige Lehrer fortbilden. Das bedeutet, dass die künstlerische Bildung im staatlichen Schulsystem entweder nicht oder nur schlecht unterrichtet wird. Eine Antwort aus Spanien hält fest: „Die große Mehrheit der Lehrer kämpft bei ihren Gehältern ums finanzielle Überleben und nur sehr wenige versuchen, innerhalb ihres Berufes neue Wege zu eröffnen."

Dieser Abschnitt konzentrierte sich auf den Nutzen der Lehrerbildung, insbesondere der Lehrerfortbildung, für die Verbesserung der Qualität von künstlerischer Bildung; die Erhebung macht auch deutlich, dass Partnerschaften zwischen Lehrern und Künstlern, die durch Berufsverbände und Regierungs- oder Nichtregierungsorganisationen vermittelt werden, das Potential haben, das Lehren insgesamt zu verbessern. Das folgende Beispiel aus Australien zeigt, dass eine erfolgreiche politische Implementation davon abhängt, dass sie dauerhaft im Schulkontext unterstützt wird. Es wird Folgendes beobachtet:

> Nachhaltige Ergebnisse gab es im Bereich der Änderung der Lehrerhaltungen: Die Praxis der Lehrer bleibt flexibel und sie berichten über eine verbesserte Beziehung zu den Schülern. Jedoch lässt das Gefühl von Effizienz bei den Lehrern nach, wenn die gemeinsame Planung, das Unterrichten im Team, die Unterrichtsbeobachtung nicht weiter geht.

Im Anschluss hieran skizziert der folgende Abschnitt einige Beispiele dafür, wie Fragen wie Lehrerunzufriedenheit, das professionelle Handeln von Lehrern, die erneute Stärkung von guter Pädagogik bei Lehrern durch kunstorientierte Fortbildungsprogramme angegangen werden.

Der Beitrag der künstlerischen Bildung zur Lehrerfortbildung

- Professionelle Zusammenschlüsse und Partnerschaften mit Künstlern und Kunstorganisationen sind ein wirksames Modell für die kunstpädagogische Lehrerfortbildung;
- Kreative Partnerschaften unterstützen die pädagogischen und kritischen Stärken aller Lehrer – auch derer, die in nicht mit den Künsten verbundenen Feldern arbeiten;
- Kunstorientierte Graduiertenprogramme sind ein bei Lehrern beliebtes Angebot und können einen Anreiz dafür bieten, die Lehrerfortbildung in künstlerischen Fächern mit der allgemeinen Lehrerfortbildung auf nationaler Ebene und mit Qualitätsnetzwerken zu verbinden.

Ein signifikanter Teil der Erhebung galt der Fortbildung, zumal frühere Befragungen gezeigt hatten, dass zwar sowohl Lehrer als auch Künstler an der Umsetzung von Kunstprogrammen beteiligt waren, dass es aber große Unterschiede in deren Ausbildung gab; auch erhielten viele Kunstlehrer oder Künstler keinerlei Ausbildung. Das Niveau der beruflichen Fortbildung in den Künsten variiert zwischen dem völligen Fehlen eines Angebots bis zu sehr detaillierten und systematischen Vorgaben. Als Beispiel für das Letztere seien Neuseeland, Barbados, Singapur und Nigeria genannt, die spezifische Programme der Lehrerbildung haben, um die Lehrer in den künstlerischen Fächern zu effektivem Unterricht zu befähigen. In Barbados zum Beispiel hat das Ministerium ein integratives Modell entwickelt – *Personal Empowerment through the Arts for Creative Education (PEACE Programme).* Lehrer, die dieses Programm absolviert haben, nutzen die bildenden Künste als Handwerkszeug in allen Fächern.

In vielen Ländern spielen Berufsverbände eine wichtige Rolle in der Lehrerfortbildung der künstlerischen Fächer. In Singapur zum Beispiel wurden Theaterlehrer zu Fortbildungsangeboten der *Singapore Drama Educators Association* geschickt und gründeten Initiativen wie „*Theatreworks*". Die Antworten aus Singapur halten fest, dass die Lehrer in diesen Kursen grundlegende Kompetenzen und Wissen im Bereich „Rede und Theater" erwarben, was ihr Selbstvertrauen bezogen auf die Vermittlung im Unterricht stärkte.

Als gemeinsames Muster der beruflichen Fortbildung stellten sich die formalen oder auch informalen Wege heraus, die sich dadurch eröffneten, dass Künstler oder Künstlergruppen als Partner beim Vermitteln künstlerischer Bildung direkt an der Schule arbeiteten. So hat zum Beispiel in Australien das schulische Engagement einer Reihe professioneller Künstler wie *Musica Viva* und dem *Australian Theatre for Young People* dazu geführt, dass die Lehrer durch die Zusammenarbeit mit Künstlern beim Entwurf von Unterrichtsprogrammen unmittelbar lernten.

Aus den Niederlanden, dem Vereinigten Königreich und den USA wurde auch berichtet, dass langfristige Partnerschaften zwischen Lehrern und Künstlern ausgezeichnete Modelle für die berufliche Weiterbildung boten. In Österreich wurde festgestellt, dass die Zusammenarbeit zwischen Künstlern und Lehrern die Lehrer dazu brachte, „in neuen Strukturen und einer neuen Weise zu denken und zu arbeiten und dabei die Schulen gegenüber der Öffentlichkeit zu öffnen". Es wurde allerdings ebenfalls festgehalten, dass es keinen empirischen Beweis dafür gibt, dass die Lehrer, die sich in den künstlerischen Programmen engagieren, über ein höheres Niveau kritischer Reflektion oder beruflicher Kompetenz verfügen, auch wenn sie offensichtlich motivierter und beruflich engagierter sind. Demgegenüber hat in Finnland die Zusammenarbeit zwischen Schulen und kulturellen Einrichtungen direkt zu verbesserten Lehrmethoden geführt. Es wurde berichtet, dass die teilnehmenden Lehrer „im Unterricht sehr kompetent" agierten. In Hongkong kommentierte man in ähnlicher Weise: Die Erfahrung von Lehrern, die ihre Stunden mit Künstlern zusammen entwarfen und sie gemeinsam beobachteten oder sogar unterrichteten, führte zu einer erheblichen beruflichen Entwicklung bei Künstlern und Lehrern. Ein besonderes Merkmal dieses Programms lag in der Art der gemeinsamen Evaluation, die Lehrern „eine praktische Erfahrung bei der Zusammenarbeit mit Künstlern" gab und ihre beruflichen Kompetenzen deutlich erweiterte. Ein Schlüssel zum Erfolg solcher Partnerschaften zwischen Künstlern (kulturellen Einrichtungen) und Lehrern scheint ein nachhaltiges Engagement und ein gemeinsames Maß an Verantwortung und Zuständigkeit zu sein.

Kapitel 6: Ziele und Indikatoren guter künstlerischer Bildung

Einführung

Gute künstlerische Programme befördern die künstlerische Leistung von Kindern im Allgemeinen, aber dieser Erfolg kommt nur dort zustande, wo es dafür unterstützende Bedingungen gibt. Früher wurde an der künstlerischen Bildung gern kritisiert, dass die Zielvorgaben für die Künste viel zu breit, zu allgemein, zu allumfassend seien. Darüber hinaus taten sich sogar wohlmeinende Bildungs- und Kunstorganisationen schwer damit, klare Richtlinien für die Entwicklung hochwertiger Programme zu skizzieren.

Das ging sogar bis zu der Behauptung, dass Qualitätsbegriffe auf so etwas Esoterisches wie die Künste nicht anzuwenden seien. Im Gegensatz dazu bedeutet aber der gegenwärtige Trend zu mehr Monitoring im Hinblick auf Qualität und das Erreichen von gesetzten Zielen, dass die künstlerische Bildung in Rahmenbedingungen verortet werden muss, die eine evaluative Ergebnismessung zulassen. Es ist aber auch klar, dass die Künste eine Reihe von Besonderheiten aufweisen, während sich zugleich viele der Ziele und Merkmale guter künstlerischer Bildung mit denen guter Allgemeinbildung decken.

Dieses Kapitel untersucht die Rolle der Künste innerhalb der Vorgaben für gute Bildung im Allgemeinen, die Merkmale guter künstlerischer Bildung und deren Ziele. Ein erhellendes Beispiel dafür, wie gute künstlerische Bildung sich über Grenzen hinwegsetzt, liefert *Het Cultuurnetwerk* aus den Niederlanden.

> Ziel des Projektes war erstens die Evaluation des Faches *Arts and Cultural Education I* und zweitens herauszufinden, in welchem Maß es seinem Zweck, die Teilhabe von jungen Menschen im Bereich der Kultur zu ändern, nachkam. *Arts and Cultural Education I* ist ein Pflichtfach (eingeführt 1998) im Oberstufenbereich der allgemeinen Sekundarstufe und in der voruniversitären Ausbildung. In der beruflichen Bildung in der Sekundarstufe wurde das Fach in leicht abgeänderter Form 2003 eingeführt. Das allgemeine Ziel von *Arts and Cultural Education I* liegt darin, dass Schüler lernen, eine bewusste Wahl unter kulturellen Aktivitäten zu treffen, die für sie bedeutungsvoll sind. Im Zentrum des Faches steht die Teilnahme an kulturellen Aktivitäten wie zum Beispiel ein Ausstellungs- oder ein Konzertbesuch: Schüler sollen auf diese Weise Kultur erfahren. Für die meisten der Veranstaltungen müssen sie bezahlen; um einen Teil der Ausgaben zu decken, gibt die Regierung jedem Schüler einen Gutschein über ungefähr 20 Euro, der für die Bezahlung des Eintritts in Museen, Theatern, Kinos etc. verwendet werden kann.

> Wissen über die Künste und Kultur wird also nicht durch das Auswendiglernen kunstgeschichtlicher Fakten und Zahlen beigebracht, sondern mit Hilfe eines thematischen Zugangs durch das Verstehen der Beziehungen zwischen den verschiedenen Kunstdisziplinen. Jeder Schule steht es frei, Themen zu wählen, aber es gibt Quellen, die Lehrmodelle anbieten, zu Themen wie „Helden“, „die Stadt“, „ewige Liebe“ etc.

Es ist auch wichtig, sich klarzumachen, dass die Ziele selbst sehr landesspezifisch oder kontextspezifisch sein können und dass es schwierig ist, diese über Grenzen hinweg zu verallgemeinern. Es ist ebenfalls offenkundig, dass es in einer Reihe von Fällen festgelegte Ziele gibt und dann eher weiter gefasste Ziele – manchmal sogar in Widerspruch zu den festgelegten Zielen –, die als häufig wiederholte Formeln, Formulierungen oder Konzepte in den schriftlichen Lehrplan-Darstellungen erscheinen. In Japan zum Beispiel umfasst das anvisierte Ziel eine Reihe von Fertigkeiten und expressiven Ergebnissen, die von einem Studienprogramm erwünscht werden, aber diese werden von Schlüsselsätzen ergänzt, die häufig innerhalb der Dokumente gebraucht werden, wie die Förderung der „Liebe zur Kunst“, der „Wertschätzung der Kunst “ und „bereichernder Gefühle“.

Gute Bildung und Bildung für alle: die Rolle der Künste

- Es gibt Unterschiede zwischen den für verbindlich erklärten Merkmalen von kunstorientierter Bildung und der Qualität, die bei den Kindern ankommt;
- Die Bedeutung von kunstorientierter Bildung als Teil der Rahmenbedingungen gelungener Bildung wird unterschätzt;
- Die Qualität von künstlerischen Bildungsangeboten wird zu wenig überwacht.

Die Studie zeigt auf, dass, obwohl der Kampf dafür, die künstlerischen Fächer als Teil der Bildungspolitik zu verstehen, erfolgreich war – wie schon früher ausgeführt, sehen 84% der untersuchten Länder sie als ein Herzstück der Bildungspolitik – , dies auf der Schulebene nicht zu einer großflächigen Einführung von guten Programmen geführt hat. In der gegenwärtigen Situation finden wir globales Monitoring und Berichte über Bildungsstandards in Bereichen wie Lese- und Schreibfähigkeit, Mathematik, Naturwissenschaften und Informations- und Kommunikationstechnologie; die Bedeutung von Künsten und kulturellen Erfahrungen für den Bildungsgang eines Kindes wird überhaupt nicht erhoben. Es scheint, dass das auch auf das ungenügende Verständnis des Umsetzungsprozesses zurückzuführen ist.

Die Ergebnisse der Studie zeigen durchgängig und eindeutig, dass die Erfolge von kunstorientierter Bildung nur mit guten Programmen zu haben sind. Gute künstlerische Bildung zeichnet sich in der Regel durch starke Partnerschaften zwischen den Schulen und künstlerischen oder lokalen Einrichtungen außerhalb der Schulen aus.

In anderen Worten: Es sind Lehrer, Künstler und die Gemeinden gemeinsam, die die Verantwortung für die Umsetzung der Programme zu übernehmen haben.

Die Studie versuchte, nicht nur einfach künstlerische Bildung zu definieren und die entsprechenden Resultate zu erkunden, sondern genau zu untersuchen, was „gute“ künstlerische Bildung sein kann. Als „Qualität“ werden jene Merkmale künstlerischer Bildung definiert, die von anerkannt hohem Wert sind und die sich im Hinblick auf die Fertigkeiten, Haltungen und die erreichte Performanz lohnen.

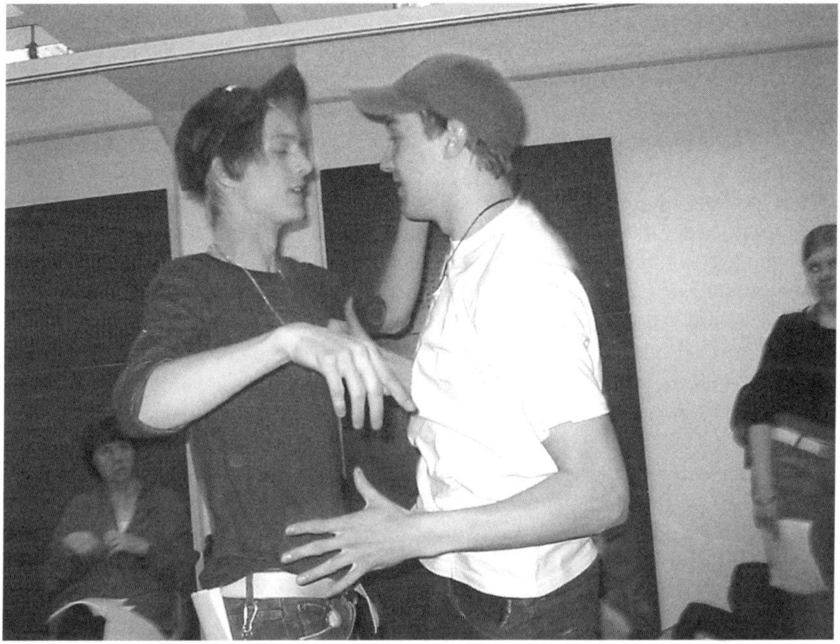

Künstlerische Bildung, fokussiert auf die Bedeutung des Geschlechts in alltäglichen Unterrichtsprozessen in der künstlerischen Bildung in der Schule (Finnland).

Nach Pearsall (1998) bedeutet Qualität, dass etwas gelingt. Im Fall der künstlerischen Bildung sieht man Qualität als etwas, das zwar auch die gelungene Leistung (das gute Produkt) meinen kann, aber das darüber hinaus auch die Lernreisen, Lernwege, die Partnerschaften und die erreichte Anerkennung berücksichtigt. Für Dewey (1934; 19) ist Qualität durch „erhöhte Vitalität“ bestimmt. Er führt weiter aus, dass Qualität „aktiven und aufgeweckten Umgang mit der Welt“ bedeutet. „Auf ihrem Höhepunkt bedeutet sie die vollständige gegenseitige Durchdringung des Ich und der Welt der Dinge und der Ereignisse.“ In diesem Verständnis ist Qualität keine feste Vorstellung, sondern eher, wie Kissick (1993; 27) feststellt, „in erster Linie und zuallererst eine Idee, deren Kriterien offen für gesellschaftliche Einflüsse sind.“

Während das Monitoring von Bildungsstandards weltweit eher auf die Leistungen in Mathematik, die sprachliche Kompetenz und naturwissenschaftliches Denken fokussiert, deuten die Einzelberichte von Kindern, Lehrern und Eltern an, dass die Künste eine große Bedeutung für Schule und Lernen haben. Und doch fehlt nachhaltige Forschung hierzu. Gleichzeitig gibt es auch dann, wenn ein solches Monitoring der künstlerischen und kulturellen Aspekte von Bildung erfolgen sollte, keine festen, akzeptierten Standards, die man universell als gültige Merkmale für die Qualität von künstlerischer Bildung etablieren könnte. Die Merkmale exzellenter – oder ehrlicherweise auch nur angemessener – künstlerischer Bildung sind in der Literatur bislang nur ungenügend formuliert worden.

Und doch werden aus den Fallstudien über die Alltagspraxis von Kunstpädagogen und Künstlern in unterschiedlichen Bereichen äußerst erfolgreiche Programme kunstorientierter Bildung deutlich; diese Fallstudien machen den größten Teil der vorliegenden Erhebung aus. Es wurde deshalb angenommen, dass es möglich sei, die hervorstechenden Merkmale der Prinzipien und der Praxis erfolgreicher Programme kunstorientierter Bildung überall in der Welt zu ermitteln und deren Wirkung zu beschreiben. Die Verbindung quantitativer und qualitativer Methoden bei der weltweiten Erforschung von künstlerischer Bildung ging von der Annahme aus, dass die nur schwer zu fassenden Merkmale, die an wirkungsvollen Programmen künstlerischer Bildung in verschiedenen kulturellen Kontexten zu beobachten sind, in Fallstudien über gelungene Praxis enthalten sein können. Die genaue Untersuchung der weltweit erhobenen Fallstudien aus unterschiedlichen pädagogischen, ökonomischen und sozialen Kontexten stellte eine Quelle von Wissen und Erkenntnis bereit, die Licht auf die Annahmen, das Wissen und die Praxis warf, die künstlerischer Bildung ausmachen. Wir möchten festhalten, dass die weltweite Forschung, die diesem Buch zugrunde liegt, die vielfältige Natur der Künste bezeugt. Es ist sicher nicht unsere Absicht, das ungemein interessante, vielseitige Bild künstlerischer Bildung zu verwässern, damit es in ein einfaches Modell einer möglichen allgemein gültigen Version kunstorientierter Bildung passt. Doch gibt es innerhalb dieser Vielfalt klare Muster im Hinblick auf Qualitätsmerkmale und die Wirkung solcher qualitativ guten Programme. Dem galt unser besonderes Interesse.

Merkmale guter künstlerischer Bildung

Es war ein gewissermaßen unerwartetes Ergebnis unserer Forschung, dass die Fallstudien bei allen Unterschieden so einheitliche Parameter aufwiesen. Es erscheint sinnvoll, aus diesen Übereinstimmungen eine umfassende und detaillierte Aufstellung der Merkmale zu entwickeln, die im Hinblick auf Struktur und Methode geeignet sind, gute Programme anzuzeigen oder doch zumindest Hinweise darauf zu geben, unabhängig vom Kontext, in dem sie angewendet wurden. Der folgende Abschnitt beschäftigt sich im Besonderen mit diesen Qualitätsmerkmalen. Wir hoffen, daraus Richtlinien zu gewinnen, die helfen, sowohl nationale als auch individuelle Programme im Hinblick auf ihre Form, ihren Verdienst und ihren Wert zu beurteilen. Hervorragende Bildungsangebote im Bereich der Bildung in den Künsten und durch die Künste sind charakterisiert durch:

- aktive Partnerschaften zwischen Schulen und künstlerischen Einrichtungen und Lehrern, Künstlern und der Gemeinde;
- gemeinsame Verantwortung für die Planung, Einführung, Bewertung und Auswertung;
- Gelegenheiten zu öffentlichen Aufführungen, Ausstellungen und/oder Auftritten;
- eine Verbindung von Entwicklung innerhalb der einzelnen Kunstformen (Bildung in den Künsten) mit künstlerischen und kreativen Ansätzen der Vermittlung (Bildung durch die Künste);
- Möglichkeiten zur kritischen Reflexion, Problemlösung und Risikobereitschaft;
- Betonung auf Zusammenarbeit;
- eine inklusive Politik, die den Zugang für alle Kinder im Blick hat;
- genaue Strategien für die Einschätzung und den Bericht über Lernergebnisse, Erfahrungen und Entwicklungen bei den Kindern;
- kontinuierliche Weiterbildung der Lehrer, Künstler und der Gemeinde; und
- flexible Schulstrukturen und durchlässige Grenzen zwischen der Schule und der Gemeinde.

Obwohl man davon ausgehen kann, dass die Stützpfeiler der Qualität im Zentrum jedweder Bildung stehen, hat eine Reihe von Fallstudien verdeutlicht, dass diese Qualitätsmuster besonders kosteneffizient, ganzheitlich und mit der größten Wirkung vor Ort im Kontext von kunstorientierter Bildung zu erreichen sind. Wichtige Studien in der wirtschaftlich entwickelten Welt – besonders in Finnland, UK, USA, Australien, Kanada und Singapur – und in Entwicklungsländern – wie besonders im Senegal, Nigeria, Barbados und Kolumbien – legen nahe, dass kunstorientierte Lehrpläne größten Einfluss auf die Wahrnehmung der Schule durch Kinder und die Öffentlichkeit, die Qualität von Lernen und Lehren und erhöhte Lehrerprofessionalität haben.

Gute künstlerische Bildung entsteht im Zusammenspiel von Struktur und Methode. Dieses Zusammenspiel wird in Tabelle 10 erläutert, die aufzeigt, wie Struktur und Methode zusammengehen, um gute Ergebnisse zu erzielen. Dabei soll festgehalten werden, dass diese Indikatoren den Inhalt keineswegs festlegen. Das ist Absicht, denn die Fallstudien, die von kleinen Projekten an einzelnen Schulen bis zu breiten, nationalen Projekten reichen, zeigen, dass der Inhalt für ein gutes Ergebnis weniger wichtig ist, als Methode und Struktur es sind. Deshalb ist es auf internationaler Ebene nicht nötig, den Inhalt festzulegen, ja, es ist in der Tat besser, wenn sich dieser nach lokalen Gegebenheiten, lokaler Kultur und lokalen Ressourcen richtet. In dieser Hinsicht operiert der Inhalt unabhängig von den beiden hauptsächlichen Faktoren, die die Merkmale von Qualität ausmachen. So stellten in dem Projekt *Artformations (2005)* in Irland die gemeinsamen Werte, die dem Projekt zugrunde lagen, eine Verbindung von strukturellen und methodologischen Qualitäten dar:

Gemeinsame Werte verschiedener Kooperationsprojekte waren:
- ein von der Kunst/einem Künstler angeleiteter Prozess;
- ein Zugang, der das Kind in den Mittelpunkt stellt;
- die ganzheitliche Entwicklung des Kindes;
- die Annahme, dass die Künste die Imaginationskräfte stärken, Problemlösungskompetenz und affektives Lernen ermutigen sowie soziale und kulturelle Interaktionen unterstützen;
- das Potential der Künste, Menschen dabei zu helfen, sich zum Leben in Beziehung zu setzen und auf diese Weise zu beleuchten, wie wir fühlen und denken

Diese Indikatoren gelten übrigens sowohl für die *Bildung durch die Künste* als auch für die *Bildung in den Künsten.* In beiden komplementären Beiträgen der Künste zur Bildung bleiben die Qualitätsindikatoren recht stabil und konsistent.

Tabelle 10: Strukturelle und methodologische Merkmale kunstorientierter Programme

Struktur	Methode
• Aktive Partnerschaft mit kreativen Menschen und Organisationen • Zugang für alle Kinder • Kontinuierliche berufliche Fortbildung • Flexible Organisationsstrukturen • Gemeinsame Verantwortung für Planung und Implementation • Durchlässige Grenzen zwischen der Schule, den Organisationen und der Gemeinde • Genaue Bewertungs- und Evaluationsstrategien	• Projektbasiert • Schließt Teamwork und Zusammenarbeit ein • Regt zu Forschung an • Fördert das Gespräch, den Austausch von Ideen und das Geschichtenerzählen • Metakritische Reflexion über Lernzugänge und Veränderungen • Stellt aktives kreatives Schaffen ins Zentrum • Ist verbunden und ganzheitlich • Schließt öffentliches Auftreten und Ausstellen ein • Nutzt lokale Ressourcen, die Umgebung und den Kontext für Material und Inhalt • Verbindet die Bildung in den Sprachen der Künste mit kreativen Lernansätzen • Ermutigt Menschen, über ihre erwarteten Grenzen hinauszugehen, Risiken einzugehen und ihre Möglichkeiten voll zu entfalten

In den folgenden Abschnitten wird jeder dieser strukturellen und methodologischen Parameter für Qualität im Einzelnen erläutert und es wird erklärt, wie die Implementation im schulischen Kontext und auf der systemischen Ebene durchgeführt werden kann. Diese Teile bieten einen Überblick über Schlüsselaspekte guter künstlerischer Bildung, aber diese Indikatoren müssen im Zusammenhang des ganzen Berichtes gelesen werden, der genauere Hinweise auf die Einzelaspekte gibt.

Strukturelle Bedingungen

Aktive Partnerschaft mit kreativen Menschen und Organisationen

Aktive Partnerschaft bedeutet die Einbindung einer Reihe von kulturellen und künstlerischen Organisationen in alle Aspekte der Planung und Durchführung von Programmen künstlerischer Bildung. Den effektivsten Programmen ist es gelungen, nachhaltige, langfristige wechselseitige Beziehungen zu kulturellen Akteuren und Betrieben aufzubauen.

Diese Beziehungen müssen authentisch sein, wobei alle Mitspieler die Beiträge der anderen anerkennen und jeweils alle bei allen Schritten der Entscheidungsfindung, Einführung und Evaluation einbezogen werden. Auch wenn viele Schulen Erfahrung mit „Künstler-in-der-Schule-Programmen" haben, fehlt es diesen doch häufig am verbindlichen Grad von Partnerschaft, der für gute künstlerische Programme unabdingbar ist. Kurzfristiges Engagement von kreativen Profis hat nur Alibicharakter und wird kaum nachhaltige Veränderungen der Qualitätsvorgaben innerhalb einer Schule oder eines anderen pädagogischen Zusammenhangs bewirken. Gute Partnerschaften sollten im Idealfall wenigstens zwei Jahre dauern und erfordern höchstes Engagement von pädagogischer, künstlerischer und kulturell-organisatorischer Seite. Das *Creative Partnerships*-Projekt im Vereinigten Königreich hat eine Reihe von Partnerschaften quer durch den pädagogischen und kulturellen Sektor hervorgebracht, die darauf zielen, künstlerische und pädagogische Erfahrungen zu verbessern.

In einer Zahl anderer Länder wie zum Beispiel Dänemark, Frankreich und Japan spielen kulturelle Einrichtungen eine wichtige Rolle dabei, kulturelle Aktivitäten an die Schulen zu bringen. So wurde in Japan das *Program for the Promotion of Activities Enabling Children to Experience Culture and Arts* entwickelt, um sicherzustellen, dass Kinder echte Kunst und Kultur erleben. Jedoch sind solche Programme nicht das, was wir unter Partnerschaften verstehen; es geht dabei eher um kurzfristige Interventionen von kulturellen Einrichtungen und Begegnungen mit diesen als um nachhaltige Partnerschaften.

Zugang für alle Kinder

Gute Programme bauen auf eine Idee von Inklusivität mit dem Ziel guter künstlerischer Bildung für alle. Das bedeutet, dass alle Kinder unabhängig von ihren künstlerischen Fertigkeiten und Begabungen, unabhängig von ihrer Erstmotivation, ihrem Verhalten, ihrem wirtschaftlichen Status oder anderen Ausgangsbedingungen ein Anrecht darauf haben, eine hohen Ansprüchen genügende künstlerische Bildung zu erhalten, sowohl innerhalb der verschiedenen Kunstformen als auch im Hinblick auf die kreativen und künstlerischen Ansätze, die für den Unterricht in anderen Bereichen des Lehrplans genutzt werden.

Dies ist im Hinblick auf Initiativen mit dem Ziel, Bildung für alle zu garantieren und auf die bessere Inklusion und Bildungsteilhabe verschiedener vernachlässigter Gruppen zu achten, ein äußerst wichtiger Punkt. Um wenigstens Mindestanforderungen an die Qualität künstlerischer Bildung zu erfüllen, müssen die Anbieter dieser Bildung sicherstellen, dass es künstlerische Programme für ALLE Kinder gibt. Es kann nicht als umfassendes Bildungsangebot für alle angesehen werden, wenn man nur Unterricht für begabte oder interessierte Kinder anbietet. Auf der praktischen Ebene heißt das, dass es nicht reicht, wenn einmal im Jahr die Schulband, der Chor, die Tanzgruppe auftreten, wenn es einmal im Jahr ein Theaterstück, einen Kunstclub gibt: Das schafft keine angemessene künstlerische Bildung.

Kontinuierliche berufliche Fortbildung

Die Studie zeigt deutlich, dass kontinuierliche berufliche Fortbildung dabei hilft, Lehrern und künstlerischen Profis neue Kraft zu geben und innerhalb dieser Gruppen das Vertrauen, die Kreativität und den Spaß an der Arbeit zu verstärken. Die Künste halfen dabei, Lehrer aufs Neue zu motivieren und die Qualität ihrer pädagogischen Arbeit insgesamt zu verbessern. Für Künstler war die Arbeit innerhalb des pädagogischen Felds anregend und inspirierend; sie verbesserte ihre Einkommen und ihren professionellen Status.

Die Erhebung zeigt, dass die berufliche Weiterbildung sowohl für die künstlerischen Profis als auch für die Lehrer bei weitem effektiver war als die vorberufliche Ausbildung. Auf der Systemebene wäre gute künstlerische Bildung von Lehrern und Künstlern gekennzeichnet durch angemessene und kontinuierliche berufliche Fortbildung in den Künsten und den auf künstlerischen Prinzipien aufbauenden Methoden für beide Gruppen. Als ein kosteneffizienter Ansatz, um kontinuierliche berufliche Fortbildung zu garantieren, erweist es sich, Künstler in pädagogische Kontexte zu bringen und eine nachhaltige Partnerschaft zwischen Kunst- und Bildungseinrichtungen zu unterstützen. Dies trat besonders dann ein, wenn Lehrerbildungseinrichtungen oder Universitäten Teil des Partnerschaftsprozesses waren und kontinuierliche Fortbildung auch formal als Qualifikationsnachweis anerkannt wurde.

Flexible Organisationsstrukturen

Gute Programme künstlerischer Bildung gedeihen dann, wenn die Organisationsformen flexibel sind. Innerhalb des Bildungssektors führen strenge Stundenpläne, eine Aufsplitterung des Lernens und restriktive Bewertungsvorgaben eher dazu, das Ausmaß und die Qualität künstlerischer Bildung einzuengen.

Genauso schränken bei kulturellen Organisationen hohe Kosten, das räumliche Einkapseln in einer Galerie oder anderen Einrichtung und ein Mangel an administrativer Flexibilität den möglichen Erfolg beim Engagement innerhalb des Bildungssektors ein. Zwischen den Schulen und kulturellen Einrichtungen dürfen die räumlichen Grenzen nicht so streng sein: Galerien und Aufführungen müssen in die Schulen kommen, Schultage können innerhalb von Kultureinrichtungen oder Museen stattfinden. Schulen, Museen, Theater und Galerien sollten ebenfalls enger mit Unternehmen, der Industrie und den Hochschulen zusammenarbeiten. Wenn man die Durchlässigkeit zwischen diesen Organisationen erhöht, wird wahrscheinlich jeder von dem Umgang mit dem anderen profitieren.

Gemeinsame Verantwortung für die Planung und Implementation

Auch wenn dies in früheren Zusammenhängen bereits angedeutet wurde, verdient die Tatsache besondere Erwähnung, dass bei allen guten Programmen kunstorientierter Bildung die gemeinsame Verantwortung aller Akteure für Planung und Einführung dazugehört.

Eines der hauptsächlichen Hemmnisse, das in der Erhebung deutlich wurde, ist der verbreitete Mangel an Beratung zwischen den politischen Akteuren und den Praktikern vor Ort. Das führt zu schlecht zu vereinbarenden Zielen und zu mangelhafter Implementation. So waren auch Programme meistens dann nicht erfolgreich, wenn die eine oder andere Einrichtung gleichzeitig als treibende Kraft angesehen wurde und als diejenige, die die Implementation leitete. Solche Programme hatten eher nur kurzfristig Erfolg, meistens durch die Energie und Entschlossenheit von ein oder zwei *Champions*, aber sie führten nicht zu nachhaltigen, langfristigen Programmen.

Es ist deshalb ausschlaggebend für gute kunstorientierte Bildung, dass gemeinsam getragene Verantwortung und ein demokratischer Ansatz bei der Planung, der Festlegung der Strategie, der Implementation und Evaluation dazugehören.

Durchlässige Grenzen zwischen der Schule, den Organisationen und der Gemeinde

Dieser Punkt wurde bei der Forderung nach der Flexibilität der Organisationsformen bereits angesprochen, doch soll hier besondere Aufmerksamkeit auf die Bedeutung der Einbeziehung der Gemeinde bei der Entwicklung von kunstorientierter Bildung gerichtet werden.

Sowohl die Schulen als auch künstlerische und kulturelle Einrichtungen müssen darauf vorbereitet werden, ihre Mauern hin zu den Einflüssen der Gemeinde, in der sie sich befinden, zu öffnen – sowohl bildlich als auch tatsächlich. Dies ist besonders in marginalisierten Gemeinden nötig, wo die Wahrnehmung von Schulen und Kultureinrichtungen oft eher negativ und von falschen Vorstellungen, Verallgemeinerungen und Fremdheitsgefühlen geprägt ist.

Aus ihrer Geschichte heraus fördern weder Schulen noch Kultureinrichtungen eine offene, demokratische Teilhabe von Minderheitengruppen in Gemeinden. Um das auszugleichen, muss es *affirmative action* geben, um auf diese Gruppen zuzugehen. Ausstellungen und Aufführungen bieten wunderbare Möglichkeiten, um eine Gemeinde an pädagogischen und kulturellen Ereignissen stärker zu beteiligen und können als Katalysator für eine engagierte Beteiligung der Gemeinde wirken.

Genaue Bewertungs- und Evaluationsstrategien

Einer der bedeutendsten und häufigsten Befunde aus den Fallstudien der Erhebung ist der dringende Bedarf an Bewertungsmethoden, die den Beitrag der Künste und kulturellen Aspekte für die Bildung eines Kindes voll anerkennen. Obwohl mehr als die Hälfte der Länder, die untersucht wurden, die Künste bewerten, zeigen die Fallstudien, dass die Bewertungsmethoden für kreatives Lernen schlecht entwickelt sind und in den formalen Qualifikationsbeurteilungen kaum anerkannt werden. Das heißt, dass die künstlerische Bildung oft nur schlecht dokumentiert wird und dass es ihr an Begründung und Status in den Bildungsprozessen mangelt.

Andererseits stellte sich heraus, dass unangemessene Bewertungsstrategien einen direkt hemmenden Einfluss haben. Zu starkes Vertrauen auf ergebnisorientierte Bewertung, Bewertung einer nur eingeschränkten Zahl von Fächern und ein Übergewicht externer Prüfungen wurden als Faktoren angesehen, die guter künstlerischer Bildung im Wege stehen.

Ebenso unangemessen in den Künsten ist bisher die Wirkungsanalyse. Da viele Programme kunstorientierter Bildung mit einem kleinen Budget arbeiten, gibt es oft kaum Mittel, um die Ergebnisse eines Programms angemessen auszuwerten und darzustellen. Die künstlerische Bildung ist am Beispiel zahlreicher gelungener

Augenblicke in wunderbaren Programmen beschrieben worden, aber beinahe nie durch eine substantielle Evaluation dieser Programme.

In einer Reihe von Ländern – England, Kanada, Finnland seien genannt und in geringerem Umfang Indien, Singapur, Australien und Neuseeland – sind systematische Vorgehensweisen eingerichtet worden, um die Wirkung von kunstorientierter Bildung zu dokumentieren und zu evaluieren. Dort, wo es diese Systeme gibt, scheint es einen „Überschusseffekt" im Hinblick auf die Verbesserung der Programme zu geben; dieser kommt offensichtlich durch die erhöhten Erwartungen zustande, da innerhalb dieser Schulen die Künste als wichtiger Bestandteil der gesamten Bildung eines Kindes wahrgenommen werden.

Obwohl es in fast jedem Land Lippenbekenntnisse zum Wert der Künste in der Erziehung gibt, zeigen sich in den Ländern, die dieser politischen Rhetorik tatsächlich vernünftige Auswertungs- und Monitoring-Strategien folgen lassen, die größten Verbesserungen der Gesamtqualität auf Schul- und Klassenebene. Der Wert der Evaluation für die Verbesserung der Qualität wurde in einer Reihe von Ländern klar benannt. In *Poetry Ireland: Writers in School Schemes* in Irland heißt es: „Evaluation ist ein entscheidendes Moment bei der Einführung eines Programms und ein zentrales Werkzeug bei der Planung und Programmentwicklung."

Verbunden mit diesen strukturellen Merkmalen, die sich ganz allgemein bei guten Programmen finden lassen, gibt es eine Zahl methodologischer Elemente, die offenbar zu guter kunstorientierter Bildung gehören.

Projektbasiert

Der bedeutendste methodologische Aspekt, der in Fallstudien zu wirkungsvoller künstlerischer Bildung genannt wurde, war das Wecken der kindlichen Neugier auf die Welt durch problem- oder projektorientierte Aktivitäten. In verschiedenen Fallstudien hatten die Befragten den Eindruck, dass eine offene, imaginative und kreative Haltung ein vitaler Ausgangspunkt allen Lernens sei, der am besten durch projektbasierte Aktivitäten gefördert werde.

Effektive Projektarbeit im Bereich künstlerischer Bildung bezieht das Kind in Erkundungen der eigenen Umgebung ein und antwortet auf Fragen, die sich daraus ergeben, mit einem künstlerischen Prozess. In Malaysia zum Beispiel wurden die Vorstellungen von Zugänglichkeit, Gleichheit und Qualität in dem auf Projektarbeit basierenden Programm *Anak Anak Kota (Kinder der Stadt)* deutlich. Dieses erlaubte den teilnehmenden jungen Menschen, ihre kulturellen und historischen Identitäten mit Hilfe kreativer künstlerischer Initiativen, die in der innerstädtischen Umgebung der Kinder stattfanden, zu erforschen. Die Kinder engagierten sich nicht nur bei den angebotenen Aktivitäten, sondern entwarfen aktiv die Reichweite und die Art der zugrundeliegenden Projekte.

Regt zu Forschung an

Ein Schlüsselmerkmal, das in allen Fallstudien enthalten war, war die Fähigkeit des Lehrers, in seiner Lehre flexibel und anpassungsfähig zu sein und Aufgaben zu stellen, die die Forscherneugier der Kinder wecken. Ein forschungsorientierter Ansatz verbindet sich mit Projektmethoden und schafft ein pädagogisches Klima, in dem Lehrer, Künstler und Kinder ermutigt werden, sich an Lerngesprächen zu beteiligen und Ideen auszuprobieren, sich spontan an Situationen anzupassen, um so interessante und bedeutsame Lerngelegenheiten, die auf einem künstlerischen Ansatz basieren, zu schaffen.

Gute künstlerische Programme nahmen experimentelle Lernmodelle auf. Künstler, Lehrer und Kinder, die bei solchen Programmen mitmachten, probierten Dinge aus und testeten Ideen ganz neu. Sie reflektierten diese Experimente und passten den Inhalt entsprechend an. Ein solcher „Abenteuer-Ansatz" hört sich vielleicht zunächst spontan und ungeplant an, stellt aber richtigerweise eine Methode forschenden Lernens dar, die auf einem flexiblen Angebot basiert, das durch handfeste Evaluationsverfahren bestimmt wird.

Effektive Programme, wie sie in den Fallstudien vorgestellt werden, waren immer in der Lage, vorgefasste Pläne aufzugeben und mit den sich bietenden Lerngelegenheiten zu gehen. Eine Reihe von Projekten zum Beispiel, die in Hongkong als Teil der *One Child Foundation* stattfanden, wählt einen innovativen, „abenteuerlichen" Weg bei der Bildung junger Menschen. Aktivitäten wie *Creative Campus TV* erlaubten es den Kindern, verantwortlich mitzusteuern und die Künste als Sprache machtvoller Stärkung zu nutzen.

Stellt aktives kreatives Schaffen ins Zentrum

Alle gelungenen Programme legten großen Wert auf aktives künstlerisches Schaffen, auf Aufführung und Ausstellung. Es wurde geltend gemacht, dass das Engagement an künstlerischem Schaffen ein besonderes Lernen und eine besondere Leistung hervorbringt, die nur möglich ist, wenn sie mit praktischem Tun verknüpft ist. Von großer Bedeutung war dabei, dass die Kinder Gelegenheiten erhielten, sich innerhalb eines breiten Spektrums der Künste zu erproben. In vielen Fallstudien beziehen künstlerische Praxiserfahrungen nur eine oder zwei Kunstrichtungen ein (besonders Musik und die visuellen Künste). Viele Kinder erhielten keine nachhaltigen Gelegenheiten, Tanz oder Theater zu erproben, lokale oder überlieferte Kunstformen im Rahmen der Schule kennenzulernen.

Obwohl das aktive künstlerische Handeln typisch für die meisten Programme für jüngere Kinder war, war doch das Ausmaß dieses Handelns eher begrenzt. In Fidschi zum Beispiel hatte ein Kind nur eine Stunde Kunst innerhalb einer 40-Stunden-Woche. Viele Länder berichteten nur über sporadischen Kunstunterricht. Oft waren die Künste in den späteren Jahren nur Wahlfächer, was bedeutete, dass manche Kinder überhaupt nie die Möglichkeit hatten, sich aktiv künstlerisch zu erproben.

Andere Male war das aktive künstlerische Tun durch ungenügende menschliche oder finanzielle Ressourcen eingeschränkt, was bedeutete, dass nicht jedes Kind Gelegenheit zu praktischer künstlerischer Erfahrung bekam. In einigen Ländern verhinderten überfüllte Klassenzimmer aktives kreatives Tun.

Kinder betonten dagegen wiederholt den Wert der Teilnahme an Aufführungen oder Ausstellungen. Dies war für sie besonders lohnend, wenn ein Künstler vermittelnd beteiligt war.

Ist verbunden und ganzheitlich

Die Fallstudien zu gelungener Praxis betonen die Bedeutung davon, Lernerfahrungen in der künstlerischen Bildung zu sinnvollen Folgen und Clustern zu verbinden. Im Gegensatz dazu werden misslungene Erfahrungen mit den Künsten dadurch charakterisiert, dass sie nur Alibicharakter hatten und isoliert und unverbunden blieben – mit den Kindern, der Umgebung und anderem Lernen. Verbundene künstlerische Programme gehen von der Annahme aus, dass die Künste die Fähigkeit haben, eine gute Beziehung zu den Kindern entstehen zu lassen. Damit ein derart verbundenes Lernen möglichst effektiv sein kann, müssen die Zeitvorgaben (und Stundenpläne) möglichst flexibel sein, und die künstlerischen Aspekte des Lernens müssen zu anderen Aspekten des Lernprogramms der Kinder wie Spracherwerb, Literatur, Geschichten schreiben und historischen Studien in Bezug gesetzt werden.

Obwohl es eine überwältigende Zustimmung zur Beteiligung von Künstlern im pädagogischen Zusammenhang gab, mussten dabei die Künstler als gleichwertige Partner im pädagogischen Bemühen gesehen werden und nicht als „Spezialisten", die außerhalb des pädagogischen Prozesses stehen. Man hatte die Vorstellung, dass „Spezialisten" nicht in der Lage wären, kunstbasierte Unterrichtsstunden zu entwickeln, die vollständig in den anderen Unterricht integriert werden könnten.

Schließt Teamwork und Zusammenarbeit ein

Ein Schlüsselmerkmal gelungener künstlerischer Programme scheint die Art zu sein, wie sie dazu beitragen, Gruppenarbeit und Zusammenarbeit im Team auf eine nicht am Wettbewerb orientierte Weise zu fördern. Der kooperative Charakter von kreativen künstlerischen Projekten – besonders jenen in den Bereichen Tanz und Theater – unterstützte nach allgemeiner Auffassung kooperatives Arbeiten in verschiedenen Phasen oder Aspekten eines Projekts.

Gelungene künstlerische Projekte dauerten tendenziell mehrere Wochen – oder länger – und die Kinder arbeiteten innerhalb der gemeinsamen, arbeitsteiligen Rahmenbedingungen nach ihrem eigenen Tempo. Zusätzlich ermunterten manche Programme die Kinder, an einer Reihe von Programmen gleichzeitig und über einen längeren Zeitraum hinweg zu arbeiten.

Fördert das Gespräch, den Austausch von Ideen und das Erzählen von Geschichten

Zu gelungenen künstlerischen Programmen gehörten auch der aktive Austausch von Ideen und Gespräche zwischen den Künstlern, den Lehrern und den Kindern. Besonders maßen Künstler und Lehrer den Gefühlen der Kinder große Bedeutung bei und auch der Art, wie die Künste Raum für individuellen Ausdruck ließen. Sehr gute Projekte bieten eine Reihe von anregenden und unterschiedlichen Lernerfahrungen an, die alle darauf zielen, das Kind darin zu ermutigen, seine Ideen zu entfalten.

In dieser Konzeption wird das Kind als Künstler anerkannt, und wenn die Lehrer oder Künstler formale Unterweisung anbieten, tun sie das, um die Ideen und Fähigkeiten zu fördern und Gespräche über ästhetische Fragen anzuregen und nicht etwa, um enge Anweisungen zu geben. Allen Kindern wird die Möglichkeit des künstlerischen Ausdrucks zugetraut. Der Schwerpunkt lag auf der praktischen Arbeit und der *Performance*. Diese wurden planvoll gefördert durch das Anleiten von Gesprächen – bei älteren Schülern auch in schriftlicher Form – innerhalb der Gruppe der Kinder sowie zwischen dem Lehrer und den Kindern.

Schließt formale und informale Reflexion, formative und summative Bewertung ein

Formale und informale kontemplative Praktiken wurden als Methode geschätzt, um die Kinder dazu zu bringen, ihre Arbeit kritisch und reflektierend zu betrachten. Das Tagebuchschreiben und Anlegen schriftlicher oder visuell gestalteter Journale kam in mehreren Fallstudien vor. In anderen Fällen wurden reflexive Prozesse weniger formalisiert durchgeführt; hier nutzte man Gespräche, Bilder und Handlungen, um reflexive Prozesse anzuregen und in Gang zu halten.

In manchen innovativen Beispielen entwickelten Kinder genaue Forschungskompetenzen und die Fähigkeit, ihr Lernen zu dokumentieren und den Lernvorgang zu reflektieren. In den *Chicago Arts Partnerships in Education (CAPE)*, zum Beispiel, wendeten die Kinder digitale Photographie an, um ihr Lernen festzuhalten und zu überdenken; die Kinder wurden dahingehend ermutigt, als Forscher ihres Lernprozesses aktiv zu werden.

Metakritische Reflektion über Lernzugänge und Veränderungen

So wie die Kinder dabei ermutigt wurden, reflexive Praktiken zu üben, erprobten Pädagogen und Künstler formative und summative Reflexionspraktiken. In den Fallstudien wurde deutlich, dass es bestimmte Strategien und Verhaltensmuster gab, die immer wieder über die Breite der Fallstudien hinweg festgestellt wurden und die sich in einer Reihe von Kontexten als erfolgreich erwiesen. Während diese in der Regel eher implizit in das Programm eingebettet sind, wird bei gelungener künstlerischer Bildung – und bei den Lehrern und Künstlern, die sie vermitteln – deutlich, dass hier ein expliziter Satz von Ideen, Theorien und Praktiken vorhanden ist, über den verfügt wird; dieser wird regelmäßig eingeschätzt, um seine Anwendung und sein Zusammenspiel in unterschiedlichen Situationen und als Antwort auf pluralistische Kontexte je neu bestimmen zu können.

So bildeten diese Auffassungen und Praktiken einen Satz bewährter Ideale, die, wie Smith (1993) beschreibt, uns sinnvoll erscheinen, zwar nicht absolut zu jeder Zeit, an jedem Ort, aber doch in unserer Zeit und an unserem Ort. So können Ideale gelungener Praxis künstlerischer Bildung durchaus vergänglich sein. May (1993; 55) behauptet: „Ich konnte nicht annehmen, dass, was ich machte, auch brauchbar und richtig für irgendjemanden sonst wäre." Gutes Lernen und Lehren sind unweigerlich abhängig vom Kontext.

Dahllof (1991; 112) argumentiert, dass in einer bestimmten Situation bestimmte Strategien und Verhaltensmuster und Annahmen vielleicht effektiver als andere sind, aber dass das Wesen und Interesse der Schüler darauf ebenso einwirken wie die Phase im Lernzyklus, das Thema und spezifische Ziele. Die Lehrer und Künstler stellten direkte Verbindungen zwischen der Umgebung der Kinder und deren künstlerischem Lernen her und konfrontierten sie zur gleichen Zeit mit Provokationen und Problemen, die die Kinder dazu herausforderten, ihre direkte Umgebung zu verlassen und zuvor gehegte Annahmen und Ideale in Frage zu stellen.

Schließt öffentliches Auftreten und Ausstellen ein

Der positive Nutzen von Aufführungen und Ausstellungen bei gelungenen Projekten künstlerischer Bildung ist offenkundig. Man sieht, dass als Ergebnis einer Aufführung ein positives Schulprofil entsteht, Kontakte in die Gemeinde hinein geknüpft werden und die Arbeit der Kinder der Öffentlichkeit präsentiert wird. Es wurde auch daran erinnert, dass die Künste ein Medium sind, das auf Aufführung oder Ausstellung baut, und dass die Präsentation eines Werks als solche ein wichtiger Teil des Programms bleibt. Aufführungen und Ausstellungen schufen öffentliche Aufmerksamkeit für künstlerische Bildung und ließen es zu, die Arbeit von Lehrern, Künstlern und Kindern öffentlich in den Blickpunkt zu rücken. Dies diente vor allem dem Vertrauen und der Selbstachtung der beteiligten Kinder und taugte auch dazu, positivere Bilder von der Schule und ihrer Gemeinde zu fördern.

Andererseits gab es auch die Sorge, dass der Erfolg von Aufführungen oder Ausstellungen sich negativ auf die Ziele eines Projekts auswirken könne, dass der kreative Prozess darunter zu leiden habe, wenn man nur auf die Aufführung hin arbeiten müsse. Dies könnte umgekehrt sogar bedeuten, dass nur die Aufführung das Lernen „antreibt", nicht aber die Aufführung oder Ausstellung Ergebnis des Lernprozesses ist.

Weitgehend war der kreative Prozess, waren Risikobereitschaft und Experimentierbereitschaft wichtiger als das Erreichen eines attraktiven Endproduktes. Darüber hinaus mag es nachteilig für die Kinder sein, die sich in einem forschenden und unsicheren Prozess engagieren, wenn es zu sehr darauf ankommt, ein tolles Endprodukt hinzubekommen.

Trotz dieser Einschränkungen verwiesen alle Fallstudien auf die Bedeutung von Publikum im künstlerischen Prozess. Ausstellungen und Aufführungen sind Methoden, um das Ansehen der Kinder und ihrer Kunsterfahrungen zu erhöhen, und dienen als Mittel, den Nutzen von kunstorientierter Bildung einer breiteren Öffentlichkeit zu vermitteln. Mehrere Fallstudien verwiesen darauf, wie Aufführungen und Ausstellungen den Kindern eine „Stimme" geben und so zu einem wichtigen Instrument werden, um den Wert künstlerischer Bildung öffentlich mit Nachdruck zu vertreten.

Nutzt Ressourcen vor Ort, die Umgebung und den Kontext als Material und Inhalt

Gelungene Programme ermöglichten es Kindern, künstlerisch innerhalb ihrer gewohnten Umgebung aktiv zu werden. Durch die Einbeziehung örtlicher Künstler und Kunstwerke hoffen die Lehrer, dass die Kinder eine persönliche Beziehung zur Kunst entwickeln. Die qualitativen Kommentare machen darauf aufmerksam, dass die Künste starkes Potential für sozialen Wandel haben und dazu genutzt werden können, das Selbstbewusstsein der Kinder zu stärken und Fragen sozialer Gerechtigkeit und Gleichheit innerhalb einer Gemeinschaft zu thematisieren. Die Nutzung örtlicher Ressourcen innerhalb der kunstorientierten Bildung kommt dem Bedürfnis der Kinder, angemessen angesprochen zu werden, entgegen.

In Brasilien setzten sich Projekte künstlerischer Bildung zum Beispiel mit Umweltfragen auseinander, während in Korea Fragen der Landnutzung eine Rolle spielten; in Australien standen Fragen der Gleichheit der Geschlechter im Zentrum künstlerischer Praxis, in Bhutan waren es die religiöser Anschauung. In guter kunstorientierter Bildung ging es oft um Fragen von lokaler Bedeutung, insbesondere um das kulturelle Erbe, die Gesundheit oder die Umwelt.

Die Ressourcen vor Ort standen oft im Mittelpunkt der kunstorientierten Bildung: Der Gebrauch lokal üblicher Instrumente im Musikunterricht, örtlich verfügbare Materialien im Kunstunterricht, altehrwürdige Traditionstänze und Rollenspiele über die Abschnitte im Leben eines Kindes machten den Kern gelungener Programme aus. In Bhutan war zum Beispiel Bambus leicht als Grundmaterial für den Kunstunterricht verfügbar. Im Senegal war Haar das Material, wenn man versuchte, die Muster zu erforschen, die sich beim Flechten herstellen lassen. Gegenwartsgeschichten über die Entfremdung von Jugendlichen wurden mit Hilfe von Schattentheater erzählt und wirkungsvolle Theater- und Tanzprogramme wurden in Kambodscha neben den Klassenzimmern aufgeführt. Gute Lehrer nutzen die lokalen Kontexte und Ressourcen in genialer Weise, um wirkungsvolle Lehrprogramme zu erfinden und die Schüler in die Fertigkeiten und den Wert der Künste einzuführen.

Es sei noch vorsichtig angemerkt, dass manche der nicht-westlichen Länder in den letzten Jahren – etwas unkritisch – westliche Ausbildungsmodelle übernommen hatten, also auch westliche Modelle künstlerischer Bildung. Das führte zu Grundmodellen künstlerischer Bildung, die den europäischen Bildenden Künsten und der europäischen Musik besonders nahestanden und weniger an die reichen Traditionen ihrer eigenen Länder anknüpften. Die Formalisierung der Ausbildungsprozesse hat in vielen Ländern das lokale künstlerische Erbe untergraben und die Einbeziehung ortsüblicher Praktiken in den Künsten abgewertet.

Verbindet die Bildung in den Sprachen der Künste mit kreativen Lernansätzen

Die Entwicklung sprachlicher Kompetenzen war bei der Planung und Umsetzung von kunstorientierter Bildung von zentraler Bedeutung. Diese Idee wurde in zweierlei Hinsicht durchgeführt. Zum einen sah man die wichtige Rolle, die Sprache dabei hatte, die Studierenden die Wörter und die Sprache zu lehren, mit deren Hilfe diese dann die Kinder in die Lage versetzen konnten, über ihre eigene künstlerische Arbeit und über die Darstellung und die Arbeit von Künstlern zu sprechen. Sie ermutigten die Kinder, sich miteinander über ihre eigenen Erfahrungen mit den Künsten auszutauschen.

Das Bild wurde freundlicherweise von *Operation Art* (Australien) zur Verfügung gestellt.

Zum zweiten lag der Wert der Künste als Sprache in der engen Verbindung zum Ausdruck von Gefühlen. Die Künste wurden als wirkungsvolle Form der Kommunikation gesehen. Man erkannte auch, dass Kinder über viele Sprachen des Lernens verfügen und dass diese in der herkömmlichen Ausbildung nur selten angeregt werden.

Ermuntert Menschen, über ihre erwarteten Grenzen hinauszugehen, Risiken einzugehen und ihr Potential voll zu entfalten

Gute kunstorientierte Bildung ermutigt die Kinder dazu, Risiken einzugehen, und erlaubt ihnen, Fehler zu machen. Auf Kontrolle zu verzichten und darauf zu vertrauen, dass es richtig ist, Kinder Fehler machen zu lassen, spielt eine wichtige Rolle dabei, Kinder zu Eigentümern ihres kreativen Prozesses zu machen. Zu gelungener künstlerischer Arbeit gehört Unsicherheit: Diese Einsicht gilt es zu stärken.

Gute Programme künstlerischer Bildung wirken auf das Kind, auf die Lehr- und Lernumgebung und auf die Gemeinde; aber die Erfolge zeigten sich nur dort, wo wirklich gute Projekte stattfanden. Schlechte Qualität und ungenügende Angebote tragen wenig dazu bei, das Bildungspotential eines Kindes auszuschöpfen oder gute Schulen aufzubauen. Eine Reihe der Fallstudien weist in signifikanter Weise darauf hin, dass schlechte oder unzureichende Programme der kreativen Entwicklung von Kindern sogar entgegenstehen und für das Vertrauen von Lehrern in die künstlerische Bildung und auch für die Beteiligung kultureller Einrichtungen negative Folgen haben.

Wenn man das berücksichtigt, ist es wichtig, dass den politischen Appellen zur Einbeziehung der künstlerischen Bildung in die Gesamtausbildung eines Kindes auch tragfähige Implementations- und Monitoring-Strukturen folgen, die sicherstellen, dass die Kinder eine gute Bildung erhalten. Diese guten Programme sind bei der Einführung nicht teurer als schlechte, bieten aber die Gelegenheit zu einer nachhaltigen Bildungsreform und einer allgemeinen Verbesserung der Bildungsqualität. Der Streit sollte weniger um *Bildung für alle* gehen, sondern eher um gute Lernbedingungen für alle. In dieser Hinsicht haben die Künste der Bildung viel zu bieten.

Das folgende Kapitel untersucht die Wirkung von kunstorientierter Bildung. Bei der Präsentation der dokumentierten Ergebnisse gehen wir von der Annahme aus, dass sie aus guten Programmen heraus entstanden sind, die zum großen Teil charakteristisch für die in diesem Kapitel beschriebenen und analysierten Methoden und Inhalte sind.

Kapitel 7:
Die Wirkung künstlerischer Bildung

Einleitung

Dieses Kapitel fasst die wichtigsten Wirkungen künstlerischer Bildung zusammen und dokumentiert die Erfolge eines kunstorientierten Curriculums, wie sie aus den quantitativen und qualitativen Daten der Erhebung hervorgehen.

Die Ziele künstlerischer Bildung

- Kulturelle, soziale und ästhetische Ziele begründen im Wesentlichen künstlerische Bildung;
- Die Ziele von Programmen künstlerischer Bildung variieren in formalen und informalen Bildungskontexten.

Kulturelle (88%), soziale (84%) und ästhetische (84%) Bildungsziele wurden von den befragten Ländern als Hauptziele künstlerischer Bildung genannt. Verbunden damit wurden persönliche Ziele (64%) auch als wertvoll angesehen. Weniger Wert wurde auf Ziele wie Schreib- und Lesekompetenz (56%) gelegt, ökonomische Kompetenz (44%) und Rechenfertigkeit (44%) wurden am geringsten bewertet (vgl. Tabelle 10 auf S. 143).

Ein weiteres Ziel, das in den qualitativen Kommentaren zu kunstorientierter Bildung genannt wurde, war, dass man den Künsten zutraute, zur Nationen-Bildung beizutragen. Die Republik Seychellen vertrat die Auffassung, dass politische Zielsetzungen künstlerische Bildung unterfüttern, insbesondere da die Bildung in den Künsten Vorstellungen von Nationalität zu entwickeln hilft. Ein ähnlicher Kommentar kam aus den Niederlanden, wo vorgeschlagen wurde, dass die Entwicklung demokratischer Kompetenzen und der Aufbau größerer Gleichheit bei der kulturellen Teilhabe ein Ziel der künstlerischen Bildung sein solle. Im Senegal stellte man fest, dass künstlerische Bildung auch therapeutische Ziele habe, die an das physische und mentale Wohlergehen der Kinder geknüpft sind.

Mehrere Länder wiesen darauf hin, dass die Zielsetzungen für künstlerische Bildung innerhalb unterschiedlicher Kontexte variieren. So standen künstlerische und ästhetische Ziele eher bei Programmen im Mittelpunkt, die außerhalb der Unterrichtszeit angeboten wurden, während Unterrichtsprogramme sich mehr auf kulturelle und soziale Ziele konzentrierten. Um diese Daten weiter extrapolieren zu können, wäre es nützlich, mehr Informationen darüber zu sammeln, wie jedes Land den Inhalt dieser Schlüsselziele interpretiert. So könnte man vermuten, dass kulturelle Ziele eher mit der Entwicklung nachhaltiger Gemeinschaften in Verbindung gebracht werden, während soziale Ziele mit dem Aufbau einer verlässlichen individuellen Umgebung oder einer Atmosphäre von Verlässlichkeit im Klassenzimmer assoziiert werden. In vielen Ländern wurden der Schutz und die Förderung des künstlerischen Erbes und die Bewahrung spezieller künstlerischer Praktiken eng mit den kulturellen Zielen in Verbindung gebracht. Es wäre auch interessant, die wahrgenommene Wirkung solcher Zielvorstellungen auf das allgemeine Bildungspotential eines Kindes und auf das kindliche Lernen in und durch die Künste genauer zu verfolgen.

Welche Zielsetzungen auch immer formuliert werden, erreicht werden sie nur dort, wo es gute Programme dazu gibt. Trotz der kulturellen und kontextabhängigen Unterschiede – man könnte ergänzend auf die forschungsmethodologischen Unterschiede verweisen – gab es klare und eindeutige Hinweise auf Qualität, die sich unabhängig von den Zielen, der Größe und dem Kontext der Programme zeigten.

Es gab deutliche und konsistente Beweise, dass kunstorientierte Bildung wesentlichen Anteil an der gesteigerten Leistungsfähigkeit von Kindern sowohl in den Künsten als auch im Allgemeinen hat. Als einschränkende Ergänzung muss hinzugefügt werden, dass dies nur in Beispielen mit effektiver Praxis und pädagogisch guten Bedingungen zutraf. In vergleichenden Fallstudien zeigten sich pädagogische Settings mit Merkmalen guter kunstorientierter Bildung traditionellen Beispielen ohne solche immer überlegen.

Es ist bei der Interpretation der statistischen Evidenzen in diesem und den folgenden Abschnitten wichtig festzuhalten, dass es beträchtliche Abweichungen zwischen den quantitativen Ergebnissen und qualitativ dokumentierten Erfolgen gibt. Dieser Unterschied kann vermittels signifikanter Randbeispiele erklärt werden. Um diese Abweichungen im statistischen Material zu verstehen, war es zwingend notwendig, diese unter Einbeziehung der substantiellen qualitativen Kommentare zu deuten. Bei der Durchführung der Analyse wurde klar, dass man, wenn man über Erfolge redet, die Diskussion auf gelungene Beispiele beschränken muss, da schlechte künstlerische Bildung offensichtlich keine oder negative Auswirkungen auf den Lernerfolg von Kindern hat. Das unterstreicht die Notwendigkeit guter Programme. Während zum Beispiel 70% der Befragten den Beitrag der künstlerischen Bildung zur künstlerischen Leistungsfähigkeit eines Kindes anerkannten, antworteten 20%, dass die künstlerische Bildung entweder gar keinen Nutzen oder aber negative Folgen habe. Wenn man dies in Verbindung mit den qualitativen Kommentaren deutet, wird offensichtlich, dass Qualität nur dann erreicht wird, wenn auch Qualität angeboten wird.

Kunstorientierte Bildung verbessert die Leistung in den Künsten

- Kunstorientierte Bildung verbessert die Fertigkeiten und Kompetenzen in den künstlerischen Fächern;
- Spezielle Programme helfen den Kindern, die daran teilnehmen, können aber nicht auf die allgemeine Bildung übertragen werden.

In den USA führten sehr effektive Programme künstlerischer Bildung zu einer dramatischen Leistungssteigerung in den Künsten, aber es entsteht der Eindruck, dass diese Programme isolierte Einzelbeispiele in der breiteren Bildungslandschaft sind. Dazu der folgende Kommentar:

> Spezielle Projekte (*CAPE* in Chicago, *The Village of Art and Humanities* in Philadelphia, *Young Playwrights Festivals* überall in den USA, *The Digital Playground* an der *Hoboken Charter School*, *Intermedia Arts* in Minneapolis, *Studio Museum* in Harlem, *Young Chicago Authors* in Chicago, *Free Street Theatre* in Chicago, the *East Bay Center for the Performing Arts* in Richmond, California, das *Armoury Center for the Arts* in Pasadena, California, *Jump-Start Performance Company* in San Antonio, Texas, etc.) haben radikale Leistungssteigerungen in den Künsten gezeigt.

Dieses Muster spezifischer, erfolgreicher Programme scheint es in den meisten Ländern zu geben. Höchst erfolgreiche Beispiele von kunstorientierter Bildung dokumentieren deutlich die positiven Folgen, aber dennoch stehen diese guten Programme relativ vereinzelt da, wenn man das breitere nationale Bild betrachtet. Das zeigt auch diese Analyse aus Kolumbien:

> Auch wenn es nicht viele private oder öffentliche Projekte gibt, die die künstlerischen Leistungen von Schülern unterstützen, gibt es einige bemerkenswerte Initiativen wie: *Colegio del Cuerpo, Batuta, Incolballet, Tejedores de Sociedad, Circo para todos, Plan Nacional de Música para Convivencia, Sistema de Escuelas de Arte del Norte de Santander, Programa de Orquestas Sinfónicas Juveniles e Infantiles „Batuta", Música en los Templos* und andere.

Eine ähnliche Situation wurde in China festgehalten, wo man beobachtete, dass bestimmte Projekte wie das Musical *Cantonese and Beijing Opera, Shadow Puppet Show* „den Studenten reichlich Möglichkeiten bietet, Erfahrung mit den Künsten unter der Anleitung erfahrener Künstler zu machen." Und doch arbeiten diese Programme tendenziell außerhalb der Parameter formaler Bildung und kommen nur relativ wenigen Schülern zugute.

Erfolgreiche Programme haben meistens dann den größten Nutzen für Lernerfolge in den Künsten, wenn die Schüler die Möglichkeit haben, ihre Lernergebnisse in irgendeiner Form von öffentlicher Aufführung, Darbietung oder Forum zu zeigen. In Kanada gibt es zum Beispiel „Kunstausstellungen oder Theateraufführungen, die durch das Land touren, die auf Ergebnissen von Kunstprogrammen in Schulen basieren."

In Deutschland „können die Ergebnisse (von Programmen künstlerischer Bildung) und die künstlerischen Fortschritte in Schulkonzerten und schulischen Darbietungen gesehen werden. Alle Formen außerschulischer kultureller und künstlerischer Bildung von Künstlern, kulturellen Einrichtungen und Organisationen kennen vielfältige künstlerische Darbietungen und tragen zum kulturellen Leben der Gemeinde bei." Diese Darbietungen wurden nicht nur als positive Erfahrungen von Kindern und Eltern gesehen, sondern auch als Weg, die Lernerfolge der Kinder in den Künsten auszustellen und zu dokumentieren.

Mehrere der befragten Länder verwiesen darauf, dass die empirischen Daten über den Erfolg nachhaltiger künstlerischer Bildung für die kulturellen und künstlerischen Leistungen von Kindern nicht ausreichend seien und dass mehr Forschung nötig sei, um den Erfolg sicher nachweisen zu können, besonders im Hinblick auf in Längsschnittuntersuchungen festzustellende Veränderungen. Es fehlte auch an Forschungsnachweisen, die spezifische Aspekte des kunstorientierten Lernens isoliert als Schlüsseltypen von Lernen in einer oder mehreren der künstlerischen Disziplinen betrachteten. Mehr Forschung ist nötig, um die allgemeinen Erfolge, die man festgestellt hat, zu analysieren und zu deuten, in welcher Weise bestimmte Merkmale kunstorientierter Bildung direkt oder indirekt zu bestimmten künstlerischen Ergebnissen führen. Umgekehrt könnte man behaupten, dass die Künste als solche ganzheitlich sind und dass die verallgemeinerten Erfolge, die man festgestellt hat, am besten zu verstehen sind, wenn man sie eher im Sinne von allgemeinen Fertigkeiten versteht als im Sinne getrennter Lernbereiche. Diesem Forschungsbereich sollte zukünftig Priorität eingeräumt werden.

Während die zuvor behandelten Beispiele eher isolierte Beispiele für den Erfolg von künstlerischer Bildung sind, zeigen weit verbreitete Ansätze in mehreren Ländern substantielle Erfolge bei einem verbesserten Verständnis für Kunst und Kultur. In Finnland sind zum Beispiel mehrere nationale Studien durchgeführt worden, die künstlerische und pädagogische Erfolge und Erfolge im Bereich Gesundheit zeigen. Diese sehr detaillierten nationalen Erhebungen, die über mehrere Jahre hinweg durchgeführt wurden, zeigen eindeutig positive Ergebnisse.

> Wir haben mehrere Erhebungen zum Thema: 1. *Schools and cultural institutes working together* (project took place 1998–2001) (NBE) 2. *Cultural heritage programme, the Oak of Finland* (1999–2004) (NBE).

Beide Programme führten zu positiven Ergebnissen. 3. *Health and artistic activities* (children) (Stakes).

Im Senegal stellte man fest, dass die künstlerischen Erfolge, die das Ergebnis effektiver künstlerischer Bildung waren, nicht nur den Einzelnen betrafen (zum Beispiel als Karrierechancen), sondern weit in die Gemeinde hinein wirkten (durch die Vermittlung von Werten und bei kommunalen Errungenschaften in einer Reihe von Bereichen). Die senegalesische Forschung zeigt drei deutliche Erfolge auf, die aus der künstlerischen Bildung kommen:

1. Frühere Schüler im künstlerischen Unterricht der Sekundarstufe haben beschlossen, auch im Studium mit künstlerischen Berufen oder künstlerischer Bildung fortzufahren. Heute gehören sie zu unseren Spezialisten.
2. Neben dem offiziellen Lehrplan dient die künstlerische Bildung in den Kommunen dazu, die Weitergabe von Wissen und Know-how in traditionellen Disziplinen aufrechtzuerhalten.
3. Bei internationalen, nationalen und lokalen Kunst- und Kulturereignissen werden die Werke von Künstlern oder Kunstklassen gezeigt und beeindrucken gewöhnlich die Zuschauer – sei es aus Schulen oder aus Universitäten – und befördern zukünftige Bewerbungen für Studiengänge in den Künsten, der Literatur, Philosophie und den Naturwissenschaften.

Demgegenüber stellte eine Reihe von Ländern fest, dass der Mangel an künstlerischer Bildung der Gesamtentwicklung eines Kindes abträglich war, besonders bei der Förderung der Kreativität. Im folgenden Beispiel aus der Republik Seychellen bemerkte man, dass, obwohl in diesem Land eine eingeschränkte künstlerische Bildung (die nur auf Fertigkeiten aufbaut) eingeführt worden war – und zu einigen deutlichen Verbesserungen zum Beispiel bei Bewegungsfertigkeiten geführt hatte –, wegen der einengenden Struktur der Programme weitergehende Erfolge der Künste nicht vorkamen:

> Mit der Ausnahme von technischem Zeichnen, Malen und Werken wurden auf der Schulebene keine der in der Umfrage definierten Programme künstlerischer Bildung initiiert. Neugier und Kreativität werden, besonders in der Primarstufe, nicht als positive Tugenden angesehen. Jedoch gibt es öffentliche Übereinstimmung dahingehend, dass die Bewegungsfähigkeiten und technischen Fertigkeiten (aber NICHT Kreativität) sich über die letzten zehn Jahre hinweg dramatisch gebessert haben.

Während dieser Absatz sich nur auf den Nutzen für das Erlernen der Künste konzentrierte, der sich als Ergebnis qualifizierter Kunstprogramme einstellte, wird von guter kunstorientierter Bildung angenommen, dass sie allgemein nützlich für verbesserte Bildungserfolge ist.

Der Beitrag künstlerischer Bildung zu verbesserten Bildungsabschlüssen und zu verbesserter akademischer Leistung

- Gute Programme künstlerischer Bildung führen zu Verbesserungen der schulischen Leistung;
- Die Lese- und Rechtschreibfähigkeit wird durch künstlerische Bildung signifikant erhöht;
- Kunstorientierte Bildung verbessert die Performanz beim Sprachenlernen;
- Künstlerische Bildung verbessert die Wahrnehmung der Schule bei Schülern, Eltern und in der Gemeinde.

Kunst hat einen genuinen Wert, aber die Auffassung, dass Kunst einen Wert in sich selbst hat, schließt zusätzlichen pädagogischen Nutzen nicht aus. Einer der wichtigsten Befunde, der in den Antworten aus allen Ländern deutlich wird, ist die Tatsache, dass gute kunstorientierte Programme positive Auswirkungen auf die Bildungsabschlüsse haben.

Die Daten zeigen an, dass 71% der qualifizierten Kunstprogramme direkt zu verbesserten schulischen Leistungen führten. In einer Reihe von Beispielen gab es aus den nationalen Erhebungen oder aus den Fallstudien starke empirische Daten, die die Annahme unterstützen, dass Programme künstlerischer Bildung die Bildungsabschlüsse der Schüler verbessern. Eine Studie, die in den USA durchgeführt wurde, fand heraus:

> Das Lernen in und mit den Künsten ist mit verbesserter Schülerleistung in Verbindung gebracht worden, aber die Mittel, durch die die Künste vielleicht kognitiven Zuwachs bei Schülern unterstützen, sind kaum dokumentiert. Dreißig Schüler über zehn Klassen hinweg mit erfahrenen Lehrer-Künstler-Partnerschaften wurden ausgewählt, um die Prozesse und Ergebnisse zu untersuchen, die mit Unterrichtseinheiten, in die Kunstbezüge integriert sind, einhergehen; im Vergleich dazu wurden Lernprozesse und Ergebnisse in vergleichbaren Einheiten ohne Kunstbezug betrachtet. Die Auswahl der Schüler repräsentierte gleichermaßen Schüler mit guten, mittleren und schwachen Leistungen. Auch wenn wir Unterschiede im Grad der Integration von Kunst feststellten, zeigten Schüler aus allen Leistungsgruppen im Anschluss an die Unterrichtseinheiten mit integrierten Kunstbezügen deutliche Verbesserungen darin, ihren eigenen Lernvorgang analytisch einzuschätzen. Solche Zugewinne wurden in den Gruppen mit traditionellen Lehrerfahrungen nicht fest-

gestellt. Auch beschrieben die Schüler den Unterricht mit integriertem Kunstbezug im Vergleich zu dem ohne Kunstbezug anders. Unterricht mit Kunstbezug: 1. fördert unabhängigen und intrinsisch motivierten Einsatz für das Lernen, 2. unterstützt das verstehende Lernen im Gegensatz zu dem Faktenlernen im Hinblick auf Tests, 3. verändert „Lernhindernisse" in der Charakterisierung durch Schüler zu „Problemen, die es zu lösen gilt", und 4. regt Schüler dazu an, weiteren Lerngelegenheiten außerhalb des Unterrichts nachzugehen.

In einer sehr aussagekräftigen nationalen Studie in Singapur fand man heraus, dass, wenn signifikante Verbesserungen der Entwicklung in den künstlerischen Fächern festzustellen waren, dies Engagement in den Künsten direkt zu besseren Lese- und Rechtschreibfähigkeiten und zu besserer Performanz im Englischen führte. Die Studie, die über drei Jahre lief, demonstrierte, dass:

- es eine Verbesserung der O-Level-Ergebnisse im Fach Kunst gab; von 50%, die im Jahr 2002 bestanden, zu 100%, die 2003 bestanden, davon 33% mit Auszeichnung.
- Der Rückmeldung von Lehrern und Eltern war zu entnehmen, dass die Schüler mehr Vertrauen in ihren eigenen Gebrauch und Ausdruck im Englischen zeigten, nachdem das *Speech und Drama*-Programm eingeführt wurde.

Bei den Ländern, die statistische Daten über Schülerleistungen vorlegten, zeigten die festgestellten Verbesserungen bemerkenswerte Ähnlichkeiten über ganz verschiedene Fallstudien hinweg. Im Hinblick auf die Lese- und Rechtschreibfähigkeit lag die festgestellte Verbesserung bei 18–24%, mit 22% als Schnitt. In der Mathematik lag die festgestellte Verbesserung zwischen 3% und 15%, die in verschiedenen Studien festgestellt wurde, mit einem Durchschnitt von 6% Verbesserung. Da nur wenige Länder Ergebnisse über die gemessenen Verbesserungen in der Sprache hatten (beim Spracherlernen anderer Sprachen als der Muttersprache oder der Herkunftssprache eines Kindes), ist es nicht möglich, auf breiterer Basis statistische Evidenz bereitzustellen, aber in jenen Fällen, in denen dieser Aspekt kunstorientierten Lernens gemessen wurde, berichtete man über signifikante Verbesserungen (vgl. das detaillierte Beispiel aus Singapur, das auf S. 140 folgt). Dieser besondere Aspekt von Wirkungsforschung rechtfertigt weitere Untersuchungen.

In Kanada haben eine Reihe detaillierter und umfassender Längsschnittstudien wiederholt die Verbindung zwischen der Teilnahme an qualifizierten Programmen künstlerischer Bildung und verbesserten Schülerleistungen aufgezeigt. Interessanterweise betonen diese Studien zugleich eine verringerte Abbrecherrate, erhöhte Zusammenarbeit der Schüler und ein positives schulisches Lernklima.

> Das von *Learning Through the Arts (LTTA)* organisierte dreijährige Evaluationsprojekt *National Arts and Youth Demonstration Project (NAYDP)* [zeigte, dass] Schüler, die an dem LTTA-Programm teilnahmen, Verbesserungen in den meisten, wenn nicht in allen Fächern zeigten (also auch in nicht künstlerischen Fächern). LTTA hat bei standardisierten Tests im Vergleich zu Nicht-LTTA-Schulen erhebliche Verbesserungen zu verzeichnen. Teilnehmer an NAYDP zeigen schulische Verbesserungen; sie haben eine niedrigere Abbrecherrate und ein höheres Bildungsniveau.

Darüber hinaus ist das *Learning Through the Arts (LTTA)*-Projekt, das 1995 durch das *Royal Conservatory of Music* eingerichtet wurde, national führend in der musikalischen Erziehung an Vorschulen und bei anderen pädagogischen Programmen. Das Projekt bringt Künstler und Lehrer mit dem Ziel zusammen, Lernmöglichkeiten für junge Leute auszuweiten. Dazu gehört ein Ansatz des Lernens durch die Künste, in dem die Künste dazu dienen, Zugang zu Konzepten zu schaffen und Bedeutungen zu vermitteln. In dem Projekt beteiligen sich mehr als 100 000 Schüler an 240 Schulen in sechs kanadischen Städten. Das Projekt setzt Interviews, Fallstudien, Fokusgruppen und Bilder ein und hat auf nationaler Ebene großen Einfluss, es nutzt auch die Zusammenarbeit mit Universitäten, Kunstorganisationen, Schulen und der Gemeinde. Die Befunde zeigen, dass Kinder, die bei dem Projekt mitmachten, mit Wahrscheinlichkeit gern zum Vergnügen lasen; weniger Zeit mit Fernsehen und Videospielen verbrachten sowie bessere Leistungen bei Sprach- und Mathematiktests zeigten. Obwohl solche eindrucksvollen Ergebnisse immer Anlass zu Methodologiedebatten bieten, sind die Ergebnisse in der Tat eindrucksvoll.

Diese Ergebnisse spiegeln sich in einer Zahl anderer Länder. In Australien wies die Forschung der *Education and Arts Partnership Initiative (EAPI)* nach, dass es starke kausale Zusammenhänge zwischen der Einbeziehung von künstlerischer Bildung und verbesserter schulischer Leistung sowie verbessertem Sozialverhalten gibt, besonders auf dem Gebiet der Lese- und Rechtschreibfähigkeiten. Eine umfassende Studie über eine Reihe von Beispielen in Australien, die von der australischen Regierung durch das *Department of Education, Science and Training,* das Australian Council und das *Department of Communications, Information Technology and the Arts* finanziert wurde, stellt weitere Belege dafür bereit, dass die Begegnung mit den Künsten positive Ergebnisse in der Allgemeinbildung fördert, besonders bei jungen Leuten, die indigen sind, in entfernten oder ländlichen Gemeinden leben oder aus benachteiligten Verhältnissen kommen. Die ausgewählten Standorte boten eine Vielzahl von Kunstprogrammen an mit einem besonderen Schwerpunkt auf Theater (auf zwei Sites, *Youth Arts with an Edge* und *Arts@Direk)* und Musik (auf zwei Sites im Northern Territory, *Boys' Business* und dem *Indigenous Music Education Programme).* Die Altersgruppen rangierten zwischen dem vierten Jahr (Grundschule) und dem zehnten Lernjahr (Sekundarschule); obendrein kamen die beteiligten Schüler aus unterschiedlichen Herkunftsgruppen. Die Vielfältigkeit der Standorte machte eine Vielzahl von Evaluationsstrategien nötig. Die Ergebnisse der Studie belegen, dass die Beteiligung an Kunstprogrammen sich positiv auf die Lernbereitschaft der Schüler auswirkt und dass sich bei Schülern aus indigenen Gemeinden die Regelmäßigkeit des Schulbesuchs verbessert (Anwesenheit war an anderen Schulen kein Thema). In einem Fall erzielte eine Gruppe des vierten Jahrgangs mit einem kunstorientierten Programm wesentlich bessere Ergebnisse in den allgemeinen Kompetenzen Problemlösung, Planung und Organisation, Kommunikation und Zusammenarbeit als eine entsprechende Gruppe ohne ein solches Programm.

Ähnlich beweist die Bastian-Studie in Deutschland, dass Musikunterricht an Schulen zu verbesserten Schulabschlüssen führt. Empirische Untersuchungen in den USA korrelieren das Angebot von qualifizierten Programmen künstlerischer Bildung mit verbesserten Schulabschlüssen. Zu diesen gehören *CAPE* in Chicago, *Big Thought* (Junges Publikum in North Texas) in Dallas, the *A+ Schools* in North Carolina, die *New England Conservatory Charter School* in Boston und die große Zahl von Studien, die in dem *Champions of Change*-Bericht genannt werden.

In Australien gab es ein Projekt, das die Wirkung eines Musikprogramms auf die Bildungsergebnisse von indigenen Lernern auswertete und dabei den anerkannten Bewertungsnormen für Mathematik, Lesen und Rechtschreibung im Englischen, wie sie im *National Indigenous English Literacy and Numeracy Strategy (NIELNS)* enthalten sind, folgte. Das Projekt fand heraus, dass künstlerische Bildung „Schülern ermöglichte, Schulleistungen zu erfahren und sich berufliche Möglichkeiten zu eröffnen auf genau dem Weg, den die australische Durchschnittsgesellschaft am meisten schätzt: nämlich durch gute Ergebnisse in australisch-englischer Sprachbeherrschung und Mathematik."

Diese Verbesserung der Bildung wurde besonders auf Gebieten wie der Sprachbeherrschung, dem Lernen von Fremdsprachen und bei der individuellen und sozialen Entwicklung eines Kindes deutlich. Eine ausführliche Studie in Singapur, die die Wirkung von Theatertechniken auf die Entwicklung der mündlichen Sprachfertigkeiten im neunten Lernjahr (*Normal Technical Stream)* untersuchte, fand heraus, dass die Verwendung einer kunstorientierten Pädagogik sich auf die Notenpunkte der Kinder im Fach Englisch deutlich auswirkte, wie die folgenden Details ihrer Untersuchung zeigen:

Das Projekt ist ein Musterexperiment, das testet, ob der Einsatz von Theater als Lernprozess bessere oder andere Ergebnisse bei mündlichen Noten für Schüler in der *Sec Four Normal Technical* produziert.

Die Teilnehmer sind Schüler der zehnten Jahrgangsstufe, im Alter von ungefähr 16, aus der untersten Leistungsgruppe (vergleichbar dem *D Stream*). Vier Schulen haben teilgenommen. Jede Schule nominierte eine Klasse von 40 Schülern als Interventionsgruppe und zwei der Schulen nominierten eine weitere Klasse derselben Stufe als Kontrollgruppe. Die vier Interventionsgruppen wurden von Testmoderatoren übernommen, während die zwei Kontrollgruppen mit ihren üblichen Englischstunden und den bisherigen Englischlehrern fortfuhren. Keiner der Schüler aus allen sechs Klassen hatte zuvor Theaterunterricht gehabt.

Die Studie umfasste 10 Einheiten von je einer Stunde Dauer. Diese wurden entweder mit jeweils 2 Einheiten pro Woche für 5 Wochen geplant und durchgeführt oder mit jeweils einer Wocheneinheit für 10 Wochen. Anstelle von theatralen Spielen oder Übungen, die die mündliche Kommunikation fördern, bestand das Format in kontextualisierten Aktivitäten innerhalb von vier Dramen. Die Schüler mussten innerhalb oder außerhalb einer Rolle agieren, in kleinen oder großen Gruppen, und arbeiteten beim Lösen gestellter Aufgaben zusammen. Zu den sprachlichen Aktivitäten gehörten Interviews, gemeinsames Erfinden von Rollen und Beziehungen, Erklären, Beschreiben, Befragen usw.

Die Daten wurden mit Hilfe der Journale der Moderatoren gesammelt und durch Interviews mit den Moderatoren, den regulären Englischlehrern und zufällig ausgewählten Schülern. Eingangstests und Abschlusstests wurden ebenfalls mit einer zufällig zusammengestellten Schülergruppe durchgeführt. Die Tests waren eng an die *GCE ‚N' level Oral*-Prüfungen angelehnt. Die Prüfer waren Lehrer, die die Schüler nicht kannten. Die Tests umfassten Gesprächsfragen im Anschluss an bildliche Anreize. Die Prüfer stellten einleitende Fragen und Fragen nach Beschreibung und Deutung, um die Schüler auf die Themen des Bildes hin zu orientieren. Die Fragen waren offen, sprachen Aspekte von persönlicher Meinung, Erfahrung usw. an.

Die Ergebnisse der mündlichen Prüfungen der Interventionsgruppen und der Kontrollgruppen wurden analysiert und verglichen. Man kam zu folgenden Schlussfolgerungen:

- Die Ergebnisse der Eingangstests waren bei beiden Gruppen gleich.
- Die Ergebnisse der Abschlusstests waren bei der Interventionsgruppe eindeutig besser.
- Die Interventionsgruppe zeigte bei ALLEN Bewertungsmerkmalen bessere Ergebnisse, nicht nur in einem Bereich.

Zitierte Interviews mit Schülern zeigten, dass es einen Zuwachs an Selbstvertrauen, dem Gefühl, flüssiger zu sprechen, und einen Abbau der Barrieren zwischen den ethnischen Gruppen gab.

Zudem wurden Schulen mit kunstorientierten Curricula von Kindern, ihren Eltern und dem weiteren Umfeld eher als positive und effektive Orte angesehen.

Carlos Mario Lema. Kolumbien, *Plan Nacional Música para la convivencia.* Das Foto haben Monica Romero und Clarisa Ruiz freundlicherweise zur Verfügung gestellt.

Es gab ebenfalls nachdrückliche Hinweise darauf, dass eine kunstorientierte Umgebung die allgemeine Zukunftsfähigkeit einer Kommune erhöhen kann, besonders in risikoreichen kommunalen Settings. In Kanada fand das *National Arts and Youth Demonstration Project (NAYDP),* ein im Jahr 2001 gegründetes dreijähriges Modellprojekt, das an fünf Orten in Kanada umgesetzt wurde und dessen Ziel es war, künstlerische Programme als alternativen Lernpfad auszuprobieren, um die Lebenschancen von Kindern und Jugendlichen aus ländlichen Kommunen mit geringem Einkommen zu verbessern, heraus, dass:

> das Projekt auf lokaler Ebene eine positive erneuernde Wirkung hat, die vom Schüler über die Familie bis in die Kommune hinein reicht. Bei den Kindern beobachtet man gewachsenes Vertrauen, Stolz, Selbstwahrnehmung, Interesse an den Künsten, Achtung anderen gegenüber und Engagement in der Gemeinde. Eltern und Gemeindevertreter berichteten in Interviews von ähnlichen Veränderungen. Für die Künstler als Partner im Projekt wirkte die Mitarbeit als Katalysator, erweiterte und beeinflusste ihre vorhandene künstlerische Praxis, indem sie zusätzliche Fertigkeiten und einen stärkeren Bezug zur Kommune entwickelten.

Ergänzend zu diesen empirischen Untersuchungen verwiesen viele Antworten auf Einzelberichte über verbesserte schulische Leistung. In Neuseeland wurden zum Beispiel von Eltern und Lehrern Verbesserungen bei den Schulabschlüssen genannt. Verbunden mit der Frage der Schulleistung wiesen einige Länder auf Einzelberichte darüber hin, dass sich das Klima an Schulen wegen der Einbeziehung der Künste signifikant verbessert und dies indirekt zu verbesserten Schulleistungen beigetragen habe. Diese Fertigkeiten wurden oft als allgemeine Lernfertigkeiten gesehen, die direkt auf verbesserte Schulergebnisse übertragen werden konnten. Eine Zahl von Kommentaren ähnelte diesem aus den Niederlanden:

> Künstlerische Bildung regt Kinder an, ihr Bestes zu geben, sie entwickeln ihre Talente in einer sicheren Umgebung und sie werden in angemessener Weise herausgefordert. Das gibt ihnen Selbstbewusstsein und Mut, wenn sie sich neuen Situationen gegenüber sehen. Ihre kommunikativen Fähigkeiten sind sehr gut und sie sind neugierig auf neues Wissen.

Von besonderer Relevanz ist die Art und Weise, wie manche Länder die Entwicklung von Problemlösungskompetenz, kritischem Denken und Fähigkeiten zur Kooperation und deren positive Auswirkungen auf akademische Leistungen direkt auf die künstlerische Bildung zurückführten. So hielt Österreich fest, dass die soziale Komponente von prozessorientierter Gruppenarbeit – wie sie bei gutem künstlerischen Unterricht vorkommt – den Grad, in dem Bildung realisiert wird, beeinflusst und verbessert. Die Antworten aus China merken an, dass „Projekte des Lernens durch die Künste erfolgreich die allgemeinen Fertigkeiten der Schüler förderten" und dass dies zu „verbesserter Schülerleistung" führe (vgl. Tabellen 9 und 10).

Tabelle 9: Wahrgenommener Beitrag der künstlerischen Bildung zu verbesserten Schulleistungen (%)

Stimme zu	38
Stimme nachdrücklich zu	33
Weiß nicht	21
Stimme nicht zu	8
Stimme nachdrücklich nicht zu	0
Keine Antwort/ungültig/unleserlich	11
Bitte um Beispiele (beigefügter Text)	0
Gesamt	100

Kumulierte Prozente.

Tabelle 10: Beitrag der künstlerischen Bildung zu Zielen der Allgemeinbildung

Kulturelle Ziele	88
Soziale Ziele	84
Künstlerische/ästhetische Ziele	84
Persönliche Ziele	64
Sprachliche Ziele	56
Mathematische Ziele	44
Ökonomische Ziele	44
Andere (beigefügter Text)	0
Keine Antwort/ungültig/unleserlich	7

Da Mehrfachantworten möglich waren, addieren sich die Prozentwerte nicht auf 100 Prozent.

Mehrere Länder identifizierten einen Zusammenhang zwischen der Einbeziehung der Künste in das Curriculum und der Schulwahrnehmung durch Schüler, Eltern und Gemeinde. Obwohl man einen direkten Zusammenhang zu besseren schulischen Leistungen nicht empirisch aufzeigen kann, wirkt sich die durch die Künste bewirkte verbesserte Einstellung der Gemeinde zur Schule auf die schulische Leistung aus. In Österreich zum Beispiel bieten all jene Schulen, die in der öffentlichen Wertschätzung ganz vorn liegen, mehr kulturelle Aktivitäten an als andere. Der positive Nutzen der künstlerischen Bildung für die allgemeine Schulleistung und die öffentliche Wahrnehmung der Schule war in den Ergebnissen aus dem Senegal evident, wo es hieß:

> Die künstlerische Bildung steht in ständigem Austausch mit den anderen akademischen Fächern:
>
> - Philosophie und Ästhetik
> - Mathematik
> - Sprachen und Literatur
> - Schautafeln in den Naturwissenschaften, Geschichte und Geographie
> - Sport
> - Dekoration der Schul- oder Universitätsräume
> - Organisation von Freizeitaktivitäten
> - Organisation von Festen und Zeremonien
>
> Darüber hinaus betonen die Menschen in Führungspositionen in vielen Ländern – in Feldern wie dem öffentlichen Dienst, der Rechtsprechung, der Armee, dem Sport, der Politik und dem Geschäftsleben – gern die Zusammenhänge zwischen ihren gegenwärtigen oder vergangenen künstlerischen Tätigkeiten und ihren Fähigkeiten bei der Arbeit und bei

Entscheidungen (Organisation, Anpassungsfähigkeit, Rhetorik, Sprechweise, Entspannung, Muße etc.).

Auch hier wurde wieder verstärkt zu empirischer Forschung aufgerufen, um die Erfolge künstlerischer Bildung – oder auch das Fehlen solcher Erfolge – für die Gesamtleistungen von Schülern zu dokumentieren. Dies wurde unterstützt durch die quantitativen Daten, die anzeigten, dass es in ungefähr einem Viertel aller Länder an ausreichender Evidenz fehlt, um den Nutzen der Künste für das Bildungsergebnis sicher nachzuweisen. Es wurde auch festgehalten, dass in 8% der Fälle künstlerische Bildung ganz fehlt oder von so schlechter Qualität ist, dass von ihr kein Nutzen kommen kann. Wie die Republik Seychellen bemerkt, ist es unmöglich, einen pädagogischen Nutzen zu erwarten, wenn künstlerischer Unterricht in einem Land nicht existent ist. Dies war auch in Spanien der Fall, wo man sich sorgt, dass die Reduzierung des Unterrichts in den Künsten bei gleichzeitiger Zunahme der Zeit, die vor Fernsehern oder Computern verbracht wird, nachteilige Folgen für das Lernen und die kulturelle Bildung hat.

Der Beitrag der künstlerischen Bildung zu einer verbesserten Haltung der Schüler

- Kunstorientierte Programme verbessern die Haltung der Schüler zur Schule;
- Künstlerische Bildung erhöht die Zusammenarbeit, Achtung, Verantwortlichkeit, Toleranz und Wertschätzung;
- Künstlerische Bildung hat einen positiven Einfluss auf die Entwicklung von sozialem und kulturellen Verständnis;
- Mehr Längsschnittstudien über die Wirkung künstlerischer Bildung sind nötig.

Die Zahlen, die statistisch mit dem Beitrag der künstlerischen Bildung zu verbesserter Haltung zur Schule verbunden werden (71% der Länder stimmten zu bzw. stimmten mit Nachdruck der Auffassung zu, dass kunstorientierte Programme die Haltung der Schüler zur Schule verbessern), ähneln denen zum verbesserten Lernen. Offensichtlich gibt es einen Zusammenhang zwischen verbesserter Haltung zur Schule und der Verbesserung der Leistungen in den Künsten und in anderen akademischen Fächern. Wieder einmal unterstrichen die Kommentare die Forderung nach Qualitätsprogrammen. Der relativ hohe Anteil von „Weiß nicht"-Antworten (20%) verweist auch auf den Bedarf an nachhaltiger Forschung zur Wirkung künstlerischer Bildung. Dies scheint besonders im Hinblick auf substantielle Evaluationsstudien der Fall zu sein, um spezifische pädagogische und für das Lernen wichtige Indikatoren für die Implementation von Qualität zu bestimmen; darüber hinaus sind Längsschnittstudien nötig, um die Wirkung solcher Implementationen auf das Kind, seine Haltung und sein Lernverhalten festzustellen.

In Kanada, Australien, dem Vereinigten Königreich, den USA und Finnland gibt es detaillierte Studien, die zeigen, dass gute künstlerische Bildung zu verbesserten Schülerhaltungen und mehr Vertrauen führt. In einer Zahl weiterer Länder gibt es starke Erfahrungsberichte, die nahelegen, dass das Engagement in den künstlerischen Fächern großen Anteil am emotionalen Wohlbefinden eines Kindes, seinem Selbstvertrauen und seiner Haltung zur Schule hat.

In Nigeria erkannte man an, dass die künstlerische Bildung die Fertigkeiten von Kindern und ihre Einstellung zum Leben verbessert. Das klang auch in Beobachtungen aus Österreich an, die nahelegten, dass die Künste zu „unterschiedlichen Standpunkten [führten und] helfen, den Geist zu öffnen." Ähnlich war man in China der Auffassung, dass künstlerische Bildung die Kinder dazu brachte, „Spaß am Lernen im Allgemeinen zu haben [und] mehr Selbstbewusstsein zu entwickeln und mit ihren *Peers* besser kommunizieren zu können." In Australien hat die Mitwirkung in Programmen künstlerischer Bildung bei indigenen Schülern zu verstärktem Engagement und höherer Anwesenheit in der Schule geführt. Senegal stellte fest, was Schüler im Unterricht in künstlerischen Fächern können: „In der Gruppe arbeiten, Großzügigkeit, intellektuelle Neugier, Phantasie und Humor zeigen, konstruktive Wertschätzung äußern, Beobachtungen zu ihrer Arbeit akzeptieren und den Sinn von Wettbewerb verstehen."

Kanada hatte ein sehr detailliertes Programm zur Auswertung des sozialen und sich in den Haltungen äußernden Nutzens künstlerischer Bildung. Aus Kanada wurde berichtet, dass „bei ‚sozialen Problemen' in Schulen die Künste routinemäßig die Erste Hilfe sind, auf die die Schulverwaltung und die Schulleiter zurückgreifen." Studien, die die kanadischen Projekte begleiteten, unterstützen die Auffassung, dass die Künste zu verbesserten Haltungen der Schüler und zu mehr Vertrauen beitragen. Details kann man unter dem *National Arts and Youth Demonstration*-Projekt und unter *Arts Network for Children and Youth (ANCY)* finden. Das erste ist ein Forschungsprojekt, das in Gemeinschaften mit hohem Risikofaktor bei Jugendlichen, Eltern und Lehrern geht und verbessertes Verhalten als Folge von künstlerischen Aktivitäten dokumentiert. *ANCY* ist eine Verbindung von Programmen und Organisationen, von denen viele Partner in anderen Organisationen oder Regierungsabteilungen sind (Gesundheit und Wohlfahrt, Justiz, *Royal Canadian Mounted Police*, kommunale Behörden, Gemeinde- und Freizeiteinrichtungen).

Die Antworten aus Kanada unterstreichen auch den Wert, der darin liegt, Erfahrungen mit künstlerischer Bildung außerhalb der traditionellen Schulgrenzen zu sammeln, um so Haltungen zu beeinflussen und das Vertrauen der Schüler aufzubauen. Studien aus Kanada legen nahe, dass Partnerschaften mit NGOs, Galerien, Museen und Künstlern den Erfolg künstlerischer Bildung erhöhen. Sie fügten hinzu, dass Partneragenturen „in der Regel zustimmen, dass die Ergebnisse [von Kunstprogrammen] sich positiv in der Schule und in der Gemeinde auswirken. Kunstorientierte Programme sind pädagogisch sinnvoll, finden aber nicht immer in der Schule statt. Der Pädagoge ist oft ein Künstler, der von einem der Partner unterstützt wird."

Dass die Einbeziehung von Künstler-Lehrer-Partnerschaften eine wertvolle Methode ist, die Haltung der Schüler zu verbessern, ging auch aus Daten aus Australien, Kolumbien, Neuseeland, dem Vereinigten Königreich, den USA und Finnland hervor. In Finnland gibt das Projekt *Girls, boys and gender play* nach den Berichten ein Beispiel dafür, wie Partnerschaften zwischen Schulen, Museen und örtlichen Behörden durch das Internet verstärkt werden können. Schulen und Museen wurden über das Internet zur Teilnahme aufgerufen. Es wurde vorausgesetzt, dass es immer zwei Partner gab, eine Schule und ein Museum oder ein regionales Umweltzentrum. Es gab 216 örtlich begrenzte Projekte und mehr als hundert der UNESCO verbundenen Schulen, die bei dem Projekt mitmachten. Alles in allem waren 400 Schulen, 500 Lehrer, 65 Museen und 15 Organisationen in 70 Gemeinden beteiligt. Die *Association of Finnish Local and Regional Authorities* wies darauf hin, dass in 87% der Kommunen die kulturellen Einrichtungen mit Schulen zusammenarbeiteten. Zu dem Projekt gehörte sowohl die Entwicklung von Lehrmaterial als auch Lehrerfortbildung.

Badu Island Primary School – Teilnahme am *100% in Control Croc Festival* in Thursday Island (Australien) – Juli 2005. Das Foto hat Peter Sjoquist freundlicherweise zur Verfügung gestellt.

Die beschriebenen Erfolge waren:

> Lehrer lernten so, mit außerschulischen Experten zu arbeiten, und Experten lernten, mit Lehrern und Schülern zu arbeiten ... Schüler wurden in örtlichen Projekten aktiv und ihrer Auffassung nach stellten Workshops, Ausstellungen, Exkursionen und ‚Besucher in der Schule' eine gute Lernmethode dar. Ihnen gefiel besonders die Idee des „learning by doing" (Kunstwerke, Herstellen von Arbeitsmaterial). Auch steigerten sich dabei die Fähigkeiten von Kindern und Jugendlichen, kooperativ zusammenzuarbeiten.

In Singapur beobachtete man, dass öffentliche Erfahrungen außerhalb des schulischen Kontexts (Besuche in Galerien und Museen, öffentlichen Ausstellungen, Aufführungen, Events) ein wichtiger Baustein dabei waren, positive Haltungen und Zutrauen bei den Kindern aufzubauen. Die zusätzlichen „Ausweitungs"-Aktivitäten waren beliebt und trugen zum Rundumerfolg der künstlerischen Bildung bei. Ein Beispiel:

> Der Ausflug nach Paris im Jahr 2003 beeinflusste die Schüler positiv, die eine deutliche Verbesserung ihrer Haltung der Kunst gegenüber wahrnahmen. Diese Änderung zeigte sich an der Begeisterung bei der Teilnahme an anderen Schulprojekten (*Craft and Food Fair*). Die Qualität der künstlerischen Arbeit nach dem Ausflug war besser und viel experimenteller, weil die Schüler dem Einsatz verschiedener Medien und Präsentationsstile gegenüber viel offener waren. Die jährliche *Craft and Food Fair* war ein Event, bei dem sich zeigte, wie sich die ganze Schule dem Beitrag der Künste öffnete. Jeder Schüler (aus jeder Stufe und jedem Zweig) zeigte eine optimistische Haltung beim Basteln für den Verkauf während der Ausstellung. Auch war die Teilnahme beim zusätzlichen Kunstangebot gut, besonders im *Normal Technical-(NT-)*Zweig. *Sec 1-3-(NT-)*Schüler zeigten große Begeisterung und Anteilnahme beim *Percussion Workshop.*

Ein signifikanter Anteil der qualitativen Antworten beschreibt den positiven Einfluss der Künste bei der Entwicklung eines Sinns für das demokratische und soziale ‚Selbst' *(selves)* der Kinder. In mehreren genannten Beispielen waren die Künste eng mit der Werteerziehung und mit der Entwicklung positiven Sozialverhaltens verbunden. So beobachtete man in Barbados zum Beispiel, dass „Werteerziehung genuiner Teil der künstlerischen Bildung" sei und dass die Teilnahme an künstlerischen Fächern „Zusammenarbeit, Respekt, Verantwortung, Toleranz und Wertschätzung" innerhalb des Lernprozesses fördere. Dieser Aspekt künstlerischer Bildung wurde beim Entwurf des allgemeinen Lehrplans in Kolumbien verbindlich gemacht:

> Das Bildungsministerium begann in den letzten Jahren damit, eine Reihe von Basisanforderungen für die Ausbildung in „demokratischer Kompetenz“ an Primar- und Sekundarschulen zu konstruieren. Unter „demokratischen Kompetenzen“ versteht man eine feste Reihe von kognitiven, emotionalen und kommunikativen Fähigkeiten und das damit verbundene Wissen über eine friedliche Koexistenz. Kinder und junge Menschen werden mit Mitteln ausgestattet, die ihnen helfen, friedlich miteinander umzugehen, mit Respekt vor den Unterschieden, die zu einer pluralen Gesellschaft wie unserer gehören. Kunst wird oft als Instrument bei der Vermittlung von demokratischen Kompetenzen genutzt. Beispiele für Projekte mit diesem Ansatz sind: *Plan Nacional de la Música para la Convivencia, Incolballet, Colegio del Cuerpo, Teatro Itinerante del Sol* und andere Versuche. Diese Projekte gehören zum Bereich der non-formalen Bildung.

Wenn Schüler die Chance bekamen, ihre künstlerischen Projekte auszustellen, zu erklären und an dem reflexiven Prozess teilzunehmen, der die Darbietung künstlerischer Projekte begleitet, verbesserte dies offensichtlich ihr Selbstvertrauen enorm. Dieser Prozess von Feedback und Reflexion wurde als wichtiger Beitrag zur Verbesserung des Lernens und des Zutrauens von Schülern verstanden. Das folgende Beispiel kommt aus Singapur:

> Nachdem sie von der Parisfahrt (2004) zurückkamen, die der Arbeitsmoral und dem Zutrauen der Kunstschüler mächtig Auftrieb gab, begannen die Schüler mit einem anderen Projekt, einer großen Kunstausstellung von vier Schulen im *Singapore Asian Civilisation Museum.* [In einem anderen Beispiel] meldeten Lehrer zurück, dass die *Speech & Drama*-Übungsprogramme Schülern halfen, ihr Vertrauen bei öffentlichen Reden sowohl in der Klasse als auch auf der Bühne zu entwickeln. [In einem anderen Beispiel] wurden Schüler der Sekundarstufe als Spielleiter oder Conférenciers *(Master of Ceremonies)* innerhalb der Schule eingesetzt.

Diesen Eindruck gewann man auch in Barbados, wo man festhielt, dass es eine große Begeisterung für Theater und Performance gab und dass die Schüler „ganz begierig darauf sind mitzumachen. Scheue Schüler werden allmählich weniger introvertiert. Ausdruck wird zugelassen, ja, wird sogar gefördert, ausgehend von den Interessen der Schüler und der Eignung der verschiedenen Kunstformen.“ Theater wurde als besonders geeignete Form künstlerischer Bildung angesehen, wenn es darum ging, Selbstvertrauen von Schülern zu unterstützen.

Im Senegal bemerkte man, dass Schüler des künstlerischen Unterrichts besonders initiativ waren, Schüchternheit überwanden und eher bereit waren, sich öffentlich wirkungsvoll auszudrücken. Ähnlich weisen substantielle Studien aus Finnland darauf hin, dass das Theaterspielen jungen Leuten „verschiedene Ausdrucksformen“ ermöglicht. Forschung aus Kanada bestätigt, dass künstlerische Bildung das Selbstvertrauen verbessert. Diese Befunde zeigten sich auch in Studien in den Niederlanden und in Österreich, während man in China registrierte, dass künstlerische Projekte jungen Leuten die Gelegenheit bieten, vor Publikum zu spielen, was sich positiv auf das Zutrauen der Kinder auswirke. In einer Zahl von Antworten wurde angemerkt, dass der Prozess der Präsentation die Reflexion bei Schülern fördere. So zeigt Forschung sowohl in Australien als auch in Österreich, dass die Entwicklung der Fähigkeiten zur Präsentation die persönliche Reflexion anregt und damit auch die kritische Einstellung der eigenen künstlerischen Arbeit gegenüber erhöht.

In anderen nationalen Systemen wie zum Beispiel in Spanien werden bestimmte Haltungen geradezu trotz des Mangels an künstlerischer Ausbildung in der Schule aufrechterhalten. Es wurde beschrieben, dass es in Spanien wegen der fehlenden Unterstützung künstlerischer Bildung in den Schulen fast unmöglich sei, die Entwicklung von künstlerischen Einstellungen und sozialen Erfahrungen aufrechtzuerhalten. Dennoch, so merkte man an, überleben künstlerische Haltungen durch „kleine Gruppen, die mit großer Anstrengung versuchen, [eine künstlerische Haltung] am Leben zu erhalten und den [künstlerischen] Geist und die Fähigkeit, zu denken, zu leben.“

Während die Mehrheit der befragten Länder eine stärker individuelle Haltung und ein gewachsenes Vertrauen feststellen, hielt ein ähnlicher Prozentsatz (80%) fest, dass künstlerische Bildung direkt das soziale und kulturelle Verständnis in der Schule und der weiteren Gemeinde verbessere. In Nigeria bemerkte man, dass die künstlerische Bildung die Möglichkeit eröffne, dass junge Menschen zwanglos miteinander umgehen, „unabhängig von Alter, Hautfarbe, Status“, und dass sie zur kulturellen Entwicklung der Schüler beitrage, weil sie „befähigt werden, den Wert der Kultur anderer Menschen zu schätzen.“ Man nahm in Nigeria an, dass diese kulturelle Diffusion durch die Ausstellungen von Arbeiten der Schüler möglich wurde. In Singapur nutzte man die Künste direkt zum Sammeln von Spenden, die an ärmere Gruppen innerhalb der Gemeinde verteilt wurden. Dieses Land wies auch darauf hin, dass die Konfrontation mit unterschiedlichen Kunstformen zu einem besseren kulturellen Verständnis führe, wie aus dem folgenden Beispiel deutlich hervorgeht:

> Die Spannbreite der Kunstdarbietungen (Vorführungen vor großen Auditorien während der regelmäßigen Schulversammlungen) und die Kunsterfahrungen (zum Beispiel der *Kolam*-Workshop) konfrontierten Schüler aus unterschiedlichen ethnischen Gruppen mit dem kulturellen Erbe der anderen, was zur kulturellen Entwicklung der Schüler an der

> Schule beitrug. Die Schule hat drei ethnische Tanzgruppen, nämlich den malaiischen, chinesischen und indischen Tanzclub. Während der Feiern zum Nationalfeiertag ergriffen Tänzer der drei Clubs die Initiative, gemeinsam eine Choreographie zum Thema ethnische Fusion zu machen. Während des Prozesses des Choreographierens und Übens hatten die Schüler aus verschiedenen ethnischen Gruppen die Gelegenheit, die Tanzformen der jeweils anderen kennen und schätzen zu lernen.

In Barbados gibt es eine starke Verbindung zwischen den Kunstprogrammen an Schulen und örtlichen und nationalen kulturellen und religiösen Feiern und Events. So sind zum Beispiel Schulen bei „nationalen kulturellen Events sowohl als Performer als auch als Zuschauer dabei: [wie bei] *Crop Over, Pan Yard Lines, Jazz Festival, Holders Hill Theatre Festival.*"

Junge Darsteller aus Niedersachsen auf der Bühne beim 20. *Schultheater der Länder* in Stuttgart, 2004, das vom Bundesverband Darstellendes Spiel organisiert wird. Das Foto wurde freundlicherweise von Dan Baron Cohen zur Verfügung gestellt.

In den USA ist eine Reihe von substantiellen Studien über die Wirkung der Künste auf die Entwicklung sozialer Fähigkeiten durchgeführt worden. Diese Studien weisen auf einen starken Zusammenhang zwischen dem positiven sozialen und kulturellen Bewusstsein und der Teilnahme an den Künsten hin. In den USA haben Bildungsforscher die soziale Entwicklung durch die Künste untersucht:

> Die Studien wurden von Steve Seidel in Harvard, Shirley Brice Heath in Stanford und von Rob Horowitz an der Columbia Universität durchgeführt; sie erscheinen in den Dokumenten *Champions of Change* und *Coming Up Taller Awards* (vgl. www.cominguptaller.org/new.html) und erkennen die Rolle der Künste beim Aufbau von sozialer Verantwortung an.

Andere Länder verwiesen auf allgemeine soziale Kompetenzen, die durch die künstlerische Bildung gefördert werden. In den Niederlanden zum Beispiel hielt man fest, dass gute künstlerische Bildung bei Schülern die Fähigkeiten fördere, „zu lernen, zusammenzuarbeiten, mit andern umzugehen, zu kommunizieren, um ein Ergebnis zu erreichen". Ähnliche Befunde gab es bei Forschungsprojekten im Vereinigten Königreich, in Kanada und Australien, wo man herausfand, dass künstlerische Bildung zum Wohlbefinden in indigenen und kulturell diversen Gemeinden beitrug. In diesen Situationen hat die künstlerische Bildung „heilende Effekte, wachsende Bewusstheit, Verständnis, Stolz und Feste" hervorgebracht. In diesen Gemeinden erstreckte sich die künstlerische Bildung über das Klassenzimmer hinaus und durchzog das Gemeindeleben. In dieser Hinsicht ging es streng genommen nicht um den Beitrag der künstlerischen Bildung an der Schule, sondern eher um den ganzheitlicheren Einschluss der Künste in das Alltagsleben.

In Kanada gab es auch eine Reihe von Künstlergruppen, die speziell den Auftrag hatte, die Fragen von Kultur und sozialer Unterschiedlichkeit anzugehen; diese Gruppen waren meistens in den Gemeinden verankert und arbeiteten mit den Schulen eng zusammen. In Spanien gab es einige reisende Schauspieltruppen, die sich des Themas der sozialen Diversität besonders annahmen und an den *días multitemáticos* Vorführungen machten. Das gab es auch in Dänemark, wo Kunst- und Kulturfonds dazu genutzt wurden, allen Kindern und allen Gemeinden Aufführungen und Ausstellungen zugänglich zu machen.

In Deutschland wurde der Prozess sozialer und kultureller Entwicklung formal durch den *Kompetenznachweis Kultur* dokumentiert; die Einrichtung von Projekten zur außerschulischen Kultur- und Kunsterziehung „zeigte deutlich Effekte auf die soziale und kulturelle Entwicklung von Schülern."

Ähnlich zeigen Studien aus Kolumbien an, dass das „kulturelle Erbe am wirksamsten durch künstlerische (Re-)Produktion generiert wird." Das beste Beispiel hierfür kommt aus der *Gobernación Norte de Santander* in Kolumbien. Dieses Gebiet an der Nordostgrenze zwischen Kolumbien und Venezuela hat eine Bevölkerung von 1 435 237, von denen 26% in ländlichen Gebieten und 74% in den Städten leben; 45% der Grundbedürfnisse werden durch die vorherrschende Bergbau- und Ackerbauwirtschaft nicht erfüllt. Seit mehr als 50 Jahren wird diese Region, die reich an Bodenschätzen ist, „durch einen bewaffneten Konflikt gedemütigt, der ein hohes Maß an Gewalttätigkeit schafft und gewaltsame Vertreibungen zur Folge hat." Es gibt Hinweise darauf, dass man diese Probleme – wenigstens zum Teil – durch künstlerische Bildung angehen kann. Das Projekt in *Norte de Santander* stellt „Kontaktstellen für lokale inter-institutionelle Treffen" bereit. Die Region entwickelt Pläne für künstlerische und kulturelle Aktivitäten und, auf nationaler Ebene, für Aktionen, die es den Bürgern ermöglichen, die Bildungsprozesse auf örtlicher Ebene „zu artikulieren, stärker zu machen und zu konsolidieren." Schulen in der Region werden zu „alternativen Räumen", die die „junge Bevölkerung – Kinder und Teenager –" ermutigen, „freie Zeit kreativ und konstruktiv als einen alternativen Ausdruck ihrer sozialen Wirklichkeit zu nutzen. Manchmal kommen alle guten Dinge zusammen."

Qualitative Kommentare aus dem Senegal betonen die wichtige soziale und kulturelle Wirkung, die von der Anerkennung für künstlerisches Bemühen ausgehen kann. Im Beispiel aus dem Senegal wird vorgeschlagen:

> Der Ausdruck von künstlerischem Talent trägt oft zur sozialen Anerkennung bei und weckt Bewunderung. Eine Auszeichnung zu gewinnen, sei es innerhalb der Klasse oder auf nationaler oder internationaler Ebene, wirkt sich immer sozial oder kulturell auf die Umgebung des Ausgezeichneten aus. Die Medien vergrößern noch diese Wirkung.

Künstlerische Bildung und die Öffentlichkeit

- Künstlerische Bildung spielt eine Hauptrolle bei der kommunalen und kulturellen Entwicklung und sollte deshalb eine Hauptrolle in den Lehrplänen für die Allgemeinbildung spielen;
- Gute künstlerische Bildung an Schule kann zu sozialen, ökonomischen Verbesserungen in Kommunen führen und den Bildungsstand dort verbessern;
- Verbindungen zur Kommune vergrößern den Erfolg von Kunstprogrammen;
- Aufführungen und öffentliche Präsentationen von kunstorientierten Programmen unterstützen die positive Wahrnehmung des Einzelnen, der Schule und der Gemeinde.

Forschung in unterschiedlichen Ländern zeigt an, dass Partnerschaften und engere Verbindungen zwischen der künstlerischen Bildung, den Künsten und der kulturellen Öffentlichkeit den Wert von kunstorientierter Bildung erhöhen und indirekt zur Einrichtung einer Reihe von professionellen Performance- und Künstlergruppen führten, die primär im Bereich von Bildung und Kommune arbeiten.

Die Daten zeigen deutlich, dass die Unterstützung von Gemeinschaftssinn und kulturellem Bürgersinn eine der Schlüsselrollen der künstlerischen Bildung ist. Von allen unterschiedlichen positiven Folgeerscheinungen, die der künstlerischen Bildung zugesprochen werden, ist der Bereich der Gemeinde- und Kulturentwicklung der wichtigste. 87% der Länder sagten aus, dass künstlerische Bildung die Bindungen innerhalb der Kommune verbessert habe, und 88% der Antworten hielten fest, dass die künstlerische Bildung den kulturellen Dialog und das Verständnis für unterschiedliche Kulturen verbessert habe. Noch spezifischer sagten 80%, dass die künstlerische Bildung dazu geführt habe, dass sich die Kommune und die Familien stärker für Bildung einsetzten. Diese hohen Prozentanteile legen nahe, dass die künstlerische Bildung eine wichtige Rolle bei der Gemeinde- und Kulturentwicklung spielt und dass sie deshalb selbst eine wichtigere Rolle in allgemein bildenden Lehrplänen spielen sollte. Die qualitativen Daten weisen auf extensive und unterschiedliche Modelle von Mitarbeit und Engagement in der Kommune hin, die durch künstlerische Bildung ausgelöst wurden. Die qualitativen Kommentare legen auch nahe, dass kulturell starke Kommunen sowohl Programme künstlerischer Bildung bereichern können als auch selbst dadurch bereichert werden.

In den USA gibt es auf nationaler Ebene Berichte über die kommunale Entwicklung. Diese Berichte bestätigen die Rolle der künstlerischen Bildung bei der Förderung nachhaltiger kommunaler Gemeinschaften.

> Diese Fragen [Fragen von künstlerischer Bildung und Gemeindeentwicklung] werden in zwei Publikationen angesprochen: *The Community, Culture and Globalization,* die von der *Rockefeller Foundation* in Auftrag gegeben und von Dan Adams und Arlene Goldbard herausgegeben wurde, und *Creative Community: The Art of Cultural Development* von Adams und Goldbard. Es gibt auch einen neuen Bericht über Kunst in den Gemeinden: *The State of the Field of Community Cultural Development: Something New Emerges* http://www.communityarts.net/readingroom/archive/canreport/.

Die drei obengenannten Studien geben ein umfassendes Bild von der Rolle der künstlerischen Bildung bei der kommunalen Entwicklung innerhalb des US-amerikanischen Kontextes. Die Daten wurden auch auf einem nationalen Forum über *Promoting the Value of the Arts* in Australien und auf weiteren Foren in Neuseeland, England und Schottland präsentiert. Glasgow zum Beispiel steuerte einen Beitrag (insbesondere auf dem Gebiet von Design) bei und verwandelte die Stadt in eine kreativere und modernere Kommune. Eine Reihe von Fallstudien aus den englischen *Creative Partnerships*-Projekten verweisen deutlich auf die Rolle guter künstlerischer Bildung beim Modernisieren von Kommunen und beim Aufbau effektiver kommunaler Bildungspartnerschaften, die beiden Seiten, den Schulen und der Gemeinde, deutlichen Nutzen bringen.

In den qualitativen Daten gab es viele Beispiele für kleinere – aber genauso bedeutende – Ansätze dafür, wie Projekte künstlerischer Bildung engere Verbindungen zwischen der Schule, der Kommune und der Familie beförderten. In Singapur zum Beispiel erreichte die *Annual Craft & Food Fair* eine höhere öffentliche Aufmerksamkeit und mehr Engagement der Eltern (bei der Unterstützung von Schülern beim Aufbau der Stände für das Essen und für handwerkliche Produkte, deren Verkaufserlös gespendet wird, und sogar beim Aufbau eigener Stände als Elternhilfe). Ähnlich laden in Hongkong Schulen üblicherweise die Eltern und Nachbarschulen zu ihren Aufführungen ein und binden auf diese Weise die Eltern und die Kommune ein.

In Australien gab es eine deutliche qualitative Evidenz für die Einbeziehung von Familien und der Kommune in die Künste und die Bildung durch das Programm *Remote MusicDelivery* der *Charles Darwin University*, das abgelegene indigene Kommunen mit musikalischer Bildung versorgte. Dieses Programm basierte auf der systematischen Einbeziehung indigener Musiker aus der Kommune bei der Planung und Durchführung eines Musikprogramms an Schulen; dabei fand man heraus, dass die Partnerschaft zwischen den Künsten und der Bildung direkt zu größerer Einbindung von Familien und Eltern in die Schulgemeinschaft ihrer Kinder und in die alltäglichen Bildungsprozesse führte.

Auch in Deutschland bringen Projekte kultureller und künstlerischer Bildung in und außerhalb von Schulen „für junge Menschen aus benachteiligten Stadtteilen sehr oft die Familien dieser Jugendlichen zum ersten Mal in Kontakt mit den Künsten."

Viele der Länder sahen Verbindungen zur Kommune als wichtigen Bestandteil erfolgreicher Programme künstlerischer Bildung an. In Österreich gehören die Zusammenarbeit von Schulen und Künstlern und die Präsentation der Arbeit innerhalb eines kommunalen Kontextes zu guten künstlerischen Programmen. Auch in den Niederlanden soll Kunst gemeinsam angesehen werden können, und auf diese Weise werden Eltern und die Kommune dazu angeregt, sich für Bildung zu engagieren. In Kolumbien betonen die meisten der dort entwickelten Kunstprojekte pädagogische Maßnahmen und pädagogische Prozesse, die die Eltern und die Kommune einbinden. Die Erfahrung aus Kolumbien legt Folgendes nahe:

> Diese Prozesse [der Einbeziehung der Kommunen] sind selbst zum Teil des kreativen Prozesses geworden und dessen Bezug auf die Öffentlich-

keit gewinnt von Tag zu Tag mehr Bedeutung. Es ist wichtig zu betonen, dass die komplexe Dynamik unseres Landes die Familie und die Kommune zu den hauptsächlichen Trägern der Vermittlung traditioneller Ausdrucksformen von Kunst und Kultur macht, durch informelle Kreisläufe. In diesen komplexen Zusammenhängen verknüpfen sich informale kulturelle Bildung und formale Bildung eng miteinander.

Diese Situation ist im Senegal ähnlich, wo es die künstlerische Bildung ermöglicht, „dass Familien und Kommunen bestimmte Aspekte ihrer lokalen Kultur (Lieder, Tänze, Trachten, Wohnen) deutlich verbessert sehen. Dies trägt dazu bei, die Identität der Schüler und auch die der Kommune zu entwickeln und zu stärken." Dies wurde im Senegal hauptsächlich durch ein Kunst- und Kulturprogramm erreicht:

> Entstanden im Rahmen eines Programms zur künstlerischen Bildung zur Förderung der Künste und der Pflege bürgerlichen Engagements an Schulen, ist *‚Educ' Art' Carnival* eine „Modenschau" in den Straßen von Dakar. Jungen und Mädchen werden aufgefordert, sich möglichst fantastisch zu verkleiden, mit Kostümen, Make-up, Frisuren und Accessoires, die sie selbst im Kunstunterricht hergestellt haben. Sie werden dann eingeladen, eine Parade in den Straßen zu machen, begleitet von Liedern, Tänzen und Instrumentalmusik. Auch Künstler machen bei dem Projekt mit.
> Der Zweck ist es, die spielerische, ästhetische, kulturelle und soziale Dimension künstlerischer Bildung zu fördern. Der *‚Educ' Art' Carnival* scheint eine sehr wirkungsvolle Möglichkeit zu sein, die soziale Funktion von Schule zu fördern. Deshalb wurden auch bei den ersten beiden Malen soziale Themen gewählt: Die Förderung der Rechte von Teenagern im Jahr 2003 und dann *Tlibé*, ein Plädoyer zum Thema schwieriger Kindheit.

In Nigeria bemerkte man, dass sich mit der Zunahme von künstlerischer Bildung an den Schulen das Interesse an traditionellem Handwerk erneuerte und dass dies einen positiven Effekt auf die wirtschaftliche Situation einer Reihe von Kommunen hatte.

Künstlerische Bildung erweist sich als sehr effektiv dabei, Eltern und die Öffentlichkeit in die pädagogischen Zusammenhänge einzubeziehen, aber es ist auch klar, dass Programme künstlerischer Bildung ein effektives Mittel sind, die Reichweite von Bildungsprogrammen in die Kommune hinein zu verlängern. So waren in Singapur zum Beispiel Schulgruppen mit Aufführungen aktiv in kommunale Events eingebunden. Sie trugen als Band zur *Yio Chu Kang Community Centre's Opening Ceremony* und zu *Christmas Bash, Fringe Performances at Sentosa* und zur *National Day Parade* bei. Diese Events führten dazu, dass die Schulen als exzellent anerkannt wurden und dass ihr Prestige und ihre Attraktivität ganz allgemein wuchsen. Dies wiederum verbesserte das Image einer Kommune als ‚Ort, an dem man gerne lebt.'"

In Barbados ist man der Auffassung, dass künstlerische Bildung lebensbegleitendes Lernen und die Bindung an die Gemeinde stärkt. Zum Beispiel „machen Schüler einen Schulabschluss im Tanzen und tanzen anschließend in den kommunalen Tanzschulen weiter."

Es wurde festgehalten, dass „Familien [in Barbados] sich gern beim Verkleiden, Schminken, Kartenverkauf und Transport engagieren." In Kolumbien ist die Beteiligung der Kommunen eine Kernanforderung der Lehrplanreform für musikalische Erziehung. Der *Plan Nacional de Música para la Convivencia* fördert die Teilnahme der Gemeinde an den Prozessen der Schaffung und Sicherung von Musikschulen unterschiedlicher Ausrichtungen. Das Programm ermuntert die Kommunen dazu, sich um ihre Musikschulen herum zu organisieren, um so in der Kommune Verbindungen entstehen zu lassen, die die künstlerische Entwicklung von Kindern und Jugendlichen wesentlich fördern.

Die Chance, künstlerische Leistungen innerhalb des kommunalen Zusammenhangs darzustellen, wurde auch als ein Weg angesehen, um die Identität und das Vertrauen der Schüler zu entwickeln. Als Beispiel Folgendes:

> Das Ergebnis wurde durch die Art, wie die Künste unterrichtet wurden, und durch die Entwicklung von kulturellen Aktivitäten geprägt, die es Schülern erlaubten, sich der Kommune mit größerem Vertrauen auf ihren künstlerischen Ausdruck anzunähern. Kinder und die Gemeinde fordern [kommunale Aufführungen] und die aktive Teilnahme an den monatlichen oder jährlichen Auswahlaufführungen beschert Vergnügen. Die Kunstschulen sind daran gewöhnt, offen für die Kommune zu sein und ihre Leistungen mit dieser zu teilen.

Die Einbeziehung der Kommune wird auch als eine Möglichkeit gesehen, innerhalb einer Schule oder Gemeinde ein harmonisches Verhältnis zwischen den Rassen zu entwickeln und Identität und kulturelle Differenz anzuerkennen. Dieser Aspekt wurde durch Untersuchungen im Vereinigten Königreich identifiziert.

> Der *Ofsted*-Bericht *Improving City Schools* (HMI 2003) hält fest, dass der Lehrplan in künstlerischen Fächern an vielen der besuchten Primar- und Sekundarschulen so konstruiert ist, dass der Reichtum der kulturellen Diversität als Vorteil genutzt wird. Es wurden starke Verbindungen zwischen den Eltern und örtlichen, kulturell diversen künstlerischen

Organisationen festgestellt. Ein Lehrer benannte die Unterstützung, Entwicklung und Ausweitung lokaler Kulturen als maßgeblich für den Erfolg.

Downing et al. (2003) baten Lehrer und Schulleiter, die fünf wichtigsten Lehrziele für den Unterricht in den Künsten an ihrer Schule in eine Rangfolge zu bringen. Eine der Wahlmöglichkeiten war „Verständnis und Respekt anderen Kulturen gegenüber". 23% der Schulleiter und 20% der Lehrer nannten dies unter den ersten fünf. Dies war ein moderates Ergebnis, wenn man es auf die 17 Wahlmöglichkeiten bezieht.

Harland et al. (2000) untersuchten die Entwicklung von Aufmerksamkeit und Verständnis im kulturellen Bereich, darunter auch die Aufmerksamkeit für unterschiedliche kulturelle Traditionen. Die Lehrer antworteten, dass sich alle Kunstformen positiv auf kulturelle Aufmerksamkeit auswirken. Sowohl in Schulen mit hohem Anteil von Kindern aus ethnischen Minderheiten als auch in solchen mit niedrigem Anteil hielt man die Künste für die Entwicklung der Haltung junger Menschen einer multiethnischen und multikulturellen Gesellschaft gegenüber für wichtig. Lehrer fanden es bedeutend, dass Kinder etwas über die eigene Kultur erfahren, aber auch über die anderer Menschen. Wie die Lehrer empfanden es auch die Schüler so, dass alle Kunstformen zur Entwicklung von Aufmerksamkeit für andere Kulturen beitragen.

In Deutschland und Finnland verknüpfen bestimmte Programme künstlerische Bildung mit kulturellem Verständnis.

[In Finnland] arbeiteten die *University of Art and Design* und die *University of Music* mit der Stadt Helsinki zusammen, um in einer Schule, wo es viele Flüchtlinge und Einwanderer gab, ein wundervolles Projekt zu starten. Die Ergebnisse dieses Projektes waren überaus positiv. Die Atmosphäre in der Schule änderte sich und die Arbeit in der Schule wurde für die ausländischen Schüler viel interessanter. Der multikulturelle Aspekt ist im nationalen Kerncurriculum fest verankert. Erfahrene Berater kümmern sich um die mit der UNESCO verbundenen Schulen. Auch die Schulen arbeiten über diese Themen.

In Deutschland beobachtete man, dass schulische und außerschulische Kunstprojekte wegen des unterschiedlichen ethnischen Hintergrundes der Schüler in ihrer Klasse oder Gruppe oft ein ‚interkulturelles' Thema oder einen solchen Gegenstand wählen.

Projekte künstlerischer Bildung bereiteten oft den kulturellen Austausch zwischen Lehrern und Kindern vor. In Barbados gibt die Projektmethode, die man für die künstlerische Bildung gewählt hat, den Schülern Gelegenheit, andere Völker und andere Kulturen zu erforschen. Barbados war kürzlich Gastgeber für zwei Lehrergruppen aus dem Vereinigten Königreich, die bei Kulturerkundungen den Unterricht in den Künsten an den Schulen von Barbados besuchten. Auch fördert das *African Caribbean Film Festival* den Austausch zwischen Filmemachern und Studenten aus Barbados.

Das Bildungsministerium in Kolumbien entwickelt zur Zeit ein Projekt in *Ethnoeducación*, in dem Schüler unterschiedlicher ethnischer Herkunft in ihrer eigenen Sprache oder ihrem Dialekt lernen. „Die Programme nutzen die künstlerische Bildung dazu, demokratische Kompetenzen zu lehren und in den Schülern die Vorstellung eines interkulturellen Dialogs zu befördern.“ Dies ist für die Bildung in Kolumbien im Hinblick auf die Pluralität dieser besonderen Gesellschaft wichtig.

Bei anderen Beispielen ist die Beteiligung der Kommune zufälliger. In Finnland zum Beispiel ist das kommunale Engagement für künstlerische Bildung in einigen Gemeinden sehr gut, in anderen eher schwach. In Situationen, in denen es gute und verlässliche Beziehungen zwischen den Schulen und den Kommunen gibt, finden wir „Kulturzentren, besondere Kulturprogramme, Schulkinos und außerschulische Kunstschulen, Passsysteme für den Besuch kultureller Events, von Museen und so weiter“. Durch den Aufbau derart verlässlicher Beziehungen erkennt man an, dass der familiäre Hintergrund und die fehlende Erfahrung von Eltern im Umgang mit künstlerischer Bildung sich negativ auf das Engagement der Familien auswirken.

In Spanien zum Beispiel kommt familiäres oder kommunales Engagement nur dann vor, wenn es sich um ein besonderes Ereignis handelt, um religiöse oder nationale Feiern, aber diese lassen sich nicht in verstärkte elterliche oder kommunale Unterstützung für die künstlerische Bildung übersetzen. In Spanien gibt es „sehr wenige Kulturzentren, wo Informationen mit Kindern oder Jugendlichen aus anderen Ländern, mit anderen Mentalitäten und Kulturen ausgetauscht werden.“ Die Daten aus Spanien legen den Eindruck nahe, dass dies angesichts einer zunehmend globalen Welt eine besorgniserregende Unterlassung in der Bildung der jungen Leute ist.

Die Entwicklung nachhaltiger Beziehungen zu Künstlern, Galerien, Museen und anderen künstlerischen oder kulturellen Gruppen und Organisationen scheint der Schlüssel zu einer verbesserten Partnerschaft zwischen der Kommune und der künstlerischen Bildung zu sein. In Nigeria werden Programme entwickelt, die die künstlerische Bildung in die Gemeinde hinein tragen. Durch die Interaktion mit Künstlern, den Besuch von Ausstellungen, die Teilnahme an Workshops und Exkursionen werden starke kommunale Verbindungen zu Programmen künstlerischer Bildung geschmiedet. In ähnlicher Weise suchen Schulen in Singapur von sich aus Partner, die bei Schulprogrammen mitmachen. Diese Partnerschaften verstärkten die Bindungen an die Gemeinde. Zum Beispiel „gelang es einer Schule auszuhandeln, dass die Kunstausstellung der Schule in den nächsten drei Jahren ins *Singapore Asian Civilisation Museum* eingeladen wird“, und „die zunehmende Stärke der Schule im Bereich der darstellenden Künste führte zu vielen Einladungen zur Teilnahme an örtlichen kommunalen Veranstaltungen“. In einem völlig anderen kommunalen Kontext werden alte indigene Menschen eingesetzt, um Programme künstlerischer Bildung in abgelegenen Gegenden Australien anzubieten.

Engere Verbindungen zwischen der künstlerischen Bildung und der Gemeinschaft der Kunst- und Kulturschaffenden führten direkt zur Einrichtung einer Reihe professioneller Performance- und Künstlergruppen, die an erster Stelle in pädagogischen und kommunalen Zusammenhängen arbeiten. In Australien gibt es viele Performancegruppen, deren gesamtes Programm darauf zielt, die Künste in den Schulen und in den Kommunen zu fördern. In Barbados gibt es eine „Welle kommunaler Performancegruppen, die von der Geschäftswelt in den entsprechenden Bezirken unterstützt werden“; auch „die Kirchen begrüßen die darstellenden Künste als eine Art von Predigt, die die Jugend in besonderer Weise einbezieht.“

Zusammenfassend lässt sich sagen, dass das Zusammenbringen der Bildung und der Kommunen offensichtlich ein wichtiger Effekt der künstlerischen Bildung ist. Forschungsstudien in England zeigen, dass dies ein großer Vorteil des vollständigen Einschlusses der künstlerischen Bildung in den Pflichtlehrplan ist:

> Schulleiter wurden von Downing et al. (2003) befragt, worin denn der Nutzen der Künste für die Schule und die Schüler liege. Eine übliche Antwort auf diese Frage war, dass die Künste den Schulen helfen, den zuständigen Kommunen die Hand zu reichen. Eine Schule wird zitiert, die erwähnt, dass sie in der Gemeinde ein schwaches Profil hatte, dass sie aber mit Hilfe der Künste das Schulprofil stärkt. Der Plan *Space for Sports and Arts* und *Specialist Arts Colleges* tragen dazu bei, die Bindungen zwischen den Schulen und den jeweiligen Kommunen zu entwickeln.

Der Nutzen der Künste für die Profilbildung einer Schule wurde auch in Daten aus Kanada deutlich, wo man fand, dass die Künste beim Marketing der Schule Eltern und Kommunen gegenüber immer eine Rolle spielen. Sie seien integraler Bestandteil „im Leben der Schulgemeinschaft.“

Künstlerische Bildung, Vorstellungskraft und Kreativität

- Kreativität und Vorstellungskraft können in Prozessen, die auf Kunst basieren, gefördert werden;
- Schlechte künstlerische Bildung oder das Fehlen von künstlerischer Bildung können die Entwicklung von Kreativität und Vorstellungskraft behindern;
- Künstlerische Bildung kann kreativere und interessantere Lehransätze anregen.

In guter kunstorientierter Bildung ist das Verhältnis zwischen Lehrern und Schülern kooperativ und vertrauensvoll. In diesem Kontext ist es möglich, ein Klima zu erzeugen, das vielleicht besonders kreative und einfallsreiche Lernergebnisse zur Folge hat. Jedoch sei zur Vorsicht gemahnt: Die aufwendige Forschung, die dieser weltweiten Studie zugrunde liegt, zeigt wenig Evidenz dafür, dass die Künste allein – oder auch nur überwiegend – sich direkt auf die Bereiche Kreativität und Vorstellungskraft auswirken. Obwohl man lange den Glauben gehegt hat, dass die Künste in Kindern Kreativität und Vorstellungskraft entwickeln, gibt es nur eingeschränkte empirische Evidenz dafür, dass dies die beweiskräftige Schlussfolgerung dieses Berichts sein könne. Man könnte sagen, dass die Begriffe *Kreativität* und *Imagination (Vorstellungskraft)* unzureichend verstanden werden und dass vergleichende und empirische Daten nur schwer zu gewinnen sind.

Die Fragen nach Kreativität und Vorstellungskraft führten zu den unterschiedlichsten Antworten, die so divers waren wie in keinem anderen Bereich der Umfrage. Während der allgemeine Konsens die Meinung unterstützt, dass künstlerische Bildung Kreativität und Vorstellungskraft hervorbringe, gab es auch verbreitete Auffassungen, dass diese Eigenschaften durch die Künste gefördert, nicht aber direkt gelehrt werden können. Dies wird durch den Kommentar einer Antwort aus Kanada unterstrichen: „Persönlich glaube ich nicht, dass man Vorstellungskraft besser lehren kann, als wenn man eine freie, offene, nicht bewertende Umgebung mit vielen Möglichkeiten schafft, Vorstellungskraft zu erforschen."

Diese Sichtweise spiegelte sich auch in Ergebnissen einer Studie aus England, wo Schüler über Vorstellungskraft und die Künste interviewt wurden:

> Harland et al. (2000) untersuchten die Ansichten von Schülern über die Entwicklung der Vorstellungskraft im Kunstunterricht. Viele Schüler verwiesen auf Vorstellungskraft als einen Effekt des Kunstunterrichts.
> Unter Vorstellungskraft verstanden sie, eigene Ideen zu haben oder das Werk anderer Künstler zu interpretieren und dies mit eigenen Vorstellungen zu verknüpfen. Die Schüler sprachen davon, Vorstellungskraft durch ein Gefühl von Freiheit und Spontaneität zu entwickeln. Die Betonung lag in den Kommentaren der Schüler auf den imaginativen und kreativen Prozessen, nicht auf dem Produkt des Kunstunterrichts.

Es gab auch die Auffassung, dass eine Überbetonung von Kreativität und Vorstellungskraft nachhaltiger künstlerischer Bildung abträglich sein könne, wenn nämlich diese Ziele gebraucht würden, um Ansätze zu rechtfertigen, denen es an Strenge fehle, und die die Schüler nicht mit den kognitiven und fachgebundenen Fertigkeiten ausstatten, die nötig sind, um wirklich an den Künsten teilhaben zu können.

Die quantitativen Daten zeigen, dass, während 75% der Länder anerkennen, dass Kreativität durch gute künstlerische Bildung erhöht werde, ein relativ hoher Anteil von 25% der Länder in ihren Antworten der Auffassung zuneigt, dass es nur eine geringe oder überhaupt keine Verbindung zwischen der künstlerischen Bildung und der Entwicklung von Kreativität und Vorstellungskraft gibt.

Das *Vogler-Quartett* im *Sligo Pilot Project* 1999–2004. Musikalische Bildung durch Workshops im Klassenzimmer mit dem Vogler-Quartett. Das Bild wurde freundlicherweise von Mary McAuliffe, *County Sligo Arts Officer*, Irland, zur Verfügung gestellt.

Diese Zahlen sind interessant, weil Kreativität und Vorstellungskraft traditionell als der Hauptgrund für den Einschluss der Künste in den Lehrplan angesehen werden. Vor dem Hintergrund der Daten aus unseren Studien scheint es bei weitem bedeutsamer zu sein, dass die Künste zur kulturellen und kommunalen Entwicklung beitragen und dass die Entwicklung von Vorstellungskraft und Kreativität zwar noch wichtig, aber insgesamt doch von geringerer Bedeutung ist.

Bezeichnenderweise wurden Kreativität und Vorstellungskraft eher als Lehr- und Lernmethode denn als Inhalt wahrgenommen. So ist zum Beispiel ein kunstorientierter Lernansatz mit höherer Wahrscheinlichkeit originell, engagierend, offen, schülerzentriert. Im Gegensatz dazu wurden in der Republik Seychellen kreativere Ansätze für Lehr- und Lernmethoden als gefährlich und anti-sozial wahrgenommen. In diesem System wird „Kreativität in der Praxis mehr oder weniger als abweichendes, anti-soziales Verhalten gedeutet, egal, ob es ein Schüler oder ein Lehrer zeigt. Natürliche Neugier könnte, so glaubt man, Unglück bringen."

In Barbados und England sind besondere Programme entwickelt worden, um innerhalb von allgemeinen Lernansätzen Kreativität und Vorstellungskraft zu entwickeln. Das *PEACE*-Programm in Barbados bildet Lehrer darin aus, theatrale Strategien einzusetzen, um den Lehr- und Lernprozess in allen Fachgebieten zu verbessern. In England gibt es viele Beispiele für Versuche, mehr auf Kreativität basierende Methoden des Lernens einzusetzen:

> Das *Creative Partnership*-Programm der *Arts Councils* gibt Schülern überall in England die Möglichkeit, Kreativität beim Lernen zu entwickeln und bei kulturellen Aktivitäten von bester Qualität mitzumachen. Einiges von dieser Arbeit geschieht durch künstlerische Bildung. Das Forschungsprogramm, das mit *Creative Partnerships* verbunden ist, wird dies untersuchen, jedoch liegt zur Zeit noch kein Bericht vor.
>
> *Arts Education in Secondary Schools: Effects and Effectiveness* (Harland et al. 2000) untersuchte die Entwicklung von Kreativität und Denkfertigkeiten. Zahlreiche Antworten sowohl von Lehrern als auch von Schülern über Kreativität als Ergebnis des Unterrichts in den Künsten liegen vor. Für Schüler bedeuteten Kreativität, Vorstellungskraft und Experimentieren, dass sie ihre eigenen Ideen verwenden konnten. Kreativität wurde häufig als Ergebnis des künstlerischen Unterrichts gesehen; jedoch hatten die Schüler einen sehr weiten Begriff von Kreativität. Es gab keinen Gedanken an Progression oder Sequentialität, an dem Schüler die Entwicklung von Kreativität festgemacht hätten.

Projekte und Einrichtungen wie das *Colegio del Cuerpo, Taller del Parque, Imaginando Nuestra Imagen, Mafalda* und *Academia de Arte Guerrero* in Kolumbien fokussieren sich auf die Entwicklung der Vorstellungskraft der Lernenden. Ganz allgemein gesprochen wird in der akademischen Welt eine enge Verbindung zwischen der künstlerischen Bildung und der Entwicklung von Vorstellungskraft und Kreativität behauptet, aber es gab nur eingeschränkte statistische Daten oder Fallstudien, die eine präzise Antwort auf diese Frage geben.

In Deutschland, Finnland und Österreich wurde in Einzelberichten dargestellt, wie die künstlerische Bildung kreativeren und interessanteren Lehransätzen Aufschwung gab. So zeigen Projekte in Finnland, „dass die Kreativität unter allgemein bildenden Lehrern und auch bei anderen Lehrern (besonders in dem Projekt *Oak of Finland)*“ zugenommen hat. In Österreich stellte man fest, dass es „ziemlich faszinierende Ergebnisse gab, aber wir haben kein umfassendes Konzept von Kreativität an den Schulen, mit dem wir diese Ergebnisse vergleichen können“. In Deutschland bemerkte man auch, dass sich die Umgangsweise von Lehrern mit Schülern änderte und sich stärker an Förderung orientierte. Die finnischen Beispiele verwiesen darauf, wie bessere Erfahrungen mit künstlerischer Bildung die Fähigkeiten der allgemein bildenden Lehrer erweiterten. Es sollte auch angemerkt werden, dass, obwohl viele Länder solche Veränderungen erfahren, es Übereinstimmung darüber gab, dass die Begriffe Kreativität und Vorstellungskraft nur unzureichend verstanden werden und dass dies bedeutete, dass vergleichende und empirische Daten nur schwer zu erhalten sind.

In einigen Ländern wurde befürchtet, dass Kreativität und Vorstellungskraft durch die schlechte Qualität der Programme zur künstlerischen Bildung Schaden nähmen. In Australien wurde das so kommentiert:

> Viele Programme zur künstlerischen Bildung verhindern Kreativität: Sie stellen keinen entwicklungsgemäß angemessenen Werkzeugkasten an Fertigkeiten zur Verfügung, mit dem man kreativen Ausdruck erforschen kann; sie bieten weder Gelegenheiten noch Zeit, noch Rahmenbedingungen, die den kreativen Ausdruck stützen. Ich habe die Sorge, dass viele Programme zur künstlerischen Bildung in dem Wunsch, einer Standardform künstlerischen Ausdrucks zu entsprechen, den aktiven und kreativen Gebrauch von Vorstellungskraft entmutigen.

Ähnlich beobachtete man in Österreich und den Niederlanden, dass, obwohl Kreativität und Vorstellungskraft durch die Künste erzeugt werden können, dies in der Regel nicht der Fall war, und dort, wo sie für kurze Momente aufscheinen, würden sie nur unzureichend untersucht und ausgewertet, um die wahre Natur des Lernens, das dort vor sich ging, bestimmen zu können.

Trotz dieser Einschränkungen scheint die Verbindung zwischen der künstlerischen Bildung und Kreativität und Vorstellungskraft in bestimmten Ländern wie Kanada, wo auf diesem Gebiet umfangreiche Studien durchgeführt wurden, direkt und auch kausal zu sein. Die Antwort aus Kanada, die auf den Ergebnissen einer Reihe von Forschungsstudien aufbaut, weist darauf hin, dass „fast alle Studien solche Ergebnisse haben“. Die Ausbildung in kreativen und imaginativen Ansätzen war auch „ein Kennzeichen des kanadischen Systems“. Zum Beispiel stützen sich die „meisten extracurricularen Lehrerbildungsprogramme [in Kanada] auf die Künste. An meinem Institut führen Studenten auf Kunst bezogene Kurse für Lehramtsstudenten durch.“

In Kolumbien haben die Schwierigkeiten des Landes anscheinend ironischerweise zu einem höheren Maß an Kreativität geführt, aber diese ‚natürliche Kreativität‘ wird nicht effektiv für den formalen Schulkontext genutzt:

> Kreativität blüht fast überall auf kolumbianischem Gebiet, lässt eine kulturelle Diversität der Musik, der visuellen Künste, des Tanzes, der Literatur und anderer Kunstpraktiken entstehen und wird erzeugt durch das starke multikulturelle Erbe. Der natürliche Fluss der Kreativität in Kolumbien ist stark verbunden mit den Schwierigkeiten, denen sich die Kolumbianer in Zeiten der Krise gegenüber sehen, und wird besonders in einem informellen Kreislauf gefördert. Dieses Potential an Kreativität wird selten gefördert, und das Talent von Kindern und jungen Menschen erreicht nur in Ausnahmefällen Reife. Dies hat auch den Effekt, dass die künstlerischen Aktivitäten nicht nachhaltig wirken. Wenige Beispiele aus besonderen Projekten können genannt werden, wie die Programme, die von der *Universidad de Antioquia* zusammen mit dem Kulturamt von *Norte de Santander* entwickelt wurden, in denen Lehrern beigebracht wurde, an der Schule Kreativität zu lehren.

Während die Ergebnisse über die Wirkung der Künste auf die Vorstellungskraft und Kreativität weitgehend aus Einzelberichten kommen und nicht als kausal angesehen werden konnten, legt die empirische Evidenz nahe, dass die Ausweitung der künstlerischen Bildung innerhalb der Allgemeinbildung oder auch die ergänzenden Angebote innerhalb des informalen Bildungsbereiches eine erkennbare Wirkung auf Gesundheit, Wohlbefinden und ein positives soziales Engagement von Kindern haben.

Künstlerische Bildung, Gesundheit und Wohlbefinden

- Die Teilnahme an guter künstlerischer Bildung hat positive Auswirkungen auf Gesundheit und Wohlbefinden;
- Künstlerische Bildung beinhaltet Lernprozesse, die sich strukturell von denen in anderen Fächern des Curriculums unterscheiden.

Es gab innerhalb einer großen Vielfalt pädagogischer Kontexte eine hohe Evidenz dafür, dass gute künstlerische Bildung der Entfremdung von Schülern entgegenwirkt und den Enthusiasmus von Lehrern neu entfacht. Es war generell so, dass Lehrer in den künstlerischen Fächern, Künstler und jene Lehrer, die auf Kunst basierende Methoden im Unterricht anwenden, als zugänglicher, unterstützender und ermutigender als andere Lehrer wahrgenommen werden. Es erwies sich auch, dass kunstorientierte Programme möglicherweise eine therapeutische Wirkung auf Schüler entfalten, die der Schule entfremdet sind oder für die besondere physische, mentale Erfordernisse gelten oder die im Verhalten und/oder Lernen besonderen Bedarf haben. Obwohl sich diese Ergebnisse durchgängig über eine große Zahl internationaler Fallstudien hinweg zeigen, ist es recht schwierig, kausale Annahmen für diese Beobachtungen zu machen.

Es scheint, dass kunstorientierte Programme gezielte Interaktionen im Klassenzimmer, größere Konzentration während des Unterrichts und eine regelmäßigere Anwesenheit im Unterricht unterstützen – insbesondere bei Jungen und marginalisierten Schülern. Um dies als zuverlässiges Ergebnis anerkennen zu können, wäre mehr Forschung über die möglichen Zusammenhänge zwischen der künstlerischen Bildung, der kognitiven Entwicklung, der Gesundheit und der Auswirkung der Tatsache, dass sich junge Menschen wohlfühlen, nötig.

Weltweit gibt es eine Reihe von innovativen Projekten zum Einsatz der Künste zur Verbesserung der Bildung für Schüler mit besonderem Förderungsbedarf und/oder mit Handicaps. So hat das „*I can do it*"-Projekt in der Mongolei zum Beispiel ein Kunstcurriculum mit besonderem Schwerpunkt für Kinder mit Handicaps und deren Familien entwickelt.

In den letzten Jahren achten Kunstpädagogen auf den positiven Einfluss künstlerischer Bildung auf die Gesundheit und das Wohlbefinden junger Menschen. Der Fokus der Aufmerksamkeit richtete sich auf Projekte wie CAPE in den USA und EAPI in Australien und die Art, wie diese Projekte Fragen wie Entfremdung, Identität und Gesundheit bei jungen Menschen mit besonderen Risiken angehen. Die Ergebnisse der quantitativen Erhebung zeigen, dass 65% der Länder einen positiven Effekt auf die Gesundheit und das Wohlbefinden bei jungen Menschen feststellten, die an guter künstlerischer Bildung partizipierten.

Es gab jedoch auch einen relativ hohen Anteil an Antworten (31%), die der Auffassung, dass die Künste zum Wohlbefinden beitragen, nicht zustimmten oder die über zu wenig Untersuchungsergebnisse verfügten, um eine begründete Meinung abgeben zu können. Diese Abweichung zeigt, dass mehr Forschung über die möglichen Zusammenhänge zwischen künstlerischer Bildung und Gesundheit sowie erreichtem Wohlbefinden bei jungen Leuten nötig ist.

Ungeachtet dieses Vorbehalts hielten viele Länder sowohl in Einzelberichten als auch mit Bezug auf durchgeführte Studien einen positiven Zusammenhang zwischen Programmen künstlerischer Bildung an Schulen und dem Wohlbefinden von Schülern fest. Dieser Zusammenhang wurde hauptsächlich in drei Punkten festgestellt.

Erstens seien künstlerische Prozesse ihrem Wesen nach kreativ und führten zu einer besseren Auffassungsgabe und größerem Selbstvertrauen, zum Zweiten sei die künstlerische Bildung mit dem Aufbau positiver Beziehungen verbunden, was Wohlbefinden unterstütze; zum Dritten gebe es therapeutische Erfolge der künstlerischen Bildung, besonders unter den benachteiligten Gruppen in der Schule.

Ein einschlägiges Beispiel dafür war ein Projekt in Finnland. Eine Fallstudie aus Finnland wurde wie folgt beschrieben:

> In der *Polytechnischen Hochschule* in Helsinki gab es das besondere Ziel, Theater und digitale Kunst bei einer Gruppe von Schulabbrechern einzusetzen und ein Netzwerk von NGOs und pädagogischen Einrichtungen aufzubauen, um den Studenten Mobilität zu ermöglichen und um Freiwilligen zu Expertenwissen über die Arbeit mit ausgeschlossenen Gruppen zu verhelfen. Die [Theater]Sitzungen waren in das Curriculum integriert. Für die Jugendlichen war das Theater ein Instrument, um ihre zukünftigen Hoffnungen auszudrücken, sich selbst als Individuen zu sehen und Identitätsbildung und Selbstachtung zu stützen. Das Projekt zielte auch darauf, das Gruppenverhalten zu befördern und zu unterstützen … Alle Teilnehmer am Projekt lernten zusammenzuarbeiten – Sozialarbeiter, Studenten des Sozial- und Gesundheitswesens, Studenten der Theaterwissenschaften und Lehrer.

Dieses Ergebnis ist nicht kulturspezifisch und hängt auch nicht von einem sozioökonomisch hohen Entwicklungsstand ab. In der Tat werden ähnliche Befunde aus Afrika berichtet. Ein wunderbares Beispiel hierfür ist *The Empire* aus dem Senegal. In einem früheren Freilichtkino in Dakar wurde das Projekt aufgebaut, „um den Lebensstandard und die Lebensqualität der Kinder zu verbessern, indem man ihre soziale Integration mit Hilfe der Künste unterstützte.“ Nach einer kompletten Renovierung des Kinos wurde das Projekt am 17. Mai 2002 im Rahmen der *Arts Biennial* feierlich eröffnet. Straßenkinder, vor allem sozial ausgeschlossene Jungen im Alter zwischen 5 und 16, mit „einer Geschichte von Gewalt, Prekarität und Einsamkeit“ waren die Zielgruppe von *The Empire*. *The Empire* zog diese Jugendlichen an und bot ihnen:

- Unterkunft (jemanden zum Reden, ein Dach, Gesundheit, soziale und pädagogische Unterstützung, Besuche, Lehrstellen);
- Ausbildung (Informatik, Internet, Malerei, Batik, Musik, Theater, Tanz, Kino, Radio und Fernsehen, Sport);
- Austausch mit ausländischen Einrichtungen, die dasselbe Ziel verfolgten.

Die Ergebnisse waren eindrucksvoll und zeigten, dass „die Übereinstimmung mit der Programmatik künstlerischer Bildung Solidarität und die Rechte von Kindern förderte. *The Empire* bot ein soziokulturelles Zentrum für Kinder und erhöhte die Möglichkeiten zu pädagogischem Experimentieren, sozialer Integration, Schutz gegen Gewalt und die Risiken der Marginalisierung."

Die qualitativen Daten zeigen, dass Schüler durch die künstlerische Bildung kreativ werden und dass dies dazu beiträgt, sie geistig aufmerksamer zu machen. Es wurde auch wahrgenommen, dass künstlerische Bildung Reflexivität fördert und es jungen Menschen ermöglicht, „ihrer eigenen Persönlichkeit zu begegnen". Dies hat einen günstigen Einfluss darauf, wie Schüler mit sich selbst umgehen und Ich-Identität entwickeln.

In vielen Ländern bemerkte man, dass künstlerische Bildung Lernprozesse einbezog, die sich strukturell von denen in anderen Bereichen des Lehrplans unterschieden. Künstlerische Bildung wird oft als „ein Ausbruch aus den stetigen strengen Ansprüchen mechanischen Lernens" wahrgenommen (Republik Seychellen). Es gibt einige positive Beispiele für Verbesserungen der mentalen Gesundheit junger Leute, die durch die Beteiligung an künstlerischen Projekten zustandegekommen ist, die die Routinen des Lehrplans unterbrochen haben (Österreich). In Hongkong stellte man fest, dass effektive Projekte künstlerischer Bildung kritisches und kreatives Denken und physische Koordination erfordern. Es wurde besonders hervorgehoben, dass „sogar Kinder an Förderschulen davon profitieren." Es stellte sich auch heraus, dass die meisten Lehrer in den künstlerischen Fächern bei den Schülern eher wohlgelitten waren, gerade weil sie weniger Respekt vor ihnen haben „– keine richtigen Lehrer – ein Mathelehrer oder Französischlehrer zum Beispiel; auch jünger, aber menschlich zugänglicher (wie ein älterer Bruder/eine ältere Schwester)". Man konnte aus diesen Daten ableiten, dass Lehrer in den künstlerischen Fächern generell als leichter ansprechbar, unterstützend und ermutigend wahrgenommen werden.

Die positiven Auswirkungen auf das Wohlbefinden werden offensichtlich besonders von jenen Schülern gespürt, die dem Schulsystem traditionell eher entfremdet sind. In Singapur stellte man fest, dass der Aufbau einer ästhetisch verbesserten Umgebung und das Einbeziehen von umfangreichen künstlerischen Programmen in den Lehrplan besonders den Schülern der unteren SES- (*social economic status*) Gruppe gut tat. Diese Schüler merkten, dass nicht nur privilegierte Schüler einen Zugang zur Kunst hatten und diese auch wertschätzen konnten. Australische Kunstprogramme, die an Förderschulen, in Jugendstrafanstalten oder Flüchtlingsunterkünften durchgeführt wurden, verzeichneten ähnliche Erfolge.

In England schlossen „Harland et al. (2000), dass ein Effekt der Beteiligung an künstlerischer Bildung ein therapeutischer war. Sowohl Lehrer als auch Schüler bestätigten dies, insbesondere die beruhigende Wirkung auf das Temperament eines Schülers oder als Mittel zum Stressabbau". Aus der Sicht der Schüler brachte die Beschäftigung mit den Künsten eine Erleichterung vom alltäglichen Stress und vom Stress in anderen Stunden. Entsprechend bemerkte man im Senegal:

> Echte künstlerische Bildung verbessert die Sensibilität ebenso wie die mentale und physische Gesundheit des Einzelnen. Das wird bei der Ausbildung von geistig oder körperlich gehandicapten Kindern sogar noch deutlicher. Das *Senegalese Psychiatric Hospital,* das *National Verbotonal Centre* und das *National Centre for the Education and Rehabilitation of the Physically Handicapped* rufen oft Lehrer der künstlerischen Fächer herbei." Ein senegalesischer Lehrer der visuellen Künste wird sich auf Kunsttherapie spezialisieren. Die Events an diesen Einrichtungen sind sehr bewegend und illustrieren aufs Beste das „Wunder" bei der Arbeit mit solchen pädagogischen Ansätzen. Lassen Sie uns auch nicht bestehende traditionelle therapeutische Ansätze vergessen, die rituelle Kleidung, Musik, Tänze, Trance usw. nutzen.

Diese Therapie- und Rehabilitationsansätze zur künstlerischen Bildung werden in Kanada großflächig als Teil der Anti-Mobbing- und Anti-Rassismus-Programme eingesetzt. In Finnland ist der Einsatz künstlerischer Bildung in Krankenhäusern weit verbreitet. Eine Reihe von Ländern erwähnt, dass Kurse in Kunsttherapie beliebte Fortbildungskurse bei Lehrern sind und dass es mehrere Dissertationen gibt, die die therapeutische Wirkung der Künste untersuchen. Die Ergebnisse dieser Arbeiten sollten substantielles Material bereitstellen, das politischen Entscheidungsträgern in Zukunft zur Verfügung steht.

Verbunden mit der Frage nach Wohlbefinden und Gesundheit von Schülern ist jene, wie die künstlerische Bildung an Schulen zu mehr Konzentration und Aufmerksamkeit führen könne. Die Antworten auf diese Frage im quantitativen Teil der Erhebung machen deutlich, dass dies der am wenigsten gut verstandene Aspekt künstlerischer Bildung ist. Es gab nur sehr eingeschränkte Forschung dazu, wie künstlerische Bildung kognitive Fertigkeiten, verbesserte Konzentration und intellektuelle Schärfe fördern könnte. Nur 43% der Länder sah hierin etwas, das durch künstlerische Bildung entwickelt wird. Ein hoher (48%) Prozentanteil der Antwortenden konnte dazu überhaupt keine Forschung finden, um dies für ihr Land zu bestätigen oder zurückzuweisen, während 9% der Antwortenden nicht meinten, dass künstlerische Bildung die Aufmerksamkeit oder Konzentration von Schülern verbessere. Angesichts dieser Zahlen rechtfertigt sich weitere Forschung zu dieser Frage der künstlerischen Bildung.

In Australien gibt es einige Studien, die darauf hinweisen, dass Programme künstlerischer Bildung dabei helfen, dass Schüler größere Konzentration und Aufmerksamkeit entwickeln. Die EAPI-Projekte machten deutlich, dass die Mitarbeit in den Künsten – trotz der vorgefassten Meinung der Lehrer, dass dies die Schüler unruhiger und undisziplinierter machen würde – tatsächlich zu konzentrierteren Interaktionen im Klassenzimmer, zu mehr Aufmerksamkeit während des Unterrichts und auch zu mehr Beachtung der intellektuellen Entwicklung führte. Diese Evidenz wurde in fünf in Australien durchgeführten, umfangreichen Studien über einen Zeitraum von 18 Monaten hinweg gewonnen; dabei wurden qualitative Informationen von Lehrern und Schülern und quantitative Maßnahmen wie Anwesenheitslisten usw. verwendet.

Das *Boys' Business*-Kunstprojekt für männliche Schüler – ebenfalls in Australien – zeigte, dass die Teilnahme an künstlerischen Projekten zu weniger störendem Verhalten und einer besser konzentrierten Haltung führte. Es wurde kommentiert, dass „die künstlerische Bildung Schüler eher lehre ‚Wie soll ich denken?‘ als ‚Was soll ich denken?‘, und so finden wir reichlich Belege für bessere Konzentration." Die umfangreichen australischen Studien vertreten die Auffassung, dass künstlerische Bildung zu einer erhöhten Aufmerksamkeits- oder Konzentrationsspanne führt und zu der Fähigkeit, eine Lernaufgabe zu Ende zu bringen; dies wird als erkennbares Ergebnis der Teilnahme [an künstlerischer Bildung] gesehen. Forschungsprojekte, die CAPE (USA) durchführte, und die breit angelegten Untersuchungen von Shirley Brice-Heath weisen ähnliche Ergebnisse auf.

Aus den Einzelberichten anderer Länder geht hervor, dass die Künste zu größerer Konzentration und besseren intellektuellen Fähigkeiten führen. Zum Beispiel wurde in Spanien festgehalten, dass Literatur und Malerei besonders geeignet waren, um wesentlich bessere intellektuelle Fähigkeiten und Denkleistungen zu fördern. In China sah man, dass die erforderliche Strenge beim Entwickeln und Aufführen von Theaterstücken, Musicals und bei anderen künstlerischen Darbietungen einen bemerkenswerten Grad an Aufmerksamkeit und Konzentration erfordert und dass der Transfer dieser Fertigkeiten zu insgesamt besseren Schulleistungen führte. Auch wenn diese Belege ermutigend sind, braucht man mehr substantielle Forschung im Bereich der kognitiven Entwicklung und der Künste.

Künstlerische Bildung und Technologie

- Künstlerische Bildung fördert ICT-Kenntnisse und technische Fertigkeiten;
- Auf Kunst basierende Programme sollten der allgemeinen Norm entsprechende Software und Hardware verwenden;
- Lehrer brauchen mehr Ausbildung in ICT-Kenntnissen und Fertigkeiten, die für die Künste wichtig sind;
- Künstlerische Bildung braucht mehr Zugang zu Technologie, besonders in den sich ökonomisch entwickelnden Ländern.

Der Bereich von ICT-Kenntnissen und Technologie rangiert in der Agenda der meisten Bildungssysteme weltweit ganz oben. Es ist deswegen von Interesse, den Grad festzustellen, zu dem die künstlerische Bildung dazu beitragen kann, dass die jungen Menschen diese Fähigkeiten entwickeln. Die quantitativen und qualitativen Daten weisen darauf hin, dass dort, wo Computer den Lehrern und Schülern leicht zugänglich waren, die künstlerische Bildung deutlich dazu beigetragen hat, Informations- und Kommunikationstechnologien (ICT), Computerfertigkeiten und technologische Kenntnisse zu vermitteln. In 63% der Länder entwickelte die künstlerische Bildung aktiv Computerkenntnisse und technische Kompetenzen bei den Schülern.

In Ländern wie Australien, Neuseeland, Kanada, Spanien, Deutschland, den USA, China und England, in denen Computer an Schulen häufig eingesetzt werden, wurde die künstlerische Bildung als Schlüsselbereich bei Programmen zur Vermittlung von ICT-Kenntnissen angesehen. In Australien zum Beispiel ist die Arbeit am Computer ein Kernbereich der künstlerischen Bildung. Programme künstlerischer Bildung in Australien und Neuseeland setzen routinemäßig den allgemeinen Normen entsprechende Hardware und Software ein, ebenso wie Präsentations- und Kommunikationssoftware. Ähnlich führen in Kanada die visuellen Künste und Musik die ICT-Revolution an und Technologie wird jetzt auf den Bereich von Tanz und Theater ausgeweitet. In Finnland machen die visuellen Künste und die Musik beim Design und bei der Implementation extensiv und kreativ Gebrauch von ICT. IT-Kenntnisse sind ein wichtiges Thema im Kerncurriculum für die Künste.

In England wird eine substantielle Evidenz-Basis aufgebaut, um Fallstudien über die Wirkung von ICT auf die künstlerische Bildung zur Verfügung stellen zu können. Erhebungen von 2003 zeigen einen deutlichen Zusammenhang zwischen kunstorientierter Bildung und dem extensiven und einfallsreichen Gebrauch von ICT, wie die folgende Analyse deutlich macht:

> *Keys to Imagination: ICT in Art Education* (Davies et al. 2003) bezogen eine Reihe von Schulbesuchen im Rahmen von Fallstudien ein, die im Februar und März 2003 stattfanden. Außerdem gaben sie eine Übersicht über gegenwärtige und vor kurzem erschienene Literatur und Erhebungsdaten. Die Untersuchung fand heraus, dass trotz des zweifellosen Vorhandenseins von Praxisbereichen, die effektiv und manchmal auch inspirierend sind, die Forschung ein insgesamt enttäuschendes Bild gibt mit wenig gesichertem Fortschritt bei der effektiven Integration von ICT in den Kunst- und Designunterricht an Schulen. An manchen Schulen wird ICT immer noch mit der Vermittlung von Bürokenntnissen in Verbindung gebracht und deshalb sehen viele Kunst- und Designlehrer den Einsatz von ICT in ihrem Fach als irrelevant an. Wo ICT

eingesetzt wird, erleichtert die Technologie im Allgemeinen den Gebrauch von Ideen, steht aber nicht im Mittelpunkt der Arbeit.

Bei einer Untersuchung von kunstorientierten Schulen (QCA 2002) in England nannten Schulleiter als Bereich für Entwicklung am häufigsten ICT und die Künste. Es gab eine allgemeine Unzufriedenheit mit der Software und Beratung, aber die Schulleiter hatten einen guten Blick für die Lehr- und Lernmöglichkeiten, die ICT eröffnen könnte.

Die Frage der Lehrerbildung in IT- und ICT-Kompetenzen ist für die künstlerische Bildung ein wichtiges Problem. Wie wir schon bei den Ergebnissen aus England angedeutet haben, kann es sein, dass es Lehrern in der künstlerischen Bildung an persönlichen Fertigkeiten in diesem Bereich mangelt. Dies wurde in den qualitativen Daten aus Deutschland und Österreich festgehalten, wo man den Eindruck hatte, dass die breitere Aufnahme von IT in die Lehrpläne der Künste an mangelnden Fertigkeiten der Lehrer scheitert.

In Ländern wie Nigeria nahm man an, dass Programme künstlerischer Bildung die ICT-Kompetenzen verbessert hatten, dass aber die volle Wirkung davon eingeschränkt war durch den Mangel an Computern, besonders an staatlich finanzierten Schulen und mit einem besonders großen Mangel in den künstlerischen Fächern. Das war auch das Problem in der Republik Seychellen, wo nur eine Handvoll Schüler Zugang zu Computern hatte.

Bei den Künsten geht es nicht nur um Fragen der Ästhetik; sie bieten auch gute Möglichkeiten, den innovativen Gebrauch von ICT zu steigern. Doch das geschieht nur, wenn die Lehrer in den künstlerischen Fächern Zugang zu Computern bekommen und Anwendungskompetenz haben. Jedoch sind diese positiven Auswirkungen – und auch die anderen, die in diesem Kapitel beleuchtet wurden – nicht der Grund, warum man künstlerische Bildung vermittelt. Die Künste haben einen genuinen Wert und höheren Zweck, nämlich sicherzustellen, dass Kinder aufblühen und dass wir ein reiches Leben führen.

Kapitel 8: Schlussfolgerungen und Perspektiven

Einleitung

Die globale Studie zeigt, dass zwar die Plädoyers für die Integration der künstlerischen Bildung in die Allgemeinbildung politisch weitgehend erfolgreich waren, dies aber nicht dazu geführt hat, auf der Schulebene großflächig gute Programme künstlerischer Bildung zu implementieren. In der gegenwärtigen Situation finden wir weltweites Monitoring und Berichte über Bildungsstandards in Lesen und Rechtschreibung, Mathematik, den Naturwissenschaften und ICT, aber die Wirkung von künstlerischen und kulturellen Erfahrungen für die gesamte Bildung eines Kindes wird nicht mit in die Berichterstattung einbezogen. Das scheint auf ein mangelndes Verständnis des Implementationsprozesses zurückzuführen zu sein.

Diese umfassende Untersuchung hat – ihrer Anlage nach – verschiedene Befunde deutlich gemacht. Die Bildungssysteme sind tief in kulturellen und national spezifischen Kontexten verwurzelt. Dies trifft im Hinblick auf die künstlerische Bildung in besonderem Maße zu. Mehr als jedes andere Fach spiegeln die Künste (schon das eine weitgefasste Kategorie) einzigartige kulturelle Umstände wider und entsprechend gilt dies auch für das Lehren dieser Fächer.

Trotz dieser Einschränkung ist es möglich, gewisse allgemeingültige Schlussfolgerungen zu ziehen und gemeinsame Nenner zu finden, die den Weg für zukünftige Reformen, Veränderungen und Revisionen der gegenwärtigen Programme künstlerischer Bildung weisen können.

Man muss zwingend festhalten, dass künstlerische Bildung eine Wirkung auf 1) das Kind, 2) die Lehr- und Lernumgebung und 3) die Öffentlichkeit hat.

Von größter Bedeutung sind die komplementären, aber unterschiedlichen Erfolge, die durch die Bildung in den künstlerischen Disziplinen entstehen, und jene, die durch die Verwendung künstlerischer Ansätze beim Lehren und Lernen in anderen Fächern erreicht werden, in anderen Worten durch *Bildung durch die Kunst*. Dies ist ein wichtiger Befund, zumal frühere Studien diese Bereiche eher vermengt haben oder diese deutlich getrennten Bereiche als einen gesehen haben. Es ist wesentlich festzuhalten, dass **beide** Ansätze gebraucht werden, um Kindern zu ermöglich, ihr Bildungspotential maximal zu entfalten. *Bildung in den Künsten* und *Bildung durch die Künste* sind zwar deutlich voneinander zu trennen, aber sie sind interdependent, und man sollte nicht denken, dass es möglich sei, nur das eine oder das andere zu nutzen, wenn man die Gesamtheit der positiven Wirkungen auf die Bildung des Kindes realisieren will.

Ebenso bedeutsam ist, dass die beste Bildungsqualität mit der größten Wirkung auf allen Ebenen – Kind, Lernumgebung, Öffentlichkeit – dort erreicht wird, wo es exzellente Programme für beide Ansätze, in den Künsten und durch die Künste, gibt, wie in Fallbeispielen aus Studien in Kanada, Australien, dem Vereinigten Königreich, Finnland, Neuseeland, der Slowakei und anderen deutlich wird.

Die Ergebnisse zeigen durchgängig und eindeutig, dass es Erfolge von kunstorientierten Programmen nur innerhalb der Vorgaben guter Programme gibt. Die Fallstudien und qualitativen Ergebnisse, die dieses Kompendium enthält, zeigen, dass ein gutes Programm künstlerischer Bildung folgende Merkmale hat:

- aktive Partnerschaften zwischen Schulen und künstlerischen Einrichtungen sowie zwischen Lehrern, Künstlern und der Öffentlichkeit;
- gemeinsame Verantwortung für die Planung, Implementation, Bewertung und Evaluation;
- Gelegenheiten zum öffentlichen Auftritt, zur Ausstellung und/oder zur öffentlichen Präsentation;
- eine Verbindung von Entwicklungsprozessen innerhalb der spezifischen Kunstformen (Bildung in den Künsten) mit künstlerischen und kreativen Lernansätzen (Bildung durch die Künste);
- Merkmale von kritischer Reflexion, Problemlösung und Risikobereitschaft;
- Betonung der Zusammenarbeit;
- eine inklusive Politik, die allen Kindern Zugangsmöglichkeiten schafft;
- genaue Strategien für die Bewertung und Berichterstattung über das Lernen der Kinder, deren Erfahrungen und Entwicklung;
- kontinuierliche berufliche Fortbildung für Lehrer, Künstler und die Gemeinde; und
- flexible Schulstrukturen und durchlässige Grenzen zwischen den Schulen und der Öffentlichkeit.

Die vier hauptsächlichen Schlussfolgerungen dieses Berichts müssen im Kontext dieser Qualitätsprogramme gelesen werden. Die Schlussfolgerungen lauten:

- Es gibt einen Unterschied zwischen dem, was *Bildung in den Künsten* genannt werden kann (also das Lehren in den bildenden Künsten, Musik, Theater, Werken etc.), und dem *Lehren durch die Künste* (also der Einsatz der Künste als pädagogisches Mittel in anderen Fächern wie Rechnen, Lesen und Schreiben und Technik);
- Gute künstlerische Bildung zeichnet sich durch eine verlässliche Partnerschaft zwischen den Schulen und künstlerischen und kommunalen Einrichtungen außerhalb der Schule aus. (In anderen Worten sind es die Lehrer, Künstler und die Gemeinde, die *gemeinsam* Verantwortung für die Bereitstellung der Programme tragen);

- Es gibt Bedarf für mehr Ausbildung bei den Verantwortlichen für die „Versorgungskette“ vor Ort (also Lehrer, Künstler und weiteres pädagogisches Personal);
- Gute künstlerische Bildung bringt Kindern u.a. in Bereichen wie Gesundheit und soziokulturellem Wohlergehen deutlichen Nutzen.

Wie schon zuvor angemerkt sind die Definitionen von künstlerischer Bildung unterschiedlich und abhängig vom Kontext. Dies ist aus einer Reihe von sozio-ökonomischen Gründen der Fall, wie in Kapitel 4 gezeigt worden ist.
Vor allem die Inklusion in die künstlerische Bildung variiert in Abhängigkeit von der ökonomischen Entwicklung eines Landes.

Und doch ist Bildungspolitik nicht nur eine Folge der ökonomischen Entwicklung. Auch institutionelle Faktoren spielen eine Rolle. In einigen Staaten können sich die Künste traditionell auf die Unterstützung durch den öffentlichen Sektor verlassen, in anderen weniger. Deswegen ist die finanzielle Unterstützung der künstlerischen Bildung nicht beschränkt auf die öffentliche Hand – wie die Ministerien für Bildung und Kultur –, sondern kommt aus einer Reihe von Quellen und Partnerschaften (dazu gehört auch die Zivilgesellschaft). Kurz, nicht eine, sondern viele Einrichtungen – öffentliche, private und kommunale – unterstützen künstlerische Bildung.

Die Diversifikation von finanzieller Unterstützung ist nicht nur von theoretischem Interesse. Wenn man sich die Rollen dieser Akteure vor Augen führt, bedeutet dies vielmehr, dass die Vielzahl der unterstützenden Einrichtungen im Bereich der künstlerischen Bildung auch bei der politischen Implementation zu bedenken ist.

Es versteht sich von selbst, dass die Implementation politischer Strategien von entscheidender Bedeutung ist. Ohne die Umsetzung der Programme ist der gesamte Prozess politisch sinnlos. Jedoch ist diesem Punkt zu wenig Aufmerksamkeit geschenkt worden. Die Erhebung weist darauf hin, dass die politisch Zuständigen mehr oder weniger unkritisch einen *Top-down*-Ansatz der politischen Umsetzung gewählt haben; das heißt, sie haben einfach angenommen, dass die zentral entwickelten politischen Strategien durch die zuständigen Einrichtungen (wie Schulen und andere Anbieter von künstlerischer Bildung) umgesetzt werden. Diese Annahme hat jedoch, obwohl sie weit verbreitet ist, nicht zu den gewünschten Ergebnissen geführt. Wie im Kapitel 4 gezeigt, sind in der Realität die Regierung und die Schulen gemeinsam für die Bildungspolitik verantwortlich.

Studien über die optimale Umsetzung von politischen Strategien in anderen Bereichen zeigen, dass Versuche, die Politik zur künstlerischen Bildung zu beeinflussen, nicht nur an die Regierung gerichtet werden müssen, sondern auch an dezentrale Stellen. Die Erhebung macht deutlich, dass dies auch für die Politik zur künstlerischen Bildung gilt.

Politische Strategien werden effektiver umgesetzt, wenn die Anbieter und die Interessenvertreter in den Entscheidungsprozess einbezogen werden (was man manchmal *Bottom up*-Implementation nennt). Solche Konsultationsprozesse waren in den untersuchten Ländern selten. Diejenigen, die für die Realisierung künstlerischer Bildung zuständig waren, haben begrenzten Einfluss auf die Politik zur künstlerischen Bildung (vgl. die Kapitel 4, 5 und 6).

Dieses Implementationsproblem abzustellen, hat größte Bedeutung. Für die Verbesserung der Qualität zukünftiger künstlerischer Bildung ist es wichtig, eine evidenzbasierte Methodologie für die Umsetzung künstlerischer Bildung zu erstellen. Basierend auf dem Befund, der in dieser Studie evident wird – und unter Berücksichtigung von *Best Practice*-Modellen für die gelungene Implementation anderer öffentlicher politischer Strategien –, scheint die erfolgreiche Realisierung von künstlerischer Bildung von sechs Faktoren abhängig zu sein:

1. **Klare und konsistente Ziele:** explizite Ziele für gute künstlerische Bildung – wozu die Bildung in den Künsten ebenso gehört wie die allgemeine Bildung mit Hilfe künstlerischer Ansätze; diese sollten den Implementatoren Standards liefern, die die Wahrscheinlichkeit erfolgreicher Implementation erhöhen;
2. **Evidenzbasis/angemessene Kausaltheorie:** Viele politische Ansätze zur künstlerischen Bildung scheitern, weil sie auf fehlerhaften Kausaltheorien beruhen, die nicht unabhängig in Längsschnittuntersuchungen getestet wurden;
3. **Minimierung möglicher Einsprüche:** eine Versorgungskette, die die Risiken bürokratischer Obstruktion, der Beschränkung der finanziellen Mittel und der Notwendigkeit kurzfristiger Überbrückungen (Stop-Gaps) einschränkt;
4. **Engagierte und geschickte Verantwortliche bei der Implementation:** Es müssen Anstrengungen unternommen werden, die Sichtweisen von Lehrern, Künstlern und der Öffentlichkeit anzuerkennen, für angemessene Lehrerbildung zu sorgen und die Versorgungskette um die Leute an der Basis herum zu organisieren;
5. **Konsistente und kontinuierliche politische Unterstützung:** Strategien für die künstlerische Bildung werden umso wahrscheinlicher umgesetzt, wenn es eine kontinuierliche politische Unterstützung – materiell und immateriell – für den Wert der Bildung in den Künsten und durch die Künste gibt;
6. **Günstige äußere Bedingungen:** Das Fehlen von äußeren Bedingungen, die die Implementation behindern können, wie Budgetkürzungen, Rezessionen, Mangel an angemessener Zeit und angemessenen Mitteln etc.

Jedoch ist dieses Modell nur ein Hinweis. Weitere Forschung ist vonnöten, um die Anwendbarkeit dieses Modells in der künstlerischen Bildung in verschiedenen Fällen, Ländern und Kulturen zu testen.

Die Gesamtbegründung für künstlerische Bildung scheint sich im Laufe der Jahre wenig geändert zu haben: Kulturelle, soziale und ästhetische Ziele werden hauptsächlich als Gründe genannt. In einer Zeit, in der man bildungspolitische Strategien oft als zu sehr am Output orientiert und zu sehr auf Kompetenzen wie das Rechnen, Lesen und Schreiben fokussiert wahrnimmt, ist es vielleicht nicht überraschend, dass man die Künste generell für nicht so wichtig für die allgemeine Bildungspolitik hält.

Die geringere Priorität der künstlerischen Bildung hat mehrere Implikationen. Anders als beim Rechnen und Lesen/Schreiben, wo die Lehrer eine besondere Ausbildung erhalten, ist es oft so, dass allgemein bildende Lehrer im Unterricht für künstlerische Bildung eingesetzt werden, mit nur geringer oder überhaupt keiner Ausbildung dafür. Man könnte Vermutungen darüber anstellen, dass dieser Mangel an spezifischer Ausbildung einer der Gründe dafür ist, dass Künstler und die Kommune eine wachsende Rolle innerhalb der künstlerischen Bildung spielen.

Partnerschaften (mit Künstlern und kulturellen Einrichtungen) und Erfahrungen außerhalb des Klassenzimmers sind ganz sicher ein wertvoller Teil guter künstlerischer Bildung. Das Engagement der Gemeinde ist als solches wünschenswert, es kann aber nicht Ersatz für fehlende formale Qualifikationen sein – deswegen ist eine Überprüfung der Ausbildung in der künstlerischen Bildung dringend erforderlich.

Es ist auf der Basis dieser Erhebung nicht möglich zu bestimmen, warum die künstlerische Bildung von den Bildungsbehörden offensichtlich kurzgehalten wird. Künstlerische Bildung ist überall Teil des Curriculums. Die Ergebnisse zeigen, dass künstlerische Ansätze und kunstorientierte Curricula die Qualität von Lehren und Lernen verbessern, sowohl in den Künsten als auch in anderen Fächern (vgl. Kapitel 7). Und doch gibt es trotz der Tatsache, dass künstlerische Bildung in praktisch allen Ländern zur Bildungspolitik gehört, einen beträchtlichen Unterschied zwischen dem, was verfügt wird, und dem, was Kindern in den Schulen als künstlerische Bildung tatsächlich vorgesetzt wird. Die meisten Regierungen legen wenigstens Lippenbekenntnisse dazu ab, dass sie eine Kultur erzeugen wollen, in der kunstorientierte Bildung blühen könne, doch es ist generell so, dass es einen Graben zwischen der hoch und heilig versprochenen Politik und den typischerweise ärmlichen Vorkehrungen dafür im Klassenzimmer gibt.

Einer der Gründe dafür ist, dass die Bedeutung von künstlerischer Bildung im Großen und Ganzen nur in Einzelberichten festgehalten und dokumentiert, aber nicht durch empirische Fakten erhärtet wird. Der künstlerischen Bildung wird so lange keine höhere Priorität eingeräumt werden, solange es nicht deutlich bestätigt wird, dass die Vorgaben dafür zu handfesten Erfolgen führen.

Diese Forschung durchzuführen ist jedoch leichter gesagt als getan. Es ist schwierig – wenn nicht sogar gänzlich ausgeschlossen – den Effekt künstlerischer Bildung schlüssig zu quantifizieren. Dass künstlerische Bildung einen positiven Effekt hat, kann man nicht durch statistische Modelle allein belegen, solche Methodologien müssen, auch wenn sie wertvoll sind, durch eher ethnographische Methoden ergänzt werden; dazu gehören Fokusgruppen, Interviews, Beobachtungen, Erzählungen und Reflexionen (schriftlich und visuell) – in anderen Worten, all jene Methoden, die man manchmal „dichte Beschreibung“ (Geertz 1973) nennt.

Qualitative Forschungsmodelle gelten nicht exklusiv für die künstlerische Bildung. Ähnliche Ansätze haben in der Managementforschung Fuß gefasst. Traditionelle Bastionen von quantifizierbaren Ansätzen und statistischen Verfahren wie *Business Schools* und *MBA Programmes* beziehen jetzt begeistert kulturelle Aspekte des Alltagslebens von Organisationen ein. In Organisationen, die auf Ergebnisse angewiesen sind, um zukünftiges menschliches Handeln und zukünftige Erfahrungen zu prognostizieren, verwenden Managementexperten ebenso häufig Mythen, Geschichten und Folklore wie numerische Ansätze. Eine solche gründliche qualitative Forschung steht nicht zur Verfügung und dies zeigt sich an der oft expliziten Vorliebe für positivistische Ansätze in der offiziellen Bildungsforschung. Wenn man wünscht, dass die künstlerische Bildung eine höhere Priorität erhält, ist mehr Forschung über die Wirkung kunstorientierter Programme auf die Allgemeinbildung nötig.

Wie schon zuvor ausgeführt, ist eine der wichtigsten Unterscheidungen, die die Erhebung deutlich gemacht hat, jene zwischen der *Bildung in den Künsten* und der *Bildung durch die Künste.* Die Erhebung zeigt, dass erstere verbreiteter in der Sekundarstufe ist, während letztere als integrierte *Bildung durch die Künste* eher in der Primarstufe üblich ist.

Insbesondere letztere Variante scheint ein Bereich zu sein, in dem man sich von zusätzlicher Forschung das Aufzeigen weiterer positiver Effekte versprechen kann. Die Ergebnisse dieses Berichts (vgl. Kapitel 7) zeigen deutlich, dass gute Programme künstlerischer Bildung zur Verbesserung der Leistung in den akademischen Fächern führten. Künstlerische Bildung ist nicht nur ein genuiner Wert, um menschliches Gedeihen und kritische Selbsteinschätzung zu erzeugen, sondern wirkt sich auch positiv auf andere Aspekte des Lernens aus. Zum Beispiel hatten 71% der Länder den Eindruck, dass künstlerische Bildung die akademische Leistung insbesondere in den Bereichen Schreiben, Lesen und Lernen von Fremdsprachen erhöhte. Dieser Erfolg zeigte sich in guten Programmen, die die Bildung in den Künsten und Bildung durch künstlerische und kreative Ansätze einschlossen.

Darüber hinaus verbessert künstlerische Bildung tendenziell bei Schülern, Eltern und der Gemeinde das Bild der Schule, so wie kunstorientierte Programme die Einstellungen der Schüler zur Schule verbessern. Wiederum sind diese Ergebnisse nicht zwingend, sondern zeigen, dass mehr Längsschnittuntersuchungen zur Wirkung von künstlerischer Bildung nötig sind, insbesondere im Hinblick auf mögliche Zusammenhänge zwischen künstlerischer Bildung, kognitiver Entwicklung und den Folgen für Gesundheit und Wohlergehen bei jungen Menschen.

Künstlerische Bildung steigert Kooperationsfähigkeit, Respekt, Verantwortungsgefühl, Toleranz und Wertschätzung und wirkt sich positiv auf die Entwicklung sozialen und kulturellen Verständnisses aus. Einer der Gründe dafür könnte darin liegen, dass kunstorientierte Programme offenbar zielbezogenes Interagieren im Klassenverband und bessere Konzentration während des Unterrichts fördern; auch die regelmäßige Anwesenheit in der Schule insbesondere bei Jungen und marginalisierten („*at risk*") Schülern wird erhöht.

Diesen Effekt gibt es auch andersherum, wenn nämlich schlechte künstlerische Bildung oder das Fehlen von künstlerischer Bildung tatsächlich die Entwicklung von Kreativität und Vorstellungskraft bei Jugendlichen behindern. In 25% der Länder zum Beispiel schrieb man dem Mangel an künstlerischer Bildung oder der schlechten Qualität der Programme negative Folgen für die Entwicklung von Kreativität und innovativem Denken bei jungen Menschen zu.

Faktoren, von denen man annimmt, dass sie den Erfolg von Programmen künstlerischer Bildung einschränken, sind vor allem Zeitmangel, Raummangel und Mangel an Ressourcen. Wie zuvor ausgeführt, wurde der Einfallsreichtum von Lehrern und Künstlern, die in einer Situation äußerst eingeschränkter Mittel wunderbare Programme zustande bringen, in vielen nationalen Beispielen deutlich. Das soll aber nicht so verstanden werden, dass die künstlerische Bildung im Hinblick auf menschliche und finanzielle Ressourcen, Zeit und Räume nicht angemessen ausgestattet werden muss. Die Schwierigkeit, diese Probleme in den Griff zu bekommen, wurde am *Poetry Ireland*-Projekt deutlich:

> Das WIS hat ein sehr gutes und erfolgreiches Programm angeboten, das unter größten finanziellen Einschränkungen stand. Die Wirkung der wechselvollen Finanzierung von *Poetry Ireland* und der personellen Wechsel bei *WIS* zeigt sich an den Teilnehmerzahlen und führte bei manchen zu dem Eindruck, dass das Projekt schon ausgelaufen wäre. Zu einem bestimmten Grad hat das den erzielten Fortschritt und die zustande gekommenen Initiativen unterminiert.
> Die alljährliche Unsicherheit über die finanzielle Zuteilung bereitet bei der Planung große Schwierigkeiten: Eine langfristige Strategie mit einem fünfjährigen Entwicklungsplan ist ohne gesicherte mehrjährige finanzielle Unterstützung nicht möglich.

Es wurde im Allgemeinen so wahrgenommen, dass die politische Unterstützung für die Künste in der allgemeinen Bildung nicht in einen starken Schub zu Gunsten vermehrter Ressourcen vor Ort umgesetzt wurde. In manchen Ländern waren die Herausforderungen, denen sich die Bildung im Allgemeinen ausgesetzt sah, so gravierend, dass es fast unmöglich war, gute kunstorientierte Maßnahmen anzubieten. So wurden zum Beispiel die Auslandsschulden, die Kostenspirale, niedrige Lehrergehälter, die beinahe nicht vorhandenen Lehrmittel und technische Ausstattung als Faktoren gesehen, die in Kirgisien gute Angebote künstlerischer Bildung verhinderten. In diesem Land gibt es eine hohe Wertschätzung der Künste, wie sich an der Förderung künstlerischer Bildung auf nationaler Ebene und an der Anregung zu einer Reihe von Gesetzen, die sich auf „Madaniat" (Kultur) in der Bildung beziehen, zeigt. Ähnlich gibt es eine rasche Verbesserung der Lehrerbildung und der Vorgaben für die Künste in der weiterführenden Ausbildung und der Hochschulbildung, aber der Erfolg dieser Initiativen wird durch die finanziellen Zwänge eingeschränkt.

Der Europarat hat „auf der EU-Ebene einen Mangel an Engagement für den Wert der künstlerischen Bildung" festgestellt. Sogar dort, wo es politische Unterstützung gibt, wird die Implementation von Programmen für Partnerschaften durch organisatorische Strukturen und durch pragmatische Probleme beim Aushandeln der Beziehungen zwischen Lehrern und Künstlern eingeschränkt.

In Kolumbien, wo es auf nationaler Ebene viel Unterstützung für die Künste gibt, ist die regionale Verbreitung eine viel größere Herausforderung, trotz einiger höchst erfolgreicher Schlüsselbeispiele in den Regionen. Die Antwort aus Kolumbien wirft ein Licht auf die Schwierigkeiten beim Durchsetzen von kunstorientierter Bildungspolitik, wenn gesagt wird: „Eine der großen Herausforderungen bei der Einführung des Plans besteht in der Dezentralisierung des Programms, ohne dabei die Einheit und den Zusammenhang zu verlieren."

Innerhalb des Curriculums scheinen Bewertungs- und Evaluationsfragen besonders problematisch zu sein. Diese Aspekte sind oft restriktiv und stehen nicht für die Typen ganzheitlichen und beständigen Lernens, die mit Kunstprogrammen einhergehen. Bei der Evaluation des Erfolgs oder Misserfolgs eines Programms berichteten viele über die Schwierigkeiten, angemessene Forschungs-, Evaluations- oder Analyse-Methodologien zu finden. Oft schrieben Projektdesign oder Regierungspolitik quantitative Methodologien vor, aber die waren schwierig und passten häufig nicht. Es wurde festgestellt, dass in jüngster Zeit mehr qualitative Ansätze angenommen und für die Auswertung von Kunstprogrammen verwendet wurden.

In Spanien stellte man fest, dass „es immer noch viele Schwierigkeiten gab, wozu Zeit, Raum, Mittel, Finanzen, Lehrerfragen, Künstlerfragen, organisationale und strategische Probleme gehören; Fragen der Forschung und Evaluation sind auch wichtig, aber wir haben wenig Geld, um die Daten dafür zu sammeln.“ Ähnlich wurde aus Schottland berichtet, dass die „Lücken bei den vorhandenen Daten, insbesondere im Hinblick auf Methoden der Datenerhebung, Längsschnittuntersuchungen und Forschung über unterrepräsentierte Gruppen“, die Möglichkeit einschränkten, die Ergebnisse von kunstbasiertem Lernen in ihrer ganzen Breite auszuwerten. Sie forderten insbesondere mehr Forschung „in Bezug auf die Rolle von Kreativität in Bildung, Problemlösung, kognitiver und sozialer Entwicklung.“

Die Schwierigkeiten beim Bestimmen der Wirkung, die die Künste auf das Lernen der Schüler haben, scheinen ein andauernder Anlass zu Sorge zu sein, da sie die weitere Einführung von kunstorientierter Bildung behindern, wie man in Nigeria beklagte:

> Auch wenn das Projekt sehr erfolgreich war, welchen Anteil des Erfolgs verdankt man der Kunstkomponente, welchen der Anlage des Programms? Könnten dieselben Ergebnisse mit einem Sportangebot, einem Angebot zu Naturwissenschaften oder irgendeinem anderen Angebot erreicht werden, das für Transport, Snacks und die Supervision durch einen aufmerksamen und interessierten Erwachsenen in einer sicheren Umgebung sorgt?

Als wunde Punkte, die die weitere Annahme einer kunstbasierten Pädagogik einschränken, wurden auch die Beziehung zu den Lehrern und die Tüchtigkeit der Lehrer genannt. Wie in Kapitel 5 ausführlich dargestellt worden ist, brauchen Lehrer die Fertigkeiten, die Einstellung und Begeisterung, um kunstbasierte Angebote voranzubringen. Obwohl sich Fertigkeiten, Einstellung und Begeisterung auch im Verlauf erfolgreicher Programme verbessern können, kann es in bestimmten Kontexten einige Zeit dauern, bis das Lehrer-Problem gelöst werden kann. Kanada forderte speziell „Lehrerbildung, besonders für allgemein bildende Lehrer an Grundschulen.“ Das Problem der Lehrerfortbildung wird durch einen Mangel an finanziellen und anderen Ressourcen erschwert.

Obwohl wir darauf in diesem Bericht nicht genauer eingehen, wiesen manche Fallstudien Probleme mit Schülern als einschränkenden Faktor aus. Man könnte annehmen, dass sich diese auf Probleme auf der Mikroebene beziehen, die mit der Teilnahme der Schüler am Programm oder mit Interaktionen mit im Programm beschäftigtem Personal zu tun haben. Es gibt auch Hinweise darauf, dass die angesprochenen Probleme mit Schülern sich darauf beziehen, dass Schüler durch die Künste stark gemacht werden, und auf die Herausforderungen, die dadurch für die Erziehungssysteme entstehen.

Beinahe jedes Beispiel für guten kunstorientierten Unterricht betonte die Bedeutung von Partnerschaften und den Wert, den eine enge Zusammenarbeit mit der Kommune hat. Es lohnte sich deutlich, wenn ein Programm so kontextualisiert wurde, dass es ein prägender Bestandteil der Kommune wurde. Doch war ein solcher Prozess nicht ohne Probleme. Eine starke kommunale Beteiligung und kommunale Anerkennung waren in der Praxis schwer zu erreichen und erforderten ein beträchtliches Maß an Verhandlung, Entgegenkommen und Bestärkung. Wieder einmal wurde darauf hingewiesen, dass ein Mangel an Zeit und Ressourcen sowie die häufig nur kurzlebige Anlage vieler Kunstprogramme die Möglichkeit behinderte, verlässliche Kontakte mit der Kommune zu schmieden. Besonders in sich ökonomisch entwickelnden Kommunen bedeuteten die fehlende Verlängerung von Projekten oder finanzielle Zwänge, dass volles Engagement und Rückenstärkung durch die Gemeinde unwahrscheinlich wurden.

Schließlich wurden auch rigide Modelle künstlerischer Bildung als problematisch angesehen. Man gab zu bedenken, dass die künstlerische Bildung es nicht geschafft hatte, an gegenwärtige Lernthemen anzuknüpfen und dass dies die künstlerische Bildung noch weiter weg von den zentralen Bildungsaufgaben rückte. In Kolumbien wünschte man, dass „künstlerische Bildung nicht stagniert. Die Künste ändern sich wie sich auch die Gesellschaft ändert, aber die Programme künstlerischer Bildung ändern sich im Großen und Ganzen nicht. Wenn man in der künstlerischen Bildung optimale Ergebnisse erzielen will, müssen Lehrer die neuen Technologien offen annehmen, das heißt, sich in ICT und in Fertigkeiten, die für die Künste relevant sind, einarbeiten."

Um zum Schluss zu kommen: Die globale Erhebung in diesem Buch unterstreicht die Bedeutung sowohl der Bildung in den Künsten als auch der Bildung durch die Künste in einer Reihe von Kontexten weltweit. Die Studie betont, dass künstlerische Bildung nicht nur als Ergebnis einer bestimmten Politik oder eines Auftrags vorkommt, sondern eher als Ergebnis eines komplexen Netzes sozialer Kräfte. Um ganz verstehen zu können, wie kunstorientierte Lehrpläne umgesetzt werden, muss man die qualitativen Faktoren studieren, die Einfluss darauf haben, warum und wie das, was in den Schulen passiert, anders ist als die Politik und die versprochene Inklusion der Künste in die Bildung. Begriffe wie „Kultur", „Kreativität" und „Vorstellungskraft" tauchen in politischen Dokumenten häufig auf, aber Beobachtungen von Lehrern im Alltag offenbar eher ganz andere herrschende Diskurse.

Die Handlungen eines einzelnen Lehrers, Künstlers oder des Mitglieds einer Kommune, die künstlerische Bildung für Kinder anbieten, werden wohl direkter von Faktoren wie den Ressourcen, der Diversität der Schüler, der sozioökonomischen Verortung der Schule, dem Druck auf Lehrer, den wahrgenommenen Werten der Künste, den Bildungsbehörden, dem Bewertungsdruck und Ähnlichem beeinträchtigt. In der künstlerischen Bildung ist die Politik eine Sache, eine andere ist, was Kindern angeboten wird, aber der letzte Blick sollte sich auf den Sinn richten, den die Kinder aus diesen Erfahrungen heraus konstruieren.

Früh im Leben gewinnen Kinder Fertigkeiten, Wissen und Klugheit durch einen integrierten Lernprozess, der eine Reihe ästhetischer Stimuli nutzt, um erfolgreich zu sein. Wir singen zum Beispiel kleinen Kindern etwas vor. Wir füllen ihre Umgebung mit bunten und anregenden Bildern. Unsere Stimmen und die Gesten unserer Hand nehmen eine deutlich dramatische Form an, wenn wir mit kleinen Kindern reden; Eltern tanzen oft, klatschen und bewegen ihre Kinder in rhythmischen Mustern. Überall nutzen wir die Künste, um die Lernprozesse eines Kindes zu fördern. Wenn man Kindern beim Spielen zuschaut, sieht man, wie sie ganz natürlich in künstlerischen Formen kommunizieren.

Die Kunst erlaubt uns, Aspekte unseres Lebens zu ritualisieren und zu stilisieren und dabei komplexe Zusammenhänge verständlich und leichter handhabbar zu machen. Die Kunst ist ein normales und notwendiges menschliches Verhalten; es sollte wie andere übliche, universelle Beschäftigungen – reden, arbeiten, üben, mit Leuten zusammen sein, lieben, sich kümmern und spielen – anerkannt, ermutigt und in jedem Menschen entwickelt werden (Dissanayake 1999).

Demokratie lernen. Erzähl-Workshop mit vertrauten Alltagsgegenständen als Ausgangspunkt für ein einjähriges, interdisziplinäres kulturell-literarisches Schulprojekt, das als Höhepunkt zu dem kollektiven Mosaik *Land is Life* (4m x 6m, Santa Catarina, Brasilien 2003) führte. Das Foto wurde freundlicherweise von Dan Baron Cohen zur Verfügung gestellt.

Zum Zeitpunkt des Schuleintritts sind Kinder mit einer Reihe künstlerischer Fähigkeiten ausgestattet und haben diese kreativen Prozesse genutzt, um laufen, sprechen und spielen zu lernen. Leider wird der Wert der Künste in seiner fundamentalen Bedeutung für das menschliche Sein und Lernen oft übersehen, zum Beispiel in Situationen formaler Bildung. Allzu häufig erfährt die Mehrheit der Kinder statt einer satten kunstorientierten Bildung nur künstlerische Magerkost im Unterricht.

Allzu oft erhält man die Künste als Alibiaktivität für das jährliche Schulkonzert und/oder als etwas, dem man 30 Minuten am Freitagnachmittag einräumen kann. Sogar positive Einrichtungen, die als solche durchaus zu begrüßen sind, wie die Band in der Mittagspause, Chor, Tanz oder der Werkclub, bilden für sich noch keine angemessenen Kunsterfahrungen für Kinder. Wenn das Kind erst in die Sekundarstufe eintritt, sind die Künste meistens von den Hauptfächern getrennt und Schüler belegen sie – wenn überhaupt – in getrennten Stunden oder Kursen, oft als Wahlangebot; die Künste gehören also nicht zu den Kernprozessen des Lernens.

Die Ergebnisse der Studien zeigen, dass alle Gesellschaften der Welt aktiv für die Künste eintreten und dass die meisten Länder die Künste als Teil der Bildungspolitik wertschätzen, wenigstens tun sie das rhetorisch. Zur Zeit blühen die Künste weltweit in den kommerziellen, am Verbraucher orientierten und sozialen Sektoren. Die zeitgenössische Kommunikation boomt mit künstlerischen Inhalten in Bezug auf Bilder, Ton und Action. Die moderne Gesellschaft erlebt das enorme Wachstum der innovativen, von Verbraucherbedürfnissen angetriebenen Sektoren der „Kreativwirtschaft“. Die Menschen haben sich zu ‚kunstfreundlichen‘ Individuen entwickelt.

Wenn man die Auffassung teilt, dass die Künste ein Kernelement der gegenwärtigen und zukünftigen menschlichen Existenz sind, dann ist es kaum überraschend, dass in Schulen, denen die Künste vorenthalten werden, das Lernen und die soziale Entwicklung eingeschränkt werden. In den 1980ern entschieden sich viele Schulbezirke in den USA dafür, den Anteil der Künste am Lehrplan zu reduzieren. Man vertrat die Auffassung, dass die Künste ein Zusatzangebot seien, auf das man in wirtschaftsrationalen Modellen von Bildung verzichten konnte. Die Wirkung dieses Schrittes war beinahe sofort zu spüren. Die schulische Leistung verschlechterte sich und der soziale Zusammenhang, die Zusammenarbeit und das Gleichgewicht innerhalb der Schulgemeinschaft waren negativ betroffen. Lehrer und Schüler vermissten die Künste; in den frühen 1990ern wurde eine konzertierte Anstrengung unternommen, die Künste an den Schulen wieder einzuführen und deren zentrale Stellung innerhalb guter demokratischer Bildung sicherzustellen.

Ernest L. Boyer, Präsident der *Carnegie Foundation for the Advancement of Teaching* argumentiert, dass „in den letzten 25 Jahren wirklich Tausende von Programmen an Schulen zweifelsohne deutlich gemacht haben, dass die Künste nicht nur einen stimmigen Zusammenhang in unsere aufgesplitterte akademische Welt bringen, sondern dass durch die Künste auch die Leistungen der Schüler in anderen akademischen Fächern angehoben werden“ (Boyer 1987).

Es ist oft gesagt worden, dass traditioneller Unterricht darin versagt, den Bedürfnissen der Kinder zu entsprechen, die innerhalb unseres Bildungssystems marginalisiert werden, und dass die Künste dazu dienen können, dies auszugleichen. Manchmal könnte ein Schüler, der in den traditionellen Hauptfächern keine gute Leistung bringt, eine künstlerische Begabung haben, die noch nicht aufgeblüht ist. Wie die Verfasser von *The Fourth R* aufzeigen: „Stellen Sie sich vor, was heute mit Leonardo da Vinci passierte, wenn er eine durchschnittliche öffentliche Schule besuchte. Dieser uneheliche Sohn einer armen Frau, ein Linkshänder, der gerne malt und konventionelles Denken herausfordert, würde gewiss als „*at risk*“-Kandidat für eine Fördererziehung eingestuft werden ...“. Schulen mit einem integrierten künstlerischen Lernangebot sind vielleicht besser in der Lage, mit den Bedürfnissen von Schülern wie Leonardo umzugehen.

In den letzten Jahren gibt es ein wachsendes Interesse an dem Potential von kunstorientierten Programmen, die Lernergebnisse zu verbessern. Jedoch gibt es bis heute nur eingeschränkte Versuche, gründliche Forschung zusammenzustellen und zu analysieren, die entweder den Prozess oder die Ergebnisse des Gebrauchs solcher Programme untersucht. Trotz der Schwierigkeiten beim Entwickeln einer Forschungsmethodologie, die das Sammeln von dem betrifft, was man als „hard evidence“ im Blick auf Wirkung und Implementationsstrategien ansehen kann, zeigt das umfangreiche Belegmaterial, das für die globale Studie, die diesem Buch zugrunde liegt, zusammengetragen wurde, den Wert und die Bedeutung der Künste für die allgemeinen Merkmale von Bildung auf.

Wir hoffen, dass die in diesem Buch enthaltene Analyse dazu dient, die politischen Entscheidungsträger, Lehrer, Künstler und Eltern dazu zu bringen, kunstorientierte Bildung für alle Kinder zu entwickeln, umzusetzen und wertzuschätzen. Gute Programme künstlerischer Bildung entfalten eine Wirkung auf das Kind, auf die Lehr- und Lernumgebung, auf die Kommune, aber solche Erfolge sind nur mit guten Programmen zu haben. Unangemessene oder schlechte Programme tragen nicht dazu bei, das Leistungspotential eines Kindes zu entfalten oder gute Schulen zu entwickeln. Es ist wichtig, dass den rhetorischen Ansagen der Politik, die die Inklusion von künstlerischer Bildung in die umfassende Bildungserfahrung eines Kindes unterstützen, substantielle Implementation und Monitoring-Strukturen folgen, die sicherstellen, dass Kinder gute Bildungsangebote erhalten. Es ist nicht teurer, solche Angebote einzuführen als schlechte, und damit die Gelegenheit zu schaffen, eine substantielle Bildungsreform zu initiieren und die Exzellenz von Bildung insgesamt zu erhöhen.

Bildung sollte den *Wow-Faktor* zum Mittelpunkt machen, der von der Bildung durch die Künste ausgelöst wird, und bei allen jungen Menschen innovatives Denken, einen kreativen Geist und Begeisterung für das Leben und das Lernen schaffen.

Über den *Wow-Faktor* hinaus. Nachwort 2010

Anne Bamford

Der Wow-Faktor wurde geschrieben, um aus einer Reihe von Ländern empirische Belege, die bis zu jenem Zeitpunkt zur Verfügung standen, zusammenzutragen. Es ging darum, Klarheit über den Stellenwert der Künste und Kultur innerhalb der Bildung zu gewinnen und die aktuelle Situation im Hinblick auf empirisch fassbare Ergebnisse zusammenzufassen. Damit war *Der Wow-Faktor* eher der Beginn eines Gesprächs als schon der ganze Satz.

Im Zusammenhang mit der wachsenden globalen Aufmerksamkeit und unterstützt durch die Bemühungen herausragender Lehrer und vieler engagierter Kunstpädagogen überall auf der Welt wird der Raum für die Künste innerhalb der Bildung zunehmend erweitert.

Die UNESCO engagiert sich sehr für den Wert sowohl der materiellen als auch der immateriellen Kultur. Zur Zeit der Veröffentlichung von *Der Wow-Faktor* fand der erste UNESCO-Gipfel zur künstlerischen und kulturellen Bildung in Lissabon statt. An dem Gipfeltreffen nahmen die meisten Länder teil und mehr als 3 000 Delegierte diskutierten fünf Tage lang über Ziele, politische Zielsetzungen und Implementationsstrategien. In der Folge dieser Konferenz veröffentlichte die UNESCO die *Road Map for Arts and Cultural Education.* Die *Road Map* ist zu einem bedeutsamen Orientierungsdokument für Politik und Praxis auf nationaler und regionaler Ebene geworden. Auf der Konferenz von Lissabon wurde ebenfalls beschlossen, einen Folgegipfel in Seoul in Südkorea im Mai 2010 durchzuführen. Das Treffen von Seoul verschafft Gelegenheit, den erreichten Fortschritt im Hinblick auf das Erreichen der in der *Road Map* festgehaltenen Ziele zu überprüfen.

Die UNESCO entwickelt seit Kurzem ein fortlaufendes Glossar zur künstlerischen Bildung. Ziel dieses Glossars ist es, eine zuverlässige Liste der Begriffe zu erstellen, die es Kunstpädagogen überall auf der Welt ermöglicht, einen gemeinsamen Dialog über den Umfang und die Beschaffenheit ihres Feldes zu entwickeln. Zurzeit wird international eine Nachfolgeuntersuchung auf den Weg gebracht. Die Ergebnisse dieser Arbeit werden Verbesserungen und Herausforderungen innerhalb der künstlerischen und kulturellen Bildung aufzeigen.

Der Wow-Faktor wurde aus seiner ursprünglich englischen Fassung ins Spanische, Koreanische, Norwegische und Deutsche übersetzt. Das Kompendium hat direkt zu einer Reihe detaillierter nationaler und regionaler Untersuchungen geführt. So haben zum Beispiel Dänemark, die Niederlande, Island, Hongkong und Flandern detaillierte nationale Evaluationen zur Qualität der Implementation künstlerischer und kultureller Bildung in Auftrag gegeben. In anderen Bereichen wurden regionale Studien oder Untersuchungen bestimmter Teilbereiche veranlasst, wie nationale Erhebungen zur visuellen Bildung und zur Musik in Australien und eine Überprüfung der Qualität der Musikangebote im Vereinigten Königreich. Es gab seitdem zahlreiche kleine Untersuchungen, Treffen mit politisch Verantwortlichen und Präsentationen. Wenn es das Ziel war, ein Gespräch über die Künste anzuregen, dann wurde dies gewiss erreicht!

In den letzten Jahrzehnten gab es eine wachsende Nachfrage nach empirischen Nachweisen für den Erfolg von finanziellen Investitionen zur Erreichung politischer Ziele, insbesondere im öffentlichen Sektor. Politisch Verantwortliche und Geldgeber sind sowohl am kurzfristigen als auch am langfristigen Wert ihres Einsatzes für Kultur, Innovation und Kreativität interessiert.

Obwohl die internationale Studie über Wirkungen unmittelbar zu Verbesserungen in der künstlerischen Bildung führte, gibt es gleichzeitig genauso überzeugende Argumente gegen das Messen der Wirkung. Man gibt zu bedenken, dass sich ein großer Teil menschlichen kreativen und kulturellen Handelns jenseits des Messbaren abspielt und um seiner selbst Willen getan werden sollte, nicht im Hinblick darauf, was es zu leisten oder auch nicht zu leisten im Stande wäre. Der wahre Wert der Künste liegt zweifelsohne in ihrem genuinen Nutzen, ihrem Eigenwert. Es ist wohl unwahrscheinlich, dass viele von uns Musik hören, im Theater sitzen oder eine Galerie besuchen, weil wir glauben, dass das unsere Testergebnisse, unsere Einstellungschancen oder unsere sozialen Fertigkeiten verbessert. Ja, es wird sogar oft mit Fug und Recht behauptet, dass das Messen eher zu einem Bedeutungsverlust in den Künsten beiträgt und zu dem Gefühl, dass wir, je mehr wir messen, desto weniger sehen! Das Argument geht oft dahin, dass man riskiert, dass politisch Verantwortliche und Lehrer die wichtigsten und wirksamsten Effekte künstlerischer Bildung gerade verfehlen, wenn man den Wert der Künste im Hinblick auf unmittelbare und quantifizierbare Auswirkungen auf die Bildung misst.

In einer Schule sollte die Priorität bei selbst definierten Indikatoren für Erfolg liegen (statt auf Indikatoren, die innerhalb einer öffentlichen Bilanzierung leichter zu vermitteln sind). Aber dennoch ist das Feld künstlerischer Bildung innerhalb eines nationalen politischen Kontextes situiert und es ist noch nötig nachzuweisen, dass Finanzen sinnvoll verwendet werden und dass Kinder eine Bildung von bestmöglicher Qualität erhalten.

Es gibt auch intrinsische Grenzen, bis zu denen Erfolg nur quantifizierbar ist. Es gibt sicherlich keine vollkommenen Prüfmaße. Wirkungsanalyse beruht auf einer Reihe unvollkommener und einseitiger Indikatoren. Darüber hinaus kann einverleibtes und stilles Wissen (*tacit knowledge)* ähnlich wichtig für jeden Erfolg eines Projektes oder einer Erhebung sein. Zugleich gibt es noch jene, die argumentieren, dass jedweder Versuch der Evaluation ethisch falsch sei, und die dafür eintreten, dass es für manche Aspekte des menschlichen Lebens nicht notwendig sein sollte, „Nützlichkeit“ nachzuweisen, um öffentliche Förderung zu rechtfertigen.

Die Wirkung der Künste kann nur dann angemessen untersucht werden, wenn man sich klarmacht, dass sie auch in Schulen in einem breiteren Zusammenhang stehen. Künstlerische Bildung findet stets in zeitlichen, sozialen, politischen, geografischen und ökologischen Kontexten statt.

Aus den Kreisen der Wirkungsforschung gibt es beträchtliche Skepsis gegenüber der Qualität der Evaluation. Die Hauptkritik geht dahin, dass die vermeintliche Forschung oft kaum etwas anderes als eine verdeckte Parteinahme sei. Gewiss fehlt es im Feld der künstlerischen Bildung an nachhaltiger Längsschnittforschung und viele der Evaluationsberichte sind in der Tendenz eher illustrierend, nicht analytisch. Gewiss mag es deutliche zeitliche Differenzen zwischen dem Ende eines Projekts oder einer Innovation und dem Sichtbarwerden von Erfolgen geben. Wirkungsevaluation im Bereich der Künste wird oft als zu wenig streng und zu wenig objektiv kritisiert.

Konkret ist die Wirkungsevaluation in den Künsten und in kreativen Feldern oft aufgeblasen und unpräzise. Insbesondere fehlt es an Evaluationsberichten mit klaren Empfehlungen und einer ausreichenden Analyse von *Best Practice*-Beispielen. Der Mangel an Konsistenz in Terminologie, Methodologie und Bezugsrahmen für Qualitätsmerkmale bei einem großen Teil der Wirkungsforschung erschwert in der Tat den Vergleich der Ergebnisse.

Man kann argumentieren, dass die wichtigste Wirkung die Wirkung eines Projekts auf die Individuen und deren Haltungen und Handlungsweisen ist. Die Wirkung auf die Person wird oft auch als intrinsische Wirkung bezeichnet. Intrinsische Wirkung umfasst Dimensionen wie Faszination, Vergnügen, Imagination, Sinnstiftung, soziale Bindungen. Der personale, intrinsische Wert kann eine Katharsis (Reinigung der Empfindungen) oder eine Bereicherung (die dem Leben größere Bedeutung gibt) einschließen. Dazu können bei Kindern Veränderungen von einer Art gehören, die sich nicht leicht greifen lässt, also Verbesserungen in Hinsicht auf:

- Wohlbefinden
- Anschluss
- Sinnstiftung
- Kommunikation
- Erkenntnis
- Sinneswahrnehmung

Eine weitere Art, die personale oder intrinsische Wirkung zu betrachten, liegt in der Frage der Verbesserung des Humankapitals. So kann zum Beispiel eine positive intrinsische Wirkung eintreten, wenn die Teilnahme an einem Programm künstlerischer Bildung die kommunikativen Fertigkeiten eines Teilnehmers, seine analytischen Fähigkeiten, sein Problemlösungsverhalten, seine kreativen Talente und sozialen Wahrnehmungsfertigkeiten verbessert. Zu der erhöhten Wahrnehmungsfertigkeit gehören möglicherweise

- der Erwerb von Fertigkeiten
- die Fähigkeit, sich auf neue Erfahrungen einzulassen
- erhöhtes Selbstvertrauen und Selbstwertgefühl
- veränderte oder stärker geforderte Haltungen
- Entwicklung von Kreativität, kultureller Aufmerksamkeit, kultureller Kommunikation, kultureller Erinnerung
- die Teilnahme oder Unterstützung von Bildungsprogrammen

Es ist nicht schwierig, Verbindungen zwischen guten künstlerischen Angeboten und Kulturprogrammen an Schulen und positiven Ergebnissen herzustellen; es ist aber beinahe unmöglich, hier ein klares Kausalitätsmuster herzustellen. Man kann jedoch durchaus sagen, dass es jetzt deutliche empirische Hinweise darauf gibt, dass gute künstlerische und kulturelle Erfahrungen in der Bildung mit einer Reihe positiver Wirkungen in Verbindung gebracht werden können; dazu gehören:

- die persönliche/emotionale Wirkung (Selbstvertrauen, Ehrgeiz, Erwartungen etc.)
- die soziale Wirkung (Netzwerke, Kooperationen, Partnerschaften, Web-Kontakte etc.)
- die kulturelle Wirkung (größere Erreichbarkeit, gemeinsame Identitäten etc.)
- Bildungswirkung (neue Kenntnisse, formales und informelles Lernen etc.)
- die innovative Wirkung (Talentförderung, Gelegenheiten zur Darstellung, öffentliche Aufmerksamkeit, mediale Aufmerksamkeit etc.)
- ethische Wirkung (Änderungen in den Haltungen, Nachhaltigkeit etc.) und
- katalytische Wirkung (Flow-Effekte, Transformationen, Reisen etc.)

Diese Wirkungen kommen nur dann zustande, wenn die Erfahrungen mit der künstlerischen Bildung von hoher Qualität sind. Einen besonderen Wert gewann *Der Wow-Faktor* unter anderem dadurch, dass er klare Hinweise auf die strukturellen und methodologischen Faktoren gab, die mit guten Programmen verbunden sind. Diese Faktoren lassen sich pro-aktiv nutzen, um Programme zu gestalten und um rückblickend die Qualität vorhandener Programme zu bewerten.

Auch wenn es zweifelsohne nützliche Anleitungen für Lehrer, Praktiker und politisch Verantwortliche gibt, ist es doch wichtig, daran zu denken, dass die Künste und die Kultur in einem direkten Bezug zum Publikum stehen. In diesem Fall kann man argumentieren, dass die Kinder das eigentliche Publikum sind. Wir hoffen, dass Leser von *Der Wow-Faktor* sich von der Lektüre dieses Forschungsberichtes bewegen und verändern lassen und innerhalb ihrer spezifischen Kontexte Aktionen durchführen, die sicherstellen, dass die Kinder, mit denen sie zusammenarbeiten, die bestmögliche Qualität künstlerischer Bildung erhalten. Im Idealfall trifft jeder, der dieses Forschungskompendium liest, auf Stellen, an denen er oder sie sich in den angeführten Daten und Beispielen wiedererkennt.

Es soll aber angemerkt werden, dass es nicht nur eine Art der Lektüre dieses Berichtes gibt. Jeder Leser wird sich mit seinen eigenen und einzigartigen Erfahrungen und Auffassungen an den Bericht machen und damit die Art der Lektüre bestimmen. Darüber hinaus mag auch ein einzelner Leser abhängig vom Zeitpunkt der Lektüre und den zu diesem Zeitpunkt wichtigen Erfahrungen den Bericht jeweils unterschiedlich lesen. Auf diesem Weg treten die Leser in einen diskursiven Prozess mit der Forschung. Dies ist unvermeidlich, weil sich Sinn erst aus dem Zusammenspiel der Herausforderungen des Textes, den unterschiedlichen erfahrungs- und intuitionsorientierten Rahmen, die auf diese Herausforderungen bezogen werden, und den Zielen und Bedürfnissen des Lesers ergibt.

Sinn setzt sich aus vielen Stimmen zusammen. Dies ist genuin künstlerisch, so wie Kunst sich durch Auswahl und Lesarten bestimmt. Bilder können den Eindruck erwecken, dass man sie in einer Sekunde erfassen kann, aber das ist nicht die ganze Realität. Es dauert lange, ein Bild **wirklich zu sehen.** Wenn die Ölfarbe auf der Leinwand altert, werden die mit den Farbpigmenten gemischten Öle allmählich durchsichtiger. Manchmal können die Betrachter dann die originalen Entwurfsskizzen des Gemäldes sehen. Diesen Prozess nennt man im Italienischen „pentimento“; wörtlich bedeutet dies „Reue empfinden“, denn alte Vorstellungen sind durch nachfolgende Ideen ersetzt worden.

Der Wow-Faktor ist ein Anfang. Es gibt viele Bereiche, denen man in der Folge unserer Ergebnisse nachgehen könnte. Besonders dringend scheint mir zu sein, einige der Empfehlungen im Hinblick auf die Qualität, Erreichbarkeit für alle, Partnerschaften und Lehrerfortbildung auszuprobieren und durchzuführen.

Man hat oft den Eindruck, als machten nachfolgende Gruppen von Lehrplanentwicklern und Forschern sich kontinuierlich daran, das Rad neu zu erfinden, wenn sie die künstlerische Bildung zu verbessern suchen. Wir brauchen mehr Forschung, um herauszufinden, wie man eine höhere „Aufnahmerate“ für Veränderungen sicherstellen kann. Die Implementation guter Praktiken im Bereich künstlerischer und kultureller Bildung hat hohe Priorität. Wir dürfen nicht länger nur Lippenbekenntnisse zum Stellenwert der künstlerischen Bildung im Leben von Kindern und Jugendlichen ablegen. Darüber hinaus muss man sich von der Vorstellung verabschieden, jedes neue Curriculum oder jedes neue kleine Forschungsvorhaben so wahrzunehmen, als überbiete es alles vorher Dagewesene.

Gute künstlerische und kulturelle Bildung sucht sich jeweils die besten unter den theoretischen und praktischen Ansätzen aus. Zukünftige Forschung muss Alternativen untersuchen und darauf zielen, einfallsreiche neue Perspektiven freizusetzen. *Best Practice*-Beispiele und Modelle erfolgreicher und praktischer Implementationsstrategien müssen auf viel breiterer Ebene gemeinsam genutzt werden, national und auch international. Auch müssen in dieser Perspektive die verschiedenen künstlerischen Disziplinen viel enger zusammenarbeiten und Schlüsselideen und Strategien miteinander teilen.

Es gibt in der künstlerischen und kulturellen Bildung eine Tendenz, immer mehr Projekte zu initiieren, statt die bestehende Arbeit zu konsolidieren und sich auf klare Entwicklungswege und gute Rahmenbedingungen für das Monitoring zu konzentrieren. Auch haben Kunstpädagogen zu oft eine Neigung, für die „bereits Bekehrten zu predigen“. In anderen Worten fahren sie damit fort, sich gegenseitig zu versichern, wie wichtig die Künste sind, statt dieses Wissen wirklich über alle Bereiche des Lehrplans hinweg als zentralen Bestandteil von Bildung zu verankern. Die Herausforderung liegt deshalb darin, nicht in die Falle zu gehen, die Ergebnisse von *Der Wow-Faktor* dafür zu nutzen, mehr neue Aktivitäten zu entfalten, sondern stattdessen exzellente, besonders anregende Angebote zu verbessern und diese zu vernetzen und zu konsolidieren.

Ich hatte das Privileg, viele Schulen und künstlerische Projekte in vielen, vielen Ländern zu besuchen. Diese Erfahrungen zeigen mir, dass es viele Personen gibt, die sich mit wahrer Leidenschaft und Energie für gute künstlerische und kulturelle Bildung für alle stark machen. Diese Leute sehen, wie ich, ihr Engagement für die künstlerische Bildung voller Optimismus. Forscher, Lehrer, Künstler, Geschäftsleute, Eltern, Kinder, Lehramtsstudenten müssen zusammenarbeiten, um die vielen Herausforderungen und Gelegenheiten wahrzunehmen, die sich für die künstlerische Bildung eröffnen.

Die Phantasien, die *Der Wow-Faktor* entstehen ließ, wurden als versuchsweise, noch unsichere Ideen dargestellt. Die Zeit und die Umstände werden zeigen, welche der Ideen größer werden und breitere Aufnahme finden und welche an Bedeutung verlieren. Als ich mit diesem Forschungsvorhaben begann, fing ich unvermeidlich mit einem Bild an, das letztlich immer unvollständig bleiben sollte. Es liegt an denen, die dieses Buch lesen, die sich für die Künste und Kultur mit Leidenschaft einsetzen und die diese Leidenschaft mit Kindern und Jugendlichen teilen, dieses Bild fertig zu stellen.

London, im Februar 2010
Anne Bamford

Literatur

Arendt, H. (1958). *The Human Condition*. Chicago, University of Chicago Press.

Arendt, H. (1983). *Between Past and Future*. London, Penguin.

Aristotle (1965). On the Art of Poetry. *Aristotle, Horace, Longinus: Classical Literary Criticism*. D. T.S. London, Penguin.

Ashton, L. (1998). *I can't draw to save myself*. Australian Institute of Art Education, University of Wollongong.

Ashton, L. (1999). „Deconstructing the aesthetic discourse of drawing: A study of generalist primary teachers in transition." *Australian Art Education* **22**(2): 41–61.

Benjamin, W. (1996). *Illuminations*. London, Pimlico.

Boughton, D. (1999). „How to build an art teacher (1986)." *Australian Art Education* **22**(1): 59–67.

Boyer, E. (1987). *College: The undergraduate experience in America*. New York, Harper and Row.

Brady, L., G. Segal et al. (1998). „Student perceptions of the theory and practice nexus in teacher education." *Educational Practice and Theory into Practice* **20**(1): 5–16.

Bresler, L. (1995). „American arts education in elementary schools: Craft, child art and fine art." *INSEA News* **2**(1): 7–10.

Carroll, K. L. (1997). Researching paradigms in art education. *Research methods and methodologies for art education*. S. La Pierre, D. und E. Zimmerman. Reston, Virginia, The National Art Education Association: 171–192.

Cassirer, E. (1974). *An essay on man: an introduction to philosophy of human culture*. New Haven, Yale University Press.

Chalmers, F. G. (1998). „Teaching drawing in nineteenth-century Canada – Why?" *Curriculum, culture and art education: comparative perspectives*. K. Freedman und F. Hernandez. New York, State University of New York Press.

Chia, J., J. Matthews et al. (1995). „A window on an art classroom." *INSEA News* **2**(1): 4–7.

Cizek, F. (1921). *The child as artist: Some conversations with Professor Cizek*. Knightsbridge, England, Children's Art Exhibition Fund.

Condous, J. (1999). „How well are the arts in education taught? (1979)." *Australian Art Education* **22**(1): 15–21.

Cunliffe, L. (1990). „Tradition, mediation and growth in art education." *Journal of Art and Design Education* **9**(3): 271–288.

Cunneen, C. und R. White (1995). *Juvenile Justice – an Australian perspective*. Melbourne, Australia, Oxford University Press.

Dahllof, U., J. Harris et al. (1991). *Dimensions of evaluation: Report of the IMHE study group on evaluation in higher education*. London, Jessica Kingsley Publishers.

Dewey, J. (1934). *Art as experience*. New York, Minton Balch.

Diamond, P. C. T. und C. A. Mullen (1999). *The Post-modern Educator: Arts-based inquiries and teacher development*. New York, Peter Lang.

Disch, L. J. (1996). „More truth than fact: Storytelling as critical understanding in the writings of Hannah Arendt." *Political Theory* **21**(4): 665–694.

Dissanayake, E. (1999). *Homo Aestheticus: Where art comes from and why*. Seattle, The Free Press.

Duncum, P. (1999). „Primary art pedagogy: Everything a generalist teacher needs to know." *Australian Art Education* **21**(3): 15–23.

Eisner, E. (1991). *The enlightened eye*. New York, McMillan.

Eisner, E. (1997). „The state of art education today and some potential remedies: A report to the national endowment for the arts." *Art Education* **50**(1): 27–28, 61–72.

Eisner, E. (1999). „The national assessment in the visual arts." *Art Education Policy Review* **100**(6): 16-19.

Ellis, C. (1954). Preparing art educators. *Education and Art: A symposium.* E. Ziegfeld. Paris, UNESCO.

Emery, L. (1999). „13 Years on ... a response to Boughton." *Australian Art Education* **22**(1): 68-70.

Errazuriz, L. (1998). Rationales for art education in Chilean schools. *Curriculum, culture and art education: comparative perspectives.* K. Freedman und F. Hernandez. New York, State University of New York Press.

Foster, H., Hg. (1983). *The anti-aesthetic: Essays on postmodern culture*, Bay Press.

Foucault, M. (1998). *Aesthetic, method and epistemology*. New York, New Press.

Freedman, K. (1998). „Sharing interests: aesthetics, technology and visual culture in democratic education." *Australian Art Education* **21**(2): 3–10.

Freedman, K. und F. Hernandez, Hg. (1998). *Curriculum, culture and art education: Contemporary perspectives.* New York, State University of New York Press.

Geahigan, G. (1999). „Teaching preservice art education majors: „The world of the work"." *Art Education* **52**(5): 12–17.

Geertz, C. (1973). *The Interpretation of Cultures.* Princeton, Princeton University Press.

Greer, D. W. (1992). „Harry Broudy and Disciplined-Based Art Education (DBAE)." *Journal of Aesthetic Education* **26**(4): 49–60.

Guba, E. G. und Y. S. Lincoln (1989). *Fourth generation evaluation.* London, Sage publications.

Hernandez, F. (1998). Framing the empty space: Two examples of the history of art education in the Spanish political context. *Curriculum, culture and art education: comparative perspectives.* K. Freedman und F. Hernandez. New York, State University of New York Press.

Holt, D., Hg. (1997). *Primary arts education: Contemporary issues.* London, The Falmer Press.

Jones, J. (1998). *The Role of the EAP Within the Juvenile Justice System.* International Forum on Education in Penal Systems, Conference Proceedings, Youth Research Centre, University of Melbourne, Australia.

Keifer-Boyd, K. (1996). „Interfacing hypermedia and the internet with critical inquiry in the arts: preservice training in art education." *Art Education* **49**(6): 33–41.

Keifer-Boyd, K. (1997). „Interfacing hypermedia and the internet with critical inquiry in the arts: Preservice training." *New technologies and art education: implications for theory, research and practice.* D. Gregory, C. Reston, Virginia, The National Art Education Association: 23–33.

Kissick, J. (1993). *Art: Context and criticism.* Bristol, Wm C. Brown Communications, Inc.

Kvale, S. (1994). *Validation as communication and action: On the social construction of validity.* Postmodernist Approaches to validity in Qualitative Research, American Educational Research Association Conference., New Orleans, ED 371 020.

Langer, S. K. (1957). *Problems of Art.* London, Routledge und Kegan Paul.

Levi-Strauss, C. (1966). *The Savage Mind (Nature of Human Society).* Chicago, University of Chicago Press.

Lincoln, Y. S. und E. G. Guba (1988). *Criteria for assessing naturalistic inquiries as reports*. The Annual Meeting of the American Educational Research Association. New Orleans, ED 297007.

Lovgren, S. und K. Sten-Gosta (1998). „From art making to visual communication: Swedish art education in the twentieth century.“ *Curriculum, culture and art education: comparative perspectives*. K. Freedman und F. Hernandez. New York, State University of New York Press.

Lowenfeld, V. und L. W. Brittain (1964). *Creative and mental growth*. New York, Macmillan.

May, W. T. (1993). *Art experts' views of an ideal curriculum*. Elementary Subjects Center. Series No. 95. East Lansing, Center for the Learning and Teaching of Elementary Subjects: 1–156.

Nakamura, K. (1999). „Pre-service teachers' art appreciation.“ *INSEA News* **5**(3): 10–11.

Parmenter, C. (1995). „A classroom in Oz.“ *INSEA News* **2**(1): 8.

Pearsall, J., Hg. (1998). *The New Oxford Dictionary of English*. Oxford, Claredon Press.

Piaget, J. (1954). „Art education and child psychology.“ *Education and Art: A symposium*. E. Ziegfeld. Paris, UNESCO.

Read, H. (1970). *The redemption of the robot: My encounter with education through art*. London, Faber.

Richardson, D. (1999). „The concept of „art“.“ *Australian Art Education* **21**(3): 24–27.

Richardson, M. (1948). *Art and the child*. London, University of London Press.

Schrag, P. (1999). *Paradise Lost: California's Experience America's Future*. Berkeley, University of California Press.

Smith, J. K. (1993). *After the demise of empiricism: The problem of judging social and educational inquiry*. Norwood, New Jersey, Ablex Publishing Corporation.

Smith, R. (1995). „The question of modernism and postmodernism.“ *Art Education Policy Review* **96**(6): 2–11.

Taylor, R. (1986). *Educating for critical response and development*. London, Longman.

Thistlewood, D. (1998). „From imperialism to internationalism: Policy making in British art education.“ *Curriculum, culture and art education: comparative perspectives*. K. Freedman und F. Hernandez. New York, State University of New York Press.

Wilson, B. (1997). „The second search: Metaphor, dimensions of meaning, and research topics in art education.“ *Research methods and methodologies for art education*. S. La Pierre, D. und E. Zimmerman. Reston, Virginia, The National Art Education Association: 1–32.

Wilson, B. (1999). „The Success and failure of art education: Assessing the results (1976).“ *Australian Art Education* **22**(1): 2–7.

Wright, S. (1989). „We've got it backwards: It's too late by age 8.“ *Australian Art Education* **13**(1): 6–10.

Zimmerman, E. (1994). „Concerns of pre-service art teachers and those who prepare them to teach.“ *Art Education* **47**(5): 59–67.

Index

Appendix I: Copy of survey

Name:	
Position:	
Organisation:	
Country:	

1. Please cross one or more boxes if the following subjects are included in Arts Education in your country:

Performance art ☐
Film and Media ☐
Dance ☐
Drama ☐
Music ☐
Painting ☐
Sculpture ☐
Digital art ☐
Drawing ☐
Craft ☐
Design ☐
Painting ☐
Sculpture ☐
Other(s) <please specify> ☐ ____________________

On average how many minutes per week are devoted to arts education in:

Primary/elementary Schools ______

Secondary Schools ______

Please write additional comments

____
____
____
____
____

Please respond to the following general questions, answering yes/no/don't know

2. Arts Education is a Mandated/Compulsory part of the curriculum

Yes ☐ No ☐ Don't Know ☐

3. Arts Education is a freestanding subject (like literacy and mathematics):

Yes ☐ No ☐ Don't Know ☐

4. Arts Education is an examined part of the curriculum

Yes ☐ No ☐ Don't Know ☐

5. Please cross one or more boxes if the following goals influence Arts Education in your country:

Artistic/aesthetic goals ☐
Social goals ☐
Cultural goals ☐
Economic goals ☐
Literacy goals ☐
Numeracy goals ☐
Personal goals ☐
Other(s) <please specify> ☐ ____________________

6. Please cross one or more boxes indicating who is responsible for Arts Education policy:

Central government ☐
State or provincial government ☐
Local education authorities ☐
School based decisions ☐
Parents ☐
Children ☐
Artists ☐
Teachers ☐
Community ☐
Other(s) <please specify> ☐ ____________________

7. **Please cross one or more boxes indicating who is responsible for teaching Arts Education and the amount of training they receive.**

Amount of arts education training received

Parents	☐ none	☐ less than 3 months	☐ 3-12 months	☐ more than 1 year
Generalist Teachers	☐ none	☐ less than 3 months	☐ 3-12 months	☐ more than 1 year
Artists	☐ none	☐ less than 3 months	☐ 3-12 months	☐ more than 1 year
Specialist Teachers	☐ none	☐ less than 3 months	☐ 3-12 months	☐ more than 1 year
Community	☐ none	☐ less than 3 months	☐ 3-12 months	☐ more than 1 year
Other <specify below>	☐ none	☐ less than 3 months	☐ 3-12 months	☐ more than 1 year

Other(s) ____

Please respond to the following questions indicating

Strongly Agree ☐
Agree ☐
Don't Know ☐
Disagree ☐
Strongly Disagree ☐

(Please write examples in the space provided)

8. **Arts education project(s) in your country have contributed to improved student artistic achievement**

Strongly Agree ☐
Agree ☐
Don't Know ☐
Disagree ☐
Strongly Disagree ☐

Please give examples

____

____

____

____

____

9. Arts education project(s) in your country have contributed to improved levels of educational attainment/academic improvement:

Strongly Agree ☐
Agree ☐
Don't Know ☐
Disagree ☐
Strongly Disagree ☐

Please give examples

____
____
____
____
____

10. Arts education project(s) in your country have contributed to improved student attitude:

Strongly Agree ☐
Agree ☐
Don't Know ☐
Disagree ☐
Strongly Disagree ☐

Please give examples

____
____
____
____
____

11. Arts education project(s) in your country have contributed to improved student confidence:

Strongly Agree ☐
Agree ☐
Don't Know ☐
Disagree ☐
Strongly Disagree ☐

Please give examples

____

12. Arts education project(s) in your country have contributed to student social/cultural development:

Strongly Agree ☐
Agree ☐
Don't Know ☐
Disagree ☐
Strongly Disagree ☐

Please give examples

13. Arts education project(s) in your country have contributed to teacher professional development:

Strongly Agree ☐
Agree ☐
Don't Know ☐
Disagree ☐
Strongly Disagree ☐

Please give examples

14. Arts education project(s) in your country have contributed to positive changes in arts policy:

Strongly Agree ☐
Agree ☐
Don't Know ☐
Disagree ☐
Strongly Disagree ☐

Please give examples

____
____
____
____
____

15. Arts education project(s) in your country have contributed to positive changes in education policy:

Strongly Agree ☐
Agree ☐
Don't Know ☐
Disagree ☐
Strongly Disagree ☐

Please give examples

____
____
____
____
____

16. Arts education project(s) in your country have contributed to more family and community involvement in arts and/or education:

Strongly Agree ☐
Agree ☐
Don't Know ☐
Disagree ☐
Strongly Disagree ☐

Please give examples

____

____

____

____

____

17. Arts education has improved the mental or physical health of individuals:

Strongly Agree ☐
Agree ☐
Don't Know ☐
Disagree ☐
Strongly Disagree ☐

Please give examples

____

____

____

____

____

18. Arts Education has contributed to teaching creativity:

Strongly Agree ☐
Agree ☐
Don't Know ☐
Disagree ☐
Strongly Disagree ☐

Please give examples

____

____

____

____

____

19. Arts Education has contributed to teaching imagination:

Strongly Agree ☐
Agree ☐
Don't Know ☐
Disagree ☐
Strongly Disagree ☐

Please give examples

____
____
____
____

20. Arts Education has contributed to teaching manual abilities:

Strongly Agree ☐
Agree ☐
Don't Know ☐
Disagree ☐
Strongly Disagree ☐

Please give examples

____
____
____
____

21. Arts Education has contributed to teaching concentration:

Strongly Agree ☐
Agree ☐
Don't Know ☐
Disagree ☐
Strongly Disagree ☐

Please give examples

____
____
____
____

22. Arts Education has contributed to teaching information and communications technologies (ICT), computer skills and technology skills:

Strongly Agree ☐
Agree ☐
Don't Know ☐
Disagree ☐
Strongly Disagree ☐

Please give examples

____
____
____
____

23. Arts Education has contributed to improved community ties/bonds:

Strongly Agree ☐
Agree ☐
Don't Know ☐
Disagree ☐
Strongly Disagree ☐

Please give examples

____
____
____
____
____

24. Arts Education has contributed to improved the dialogue between different cultures and improved understanding of others' cultures:

Strongly Agree ☐
Agree ☐
Don't Know ☐
Disagree ☐
Strongly Disagree ☐

Please give examples

____

____

____

____

____

Please cross one or more boxes if arts education has benefited from the involvement (financial or otherwise) of the following institutions/groups/organizations:

Churches/religious organizations ☐
Central Government ☐
Industry ☐
Galleries ☐
International organizations ☐
Broadcasters ☐
Foundations/charities ☐
Individuals ☐
Trade Unions ☐

Please provide examples

____

____

____

____

____

NEXT…Please complete the following Case Study section(s).

Case Study 1

Please select a research project (or projects, to a maximum of three per country) that has been conducted in your country that:

- Involves the arts in an educational context
- Addresses the needs of all children and young people with particular attention to educationally marginalised children and/or young people
- Has had an impact at a local and/or national level

1. Provide the following information in relation to each selected project: Three forms are provided with this survey.

Chief investigator(s) and/or investigation team:	<given name> <middle name> <family name>
Contact details:	Organization Address Country Phone email Website
Name of the project:	
Project aim(s):	
Description of the project:	(Less than 500 words)

2. What do you consider to be the main impact of the project on:

Note: If there was not an impact on one (or more) of these areas, leave that area blank

Government (local/federal/national and/or other)?	
Curricula/arts and/or education policy/ or other policy changes (local/federal/national and/or other)?	
Community (local/federal/national and/or other)?	
Teachers?	
Children and/or young people?	
Parents, carers and the family?	
Artists and/or performers?	
Other?	

3. **How useful would you rate each of these research methods/measures/strategies in determining the impact of the project.**

Circle the number on the scale that indicates usefulness

	Not useful									Most useful
Interview	1	2	3	4	5	6	7	8	9	10
Questionnaire	1	2	3	4	5	6	7	8	9	10
Survey	1	2	3	4	5	6	7	8	9	10
Focus groups	1	2	3	4	5	6	7	8	9	10
Action research	1	2	3	4	5	6	7	8	9	10
Case study	1	2	3	4	5	6	7	8	9	10
Video/film	1	2	3	4	5	6	7	8	9	10
Stories/narrative	1	2	3	4	5	6	7	8	9	10
Photographs	1	2	3	4	5	6	7	8	9	10
Journals	1	2	3	4	5	6	7	8	9	10
Other (please specify)	1	2	3	4	5	6	7	8	9	10

4. **What do you consider to be the main achievements of the project?**

5. **What do you consider to be the main challenges/issues/concerns of the project? Circle the number on the scale that indicates usefulness**

	Not a problem							Most challenge		
Time	1	2	3	4	5	6	7	8	9	10
Space	1	2	3	4	5	6	7	8	9	10
Resources	1	2	3	4	5	6	7	8	9	10
Finances	1	2	3	4	5	6	7	8	9	10
Community participation	1	2	3	4	5	6	7	8	9	10
Community recognition	1	2	3	4	5	6	7	8	9	10
Student issues	1	2	3	4	5	6	7	8	9	10
Teacher issues	1	2	3	4	5	6	7	8	9	10
Artist issues	1	2	3	4	5	6	7	8	9	10
Organization or policy issues	1	2	3	4	5	6	7	8	9	10
Assessment/evaluation issues	1	2	3	4	5	6	7	8	9	10
Other (please specify)	1	2	3	4	5	6	7	8	9	10

Comments:

Any other comments:

7. Optional:

Attach three j-peg images of some aspect of the project. Ensure that any images that you provide have been approved for print and distribution.

Thank you for your valuable contributions to understanding arts education around the world.

Appendix II: List of responding countries, ministries and/or organisations

International/trans-national	• International Federation of Arts Councils & Cultural Agencies • European Network of Cultural Administration Training Centres (ENCATC) • UNESCO • Observatory of Cultural Policies in Africa • European League of Institutes of the Arts • European Network of Art Organisations for Children and Young People • Council of Europe: *Culture, Creativity and the Young Project*
Argentina	• Observatorio Cultural • Cinema and Marginalised Children and Young People
Australia	• Australia Council • de Lissa Institute of Early Childhood & Family Studies Research Group (UniSA) • Queensland University of Technology • Murdoch University • National Affiliation of Arts Educators • University of Technology Sydney • University of Sydney • Victorian Department of Education and Training • Music for Learning for Life • Evaluation of School-based Arts Programmes in Australian Schools • ARTPLAY and Youth Programmes • Charles Darwin University • Northern Territory Department of Employment Education and Training • Queensland Performing Arts Centre • Sydney Opera House • Children's Voices
Austria	• Educult Institute for the Mediation of Arts and Science • Kulturkontakt Austria • Dance out of Line
Barbados	• Ministry of Education Youth Affairs and Sports
Belgium	• European Network of Cultural Administration Training Centres (ENCATC) • Ministry of the French Community
Bulgaria	• Policies for Culture

Canada	• Canada Council for the Arts • Center for Intercultural and Social Development • University of Toronto • Learning through the Arts • National Arts & Youth Demonstration Project, McGill University • Coalition for Arts Education
Chile	• Consejo Nacional de la Cultura y las Artes • Ministerio de Educación de Chile
China	• Hong Kong Institute of Education • Arts-in-Education programme • The Arts-in-Education Programme (funded by the Hong Kong Bank Foundation)
Colombia	• Ministry of Culture • Plan Nacional de Música Para la Convivencia (National Programme of Music for Peaceful Coexistence) • Artistic and cultural school in the Norte of Santander
Czech Republic	• Ministry of Culture
Ecuador	• Ministry of Culture
England	• Arts Council England • Arts and Education Interface • Isaacs UK • Artsmark Impact Research Study • National Evaluation of Creative Partnerships
Finland	• Helsinki Polytechnic and Finnish Drama and Theatre Education Association • Ministry of Education • Girls, boys and 'gender play' • FAME – Forum for Alternative Methods in Education
France	• Ministry of Culture and Communication • "Windows opened to arts" ("Fenêtres sur Arts")
Germany	• Federation of Associations for Cultural Youth Education • Contemporary Dance School Hamburg • ERICarts
Guyana	• Ministry of Culture, Youth and Sport
India	• India Foundation for the Arts
Ireland	• The Arts Council of Ireland
Malaysia	• Arts Education Program for Young People • Arts Education Working Committee

Mongolia	• Ministry of Education, Culture and Science • Arts Council of Mongolia
Mozambique	• Observatory of Cultural Policies in Africa
New Zealand	• Ministry of Education • Creative New Zealand • Ministry for Culture and Heritage
Nigeria	• Ministry of Education • Royal Arcade • Tysog Ventures
Palau	• Belau National Museum
Peru	• Ministry of Education • International Issues Consultant
Republic of Congo	• SOCODIC
Scotland	• Scottish Arts Council • A Literature Review of the Evidence Base for Culture the Arts and Sport Policy
Senegal	• Inspecteur de l'Education artistique • The Empire of Children • The 'Educ' Art' School Carnival • BARGNY ART– SUR – MER workshops
Seychelles	• National Arts Council
Singapore	• National Arts Council
Slovakia	• Ministry of Education • Project of experimental verification of provisional curricula – art teaching – at primary school levels 1 and 2 • Tuition plans – extended aesthetics teaching for primary arts schools.
Spain	• Asociación Española para el Desarrollo del Mecenazgo Empresarial • Cultur Habeo • Open to Dawn
Sweden	• Ministry of Culture
Tanzania	• Tanzania Culture Trust Fund
The Netherlands	• European League of Institutes of the Arts • European Network of Art Organisations for Children and Young People • Netherlands Expertise Centre for Arts and Cultural Education • CKV1 (Arts and Cultural Education1)

United States of America (USA)	• Department of Education • Arts Education Partnership • Arts Partnerships in Education • Center for Arts and Culture • National Assembly of State Arts Agencies • Defining Proficiency in the Arts
Wales	• Arts Council of Wales • University of Wales Institute

Appendix III: Research case study titles listed by country (these are in addition to the surveys and research listed in Appendix 2)

Full research details, particulars of commissioning and leading organisations and summaries of each of these case studies is available through the UNESCO website http://unesco.org/culture/lea

International/ transnational	• European Network of Art Organisations for Children and Youth • Culture, Creativity and the Young Project
Argentina	• Cinema and Marginalised Children and Young People
Australia	• Evaluation of School-based Arts programmes in Australian Schools • Music for Learning for life • Education and Arts Partnership Initiative (EAPI) • Children's voices
Austria	• Dance out of the Line
Barbados	• PEACE Programme
Brazil	• *Projecto Presente*
Canada	• National Arts and Youth Demonstration Project • Learning Through the Arts • Coalition for Arts Education
China	• Arts-in-Education Programme
Colombia	• *Plan Nacional de Musica Para la Convivencia* (National Programme of Music for Peaceful Coexistence) • *Formación Artistica en Danza a Niňos y Jóvenes Vallecuacanos* • Artistic and cultural schools in the *Norte de Santander*
England	• Creative Partnerships • Artsmark • Arts and Education Interface: A mutual learning triangle?
Finland	• *FAME:* Forum for Alternative Activating Methods. • The Oak of Finland: Cultural Heritage Project • Gender Construction in the Context of School Art Education • Theatre and Drama in Grades 7-9 of Finnish Comprehensive Schools
France	• *Fenêtres sur Arts* (Windows opened to arts)
Malaysia	• *Anak Anak Kota* ("Children of the sun")

New Zealand	• Like Writing off the Paper: Report on student learning in the arts • An evaluation of the professional development to support the Arts in the New Zealand Curriculum. • The impact of facilitation on teaching and learning in the arts
Nigeria	• (National Study of) Secondary School Fine Arts Curriculum • Problems inherent in the implementation of secondary school fine arts curriculum and suggested solutions.
Republic of Ireland	• Artformations • Poetry Ireland: Writers in Schools Scheme • Learning outcomes in arts-in-education projects • Vogler Quartet in Sligo Residency Project
Scotland	• Evidence Base for Culture the Arts and Sport Policy
Senegal	• *Le Carnaval Scolaire:* The 'Educ'Art' School Carnival: The *Talibé*, a plea for difficult childhood • *L'Empire des enfants* (The Empire of Children) • *BARGNY ART – SUR – MER* Workshops.
Singapore	• Drama and Oral Language: An Investigation of the impact of process drama on the oral communication of NT4 students.
Slovakia	• Project of Experimental Verification of Provisional Curriculum-Art teaching at primary levels 1 and 2. • Tuition plans – extended aesthetics teaching for primary arts schools.
Spain	• Open to the Dawn
The Netherlands	• CKV1: Arts and Cultural Education 1 Monitoring Project
United Kingdom	• Artsmark Impact • Arts and Education Interface • Creative Partnerships
United States of America (USA)	• Arts Education in Public Elementary and Secondary Schools • How Arts Integration Supports Student Learning: Students Shed Light on the Connections • Chicago Arts Partners in Education • Defining Proficiency in the Arts

Appendix IV: Other countries also consulted (not survey respondents)

- Afghanistan
- Bangladesh
- Bhutan
- Brazil
- Cambodia
- Cook Islands
- Denmark
- Fiji
- Japan
- Jordan
- Kyrgyzstan
- Maldives
- Namibia
- Nepal
- Thailand
- Tonga
- Tuvalu